Uno de los suyos

PENÍNSULA REALIDAD

Uno de los suyos

José Luis Peñas

Confesiones del delator del caso Gürtel

Con la colaboración de Carlota Garrido

ediciones península

Primera edición: marzo de 2016

Ediciones Península,
Diagonal 662-664
08034 Barcelona
edicionespeninsula@planeta.es
www.edicionespeninsula.com

PAPYRO - fotocomposición
ROMANYÀ-VALLS - impresión
DEPÓSITO LEGAL: B. 1.193 - 2016
ISBN: 978-84-9942-493-4

ÍNDICE

A Rebeca
Por ti y para ti, siempre

No reputando un bien la vida o muerte,
sino el que la virtud preside a entrambas.

Vidas paralelas, Plutarco

1

SERRANO 40, LA CASA MADRE

(7 de febrero de 2006)

Cifra redonda y calle rotunda, la Milla de Oro madrileña. Portal de abolengo con virutas en la puerta de hierro de la entrada y ascensor decimonónico, tembloroso, liviano y ligero, acristalado, con olor a madera de la de siempre, ese pino de Guinea que realza las edificaciones nobles y los antiguos ministerios de la capital, ese primer estertor al iniciar su ascensión... ¿a los cielos? Después de dos años largos de tormento, sé que era claramente una subida al infierno, a un infierno que elegí revisitar continuamente desde 2005 hasta 2007.

Ese 7 de febrero de 2006 había decidido plantar cara a los tejemanejes, al descaro con el que se habían vaciado las arcas de muchos municipios, no todos madrileños. En realidad la decisión la había tomado tres meses antes, pero aquel día pondría punto y final a mi vida tal y como la entendía en ese momento. Todo estaba a punto de cambiar. Comenzaría a grabar cada uno de los movimientos del núcleo de la mafia madrileña. El miedo vivió conmigo desde entonces, pero, echando la vista atrás, puedo decir que valió la pena.

En Serrano 40, fuese cielo o infierno, esperaban Francisco Correa Sánchez —quien tenía allí su despacho— y su fiel amigo Pablo Crespo, dos empresarios buscavidas muy vinculados al Partido Popular (PP). Tanto, que el segundo de ellos había llegado a ser secretario de Organización del PP en Galicia. Y lo fue hasta que vio que en el otro lado, en el mundo empresarial, se ganaba más dinero, sobre todo si tenías los contactos adecuados en ayuntamientos o consejerías. Se alió entonces con Correa, un hombre hecho a sí mismo. De origen burgués y nacido en la ciudad marroquí de Casablanca, el joven Francisco creció en Madrid, adonde su familia tuvo que regresar tras sufrir un revés económico. Con el paso del tiempo, Correa llegó a convertirse en un empresario de éxito y se codeó, ni más ni menos, que con el entonces presidente del Gobierno, José María Aznar. Su imagen en la boda de postín de la hija de este en el monasterio de El Escorial sería, con los años, muy recordada.

No es que Correa o Crespo pensaran en la desamortización de los bienes públicos o en una teoría neoliberal de la economía, ni siquiera en la eficiencia o eficacia de las políticas de los diferentes partidos políticos; no, qué va, ellos pensaban en *cash*, en *money* o, por emplear su palabra favorita, en el *business*. Las consideraciones legales o morales quedaban fuera. Bueno, no es que quedaran fuera, es que para ellos y todo su entramado nada de eso existía, nada de eso era corpóreo, nada de eso tenía cabida en el haber de sus cuentas corrientes o de sus fondos opacos en paraísos fiscales. Lo que no se medía en euros no contaba.

Grave error. Con el tiempo han comprobado que lo más caro es aquello que no se puede comprar, es aquello que se tiene o no se tiene, y que ellos posiblemente tuvieron en algún momento, pero que perdieron, extraviaron o alejaron *ex profeso* de su lado. Es una dura carga ser honrado.

Durante más de cuatro años, yo formé parte de ese círculo. Los veía como empresarios de éxito con quienes podía prosperar profesionalmente. Conocí a Correa el día de mi boda, en junio de 2001, pues yo trabajaba con su entonces mujer en el Ayuntamiento de Majadahonda (Madrid) y el alcalde nos presentó. Él era uno de los hombres más importantes de España, cuya cercanía al presidente del Gobierno era conocida por todos, al igual que su sempiterno mal humor. En los años siguientes, la relación con Paco pasó de la distancia a la cercanía y a una cierta amistad que se borró el día en que fui consciente de que Francisco Correa era realmente Don Vito, como le gustaba hacerse llamar en alusión al gran jefe de la mafia siciliana que protagoniza la película *El Padrino*.

El respeto se tiene siempre, pero, cuando se hace todo lo posible por perderlo, es difícil de recuperar. Mucho más arduo es tratarse a uno mismo con respeto, ese que sale de dentro, de la convicción personal e íntima de haber actuado con rectitud. Esa convicción fue lo que me llevó al número 40 de la calle Serrano ese día, como otros anteriores y otros muchos futuros. Me había perdido el respeto, por mis propios actos, no por los de los demás, sino por mi propia idiotez, por mi miopía, por mirar sin ver, por oír sin escuchar... En definitiva, por acomodarme y creer que era el centro, y además indispensable, y que mi destino estaba marcado porque yo lo valía. Así que, aquella mañana, entré en el centro de operaciones de Correa, donde pergeñaba todos sus chanchullos, donde daba órdenes a diestro y siniestro, y donde organizaba cada golpe. Dicho así, podría parecer que hablo de un ladrón de bancos. Visto ahora, no iba tan desencaminado. Bancos o ayuntamientos, al final todo se reduce a lo mismo.

Sin embargo, ese 7 de febrero era distinto a todos los anteriores. Yo no iba solo. A partir de ese día, cada cita, cada visita, cada encuentro con Correa quedaría registrado. Todavía no sabía si mi grabadora iba a ser un seguro de vida o un riesgo de muerte.

Los trescientos millones de Benja

En diciembre de 2005 Correa y yo teníamos algo muy parecido a una amistad. Me consultaba, me pedía favores personales, tan personales que me permitirían conocer al dedillo sus flaquezas, sus miserias y, por qué no decirlo, alguna que otra grandeza. Las contradicciones del alma humana.

Paco —quien, como muchos otros, me llamaba Pepe— nos estaba ayudando en esas fechas a organizar una formación política en Majadahonda, una tranquila localidad situada donde comienza la sierra noroeste madrileña y que forma parte del «Triángulo de Oro» delimitado por Pozuelo de Alarcón, Boadilla del Monte y Las Rozas, conocidos como los «pueblos pijos» de la Comunidad de Madrid. Futbolistas como Cristiano Ronaldo o Iker Casillas, políticos de la talla de Pedro Solbes, José María Aznar o José Luis Rodríguez Zapatero y empresarios como el difunto José María Ruiz Mateos —en definitiva, todo aquel que se precie— residen o han residido en esta zona, que vende bienestar, seguridad ciudadana (a menudo convenientemente reforzada con vigilancia privada) y todo tipo de comodidades.

Yo había entrado en el Ayuntamiento de Majadahonda como asesor técnico en 2000 y, tras las elecciones celebradas tres años después, fui concejal del PP —área de Planeamiento Urbano— en este pueblo con encanto. Como consecuencia de una maniobra que comentaré más adelante, otro concejal majariego —Juan José Moreno, al que llamamos Juanjo— y yo fuimos expulsados del partido. En aquella época, a finales de 2005, queríamos crear nuestra propia formación política, la cual pretendíamos que fuese un referente nacional en la lucha contra la tiranía de la corrupción, esa inevitable parte B del ser humano, de casi todos ellos. Corrupción: muchos de sus comportamientos caben en el Código Penal, pero otros no y, sin embargo, dejarse adular, oír cantos de sirena, creerse destinado o digno de merecimiento son, indudablemente, actitudes que aun no teniendo un reproche judicial constituyen uno de los mayores peligros para la Administración pública.

Fue en esas Navidades cuando Correa puso el teléfono en manos libres, como muestra de su confianza, para que escucháramos esta conversación:

—Benja, ¿cómo estás, tío?

—Mira, Paco, estoy muy cabreado. Hemos hablado mucho de este tema y te repito que, si no tengo mis trescientos millones, nada de nada.

—¡Vale, tío, vale!

Correa cogió el móvil y silenció el altavoz. Menos mal que pasó a otra sala para seguir hablando con Benja porque, de lo contrario, hubiese visto mi cara de asombro. ¡Trescientos millones! ¡Caray! Así que para adjudicarse un concurso público en Arganda del Rey —otro municipio madrileño, en este caso en la zona sureste, fuera de la «zona noble»— había que pagar... Estaba claro que si la cantidad era importante, el negocio lo sería mucho más.

Benjamín Martín Vasco, teniente de alcalde, concejal, presidente y consejero delegado de la sociedad municipal de Fomento, y quien llevaba a cabo todos los encargos importantes del ayuntamiento argandeño, era el interlocutor de Paco. Por la conversación que pude escuchar, parecía evidente que se estaba hablando de saltarse los controles administrativos relativos a suelo, limpieza, rotondas y servicios de todo tipo. En fin, como siempre, las leyes liberales y liberalizadoras surtieron su efecto trasvasando miles de millones a manos privadas para dar un servicio infinitamente peor en términos absolutos. Madrid, Comunidad en la que todos los pueblos tienen empresas de este tipo, se ha convertido en la pequeña Sicilia, donde los mafiosos campan por su suelo como si de personajes de Mario Puzo se tratara. Benja no era un cualquiera: llegó a ser diputado en la Asamblea de Madrid por parte del Partido Popular y una de las manos derechas de Esperanza Aguirre, exministra, expresidenta de la Comunidad madrileña y reciente lideresa fallida. Un auténtico monstruo político con la habilidad de que la mierda no le salpique.

—Por favor, Juanjo, dile que nos vamos, así hablará tranquilo...

No quería que Paco viese mi cara de estupor y rabia, de modo que dejamos que siguiera su conversación con Benjamín a solas.

«Paco, sin ti no avanzamos»

Tres meses después de aquella conversación, Paco lo tenía todo preparado. Aquella invernal mañana del 7 de febrero de 2006, Juanjo, el periodista Pedro Fuster, Isabel Jordán —una de las principales colaboradoras de Correa— y yo nos reunimos en Serrano 40. Paco nos había convocado para ultimar la campaña con la que íbamos a lanzar el nuevo partido. Correa era nuestro guía en la sombra. Nos estaba ayudando y dirigiendo para plantar cara al PP o a cualquier otro partido y poder llegar a la alcaldía en Majadahonda. Su idea era clara. Teníamos que alejarnos de cualquier reminiscencia de otros partidos. Quería que presentáramos el partido como una empresa. Hacer creer a los majariegos que éramos profesionales que íbamos a acabar con el despilfarro y la corrupción protagonizados por el anterior alcalde, el popular Guillermo Ortega. Pero sus intenciones eran bien distintas:

—Hacedme caso, lo tengo claro desde el primer día. Si no, cometeréis una torpeza. Si hacemos lo que yo estoy diciendo, ¡hacedme caso!, nos llevaremos una sorpresa importante... y no solo en el municipio.

Correa tenía las ideas claras. Estaba convencido de que, si llevábamos la campaña por donde él nos decía, íbamos a revolucionar la política. Y ahí estábamos nosotros, escuchándole y cumpliendo órdenes, que para eso iba a ayudarnos con la publicidad y con todo lo que necesitáramos para darnos a conocer. Sea como fuere, teníamos que hacernos con el poder en la alcaldía. Paco era muy insistente:

—Por fin esto va a empezar a funcionar. Estamos haciendo algo nuevo. Porque hasta ahora es el amiguete del amiguete del amiguete... y esto no. Esto no es así, al menos hasta que queramos nosotros, ¡je, je! Luego, cuando gobernemos, ya veremos a qué amiguete metemos... ¿Estamos de acuerdo?

Todos le reíamos las gracias, incluso llegábamos a contestar a sus órdenes con un rotundo «¡Sí, señor!», rememorando nuestras épocas de la mili. Francisco, Paco, Don Vito... Él estaba entre bambalinas. Nosotros poníamos la cara y él, la infraestructura. A él no le interesaba estar en política, sino obtener el máximo beneficio posible por detrás, como llevaba años haciendo con el PP.

Íbamos a presentarnos a las elecciones municipales que se celebrarían en mayo de 2007. No era la primera vez que yo entraba en política. Afiliado al PP, en 1999 fui concejal en la oposición en Parla, otro pueblo de corrupción, y cuatro años después, también en las filas populares, entré, tal como he explicado, como concejal en Majadahonda. En 2005, expulsado del partido, había decidido arriesgar. Tenía plaza de funcionario en la alcaldía de Madrid, adonde podía volver en cualquier momento, pero me sabía a poco. Me llegó la posibilidad de poder liderar un proyecto nuevo y renovador, y me convencí de que sería el salvador de la política municipal. Pude volver a mi tranquilo y rutinario puesto de trabajo, pero decidí dejarme embaucar por el poder.

Correa era un tío emprendedor, agresivo y con las ideas claras. Al oírle hablar, parecía muy seguro de sí mismo. Acaparaba las conversaciones y se permitía dar consejos a todo el que le escuchara. A pesar de sus trajes de marca, sus casas en Madrid, Cádiz, Ibiza o incluso Miami y sus coches, con chófer incluido, por su forma de hablar no podía ocultar su procedencia. Se codeaba con la *high class*, pero no podía disimular su chulería y el tono macarra propio del Madrid más castizo, que, unidos a su voz ronca y al pelo perfectamente engominado detrás de la oreja, donde se dejaba ver algún rizo, lo convertían en un personaje digno de las películas americanas. Pero no el bueno, sino aquel que es perseguido por la policía que lucha para acabar con las mafias del distrito. El Don Vito de Madrid, que había conseguido hacer fortuna al dar con la clave del éxito: dinero, política y contratos públicos.

Paco no ahorraba en insultos. Siempre tenía una palabra malsonante en la boca o un descalificativo preparado para humillar al que tuviera cerca.

En alguna ocasión, las lindezas de Correa llegaban a ser bochornosas. Todavía recuerdo cuando Pedro Fuster salió un día del baño con una mancha cerca de la bragueta del pantalón. Es algo que a cualquier hombre le ha ocurrido en alguna ocasión. Sin embargo, Paco consideró que era la ocasión ideal para dejar en evidencia al que decía ser su amigo:

—¡Qué pasa, Pedro! ¿No te la sabes sacudir?

Aquella reunión en su despacho de la calle Serrano fue una de las tantas que tuvimos hasta que todo saltó por los aires. Juanjo, Pedro, Isabel y yo llegamos antes para empezar a hablar del proyecto, de cómo íbamos a convencer a los majariegos para que nos votaran. No era tarea fácil porque, durante años, el pueblo había sido un feudo del PP. Nuestro partido se llamaba Corporación Majadahonda (CMA). Correa nos convenció que debíamos tener como objetivo la lucha contra la corrupción. Durante nuestra etapa en el ayuntamiento habíamos denunciado al alcalde por un asunto de urbanismo y creíamos que, si lo dejábamos ahora, seríamos nosotros los señalados. Con la influencia de Paco y su ayuda, sacaríamos adelante el proyecto. Se comprometía a apoyarnos hasta las elecciones. Puso a Isabel, su mano derecha y administradora de alguna de sus empresas, y a Pedro a trabajar con nosotros. Ellos se encargarían de los logotipos y lo relativo a la imagen, mientras que Juanjo y yo nos dedicaríamos a todo lo administrativo, como la inscripción del partido, sus estatutos, acudir al Ministerio del Interior y otros trámites.

Correa todavía no había llegado cuando nosotros ya estábamos allí sentados. No era persona de mucho madrugar. La noche anterior se había acostado a las cuatro de la mañana, como en muchas otras ocasiones. Le gustaba frecuentar antros de dudosa reputación, en los que mantenía algún que otro escarceo. Como se suele decir, «lo mejor de echar un polvo es poder contarlo luego». Paco no era de los que se ahorraban detalles de sus noches más movidas.

Igual de indiscreto que lo era con su vida privada, a Paco también le gustaba alardear de los contactos y negocios que mantenía con alcaldes, concejales y dirigentes políticos de mayor rango. Activar el modo «manos libres» del teléfono durante la conversación con Benja era una demostración de su forma de ser. Durante unas semanas, después de aquello, Correa se dedicó a observarnos, a ver si habíamos cambiado, si lo oído tenía alguna repercusión. Estaba acostumbrado a tenerlo todo bajo control. Bueno, eso creía él —lo suyo era un caos medio ordenado—, pero necesitaba esa sensación de Rey Sol, de ser el gerifalte. No pudo controlar lo que oímos a través del altavoz del móvil, y eso no le gustaba.

Antes de que Paco llegara, pregunté a Isabel de qué ánimo estaba. Correa podía ser muy desagradable cuando tenía un día torcido.

—¿Cómo viene hoy? ¿Está de buen humor?

—No. Está fácil, que es diferente. Bueno... ¿empezamos o esperamos? Si no, luego dirá que por qué no hemos empezado.

No pudimos contener las risas, aliviados porque hoy no sería uno de esos días de mucha tensión.

Por fin llegó, poco antes de la hora de comer. Iba cojeando. Había estado en el médico y le había dicho que tenía fastidiadas las dos rodillas, lo que le obligaba a andar con muletas. Y lo peor es que, según nos dijo, no podía hacer deporte y ya había engordado dos kilos. Que nos lo dijera a Juanjo y a mí, que no somos precisamente el prototipo deportivo, tampoco nos preocupaba mucho. No sé si estaba de buen o mal humor, pero tardó muy poco en ponernos los puntos sobre las íes porque no habíamos hecho los deberes que nos había mandado:

—¿Necesitáis que os lo hagamos nosotros? Porque pensé que estaba hecho. Se lo he explicado a Pepe y Juanjo por activa y por pasiva. Decidme si queréis que estemos juntos en esto. Decidme: «Paco, sin ti no avanzamos».

—No hace falta, Paco. Lo desarrollamos y os lo enviamos para que lo veáis —se defendió Juanjo.

—Pero ¿por qué no lo habéis hecho ya?

—Porque nos habíamos centrado en el díptico, en la parte más filosófica.

—Tenéis que confiar en mí, chicos. Creedme lo que estoy diciendo. No vayáis con la idea de crear un partido político porque es un error. Tenéis que romper moldes. Hablad con un lenguaje más vulgar, más normal, para la gente normalita. Nada del voto democrático, ni su puta madre. ¡Ni una polla! Tenéis que poner siete cosas jodidas de un partido que hayáis vivido, pero sin decir el nombre.

Correa estaba convencido de que íbamos a triunfar y que nuestra campaña, dirigida e ideada por él, iba a ser todo un éxito, el cual sería utilizado como ejemplo por otros partidos incluso a nivel nacional, una pretensión que quedó muy alejada de la realidad. Se creía un mesías, un ideólogo.

—Pensé que esto estaba hecho. No entiendo nada —insistía mientras golpeaba con el puño en la mesa.

—Es que lo habíamos enfocado por otro lado...

—De aquí al domingo centraos en el puto proyecto. Os pido por favor que hagáis la postal y luego el proyecto.

Esperanza nos obligó

La gestión de Majadahonda ya había quedado señalada en 2005, cuando ocupó decenas de portadas, editoriales y programas de radio. La venta de dos parcelas había desatado una guerra interna en el PP, y en ella intervino la presidenta de la Comunidad de Madrid, Esperanza Aguirre, un personaje que tengo por falaz hasta la saciedad. Las parcelas las quería vender el entonces alcalde, Guillermo Ortega, más conocido como Willy, a una empresa de su confianza. Años después, la ya expresidenta diría que fue ella quien destapó el caso Gürtel, o dicho de otro modo, el caso Correa, al ordenar que ese concurso fuera paralizado, declarado desierto y celebrado de nuevo. Este asunto le costó la cabeza a Willy, quien fue relevado por Narciso de Foxá, aunque el exalcalde no se quedó precisamente compuesto y sin novio. Fue nombrado gerente del Mercado Puerta de Toledo, dependiente de la Comunidad, con un sueldo casi el doble del que tenía como alcalde de Majadahonda. Tras esta maniobra, que nos salpicó a Juanjo y a mí, estaban Correa, Paco Granados —exalcalde de Valdemoro y, entonces, secretario general del PP madrileño y consejero de Presidencia de la Comunidad— y su amigo David Marjaliza, un constructor afín al PP y exconcejal valdemoreño. Estos dos últimos, por carambolas de la vida, acabarían presos. Al final, los tentáculos de la corrupción son más bien cortos.

Antes de esos hechos, en noviembre de 2004, otro futuro inquilino de la cárcel de Soto del Real, el extesorero del PP Luis Bárcenas, ya avisaba de que los municipios se quedaban con la tostada y no daban nada a Génova, sede central de los populares. Durante una reunión con Aguirre y Mariano Rajoy —recién nombrado presidente del PP—, Bárcenas y Álvaro Lapuerta, a la sazón gerente y tesorero nacional del partido, informaron a la presidenta madrileña y a Rajoy de que se estaba gestando una operación urbanística corrupta por parte de Correa en el ayuntamiento madrileño de Arganda del Rey, en torno a la venta de una parcela municipal (la 124), con respaldo de los principales cargos municipales del PP. La empresa beneficiaria era Martinsa, perteneciente a Fernando Martín, otro de los imputados de la trama Gürtel.

Granados maniobraba entonces con su amigo Marjaliza para arrancar posibilidades al noroeste madrileño, un terreno en el que hacían poco *business*. En medio estábamos Juanjo y yo, apoyando en Majadahonda a Ortega, el alcalde al que Aguirre nos había dicho que apoyáramos. Ortega llevó adelante un concurso calcado de los que se hacían en la Comunidad de Madrid, aprobado de viva voz por el entonces vicepresidente madrileño Ignacio González, quien se comprometió a firmar él mismo la valoración y los pliegos del concurso, tal y como hizo. Por otro lado, Jaime González Taboada, consejero madrileño de Medio Ambiente, supervisó minuciosamente el concurso. Lo que son las cosas, años después prácticamente todos han ido cayendo como fichas de un dominó.

Al final, el concurso se suspendió y a Ortega lo castigaron, como he dicho, enviándole a otro puesto de la Comunidad, con vehículo oficial y una importante partida de obras. Aguirre se desgañitaba. El jueves en que Willy presentaba su dimisión, 3 de febrero de 2005, dije que en cuanto yo fuese alcalde accidental —era primer teniente de alcalde— llamaría a Anticorrupción para que examinaran la administración del ayuntamiento en los últimos años. Abrí la boca demasiado... y me quitaron la oportunidad: me cesaron como teniente de alcalde.

Mirar hacia otro lado

Tendrían que oír a Aguirre cuando habla en confianza, en un entorno cercano: la soltura de su lenguaje sorprende en una persona de su alcurnia. La fallida lideresa, aupada por una traición bautizada como el «tamayazo» —una maniobra por la que Aguirre consiguió que se repitieran las elecciones de 2003 después de que, en el momento de la investidura del socialista Rafael Simancas como presidente madrileño, dos compañeros de partido, Eduardo Tamayo y María Teresa Sáez, se ausentaran de la votación para que aquel no consiguiera los votos necesarios—, me gritaba las cosas más desagradables que he oído. Ortega me destituyó dos minutos después para salvar su salida al Mercado Puerta de Toledo. Juanjo y yo, a la calle. Vilipendiados, intentaron cargarnos el marrón. Hablamos con decenas de cargos, incluida Cristina Cifuentes, ahora presidenta de la Comunidad de Madrid, que, dejando en evidencia a su antecesora, nos aconsejó: «Meteos una temporada en el congelador, chicos». Se nos pedía, con buenas palabras, que estuviésemos callados, que hiciésemos un retiro espiritual, que «la secta» ya volvería a contar con nosotros. Teníamos que dejar de ser personas y aceptar sin rechistar los dictados de la presidenta. Esto es, en pocas palabras, un partido político. Una reunión de hormigas, de pusilánimes, de minirrobots sin voluntad ni ideas, un convento donde uno pierde su voluntad, su nombre, su alma.

Pero siempre existen descerebrados que optan por decir «no». Decidí denunciar lo que había ocurrido en mi ayuntamiento, y me expuse para luego no conseguir nada. La causa se archivó y se encargaron de «ascender» a Londres al periodista a quien habíamos entregado la información sobre aquel intento de recalificación. La lideresa lograba domesticar todas las bocas de cañón para silenciar la boca de unos simples concejales díscolos. Ese año 2005, aprendí mucho sobre la democracia real y sobre el papel de la prensa en el desarrollo político del país.

Reconozco que es fácil engañarme una vez, confío en el ser humano y no tengo en principio ningún tabú hacia nada ni nadie, pero no más. Y, como han comprobado en el PP y en un buen número de grandes empresas, no es muy conveniente tenerme como enemigo.

No me oculto. En estos diez años mi teléfono ha seguido siempre en la guía y nunca, a pesar de los ofrecimientos, he querido tener escolta ni nada parecido, ni jamás pensé en ningún tipo de trato con la Fiscalía después de dejar con el culo al aire a parte del PP al entregar a la justicia dos años de grabaciones, dos años de corrupciones, dos años de vergüenza, cuyo rastro sigue, a día de hoy, llevándose por delante a muchos «intocables». Quién iba a decir entonces a Bárcenas o a Granados que sus «negocietes» con Correa o sus entradas en ayuntamientos los iban a llevar a chirona. La conjunción de una suma de factores ha ayudado a destapar años de corruptelas. Lo que más tarde se llamaría el «caso Gürtel» ha sido el paradigma de la corrupción en España, aunque ni mucho menos es el único. Levantas una piedra y salen cientos de concursos públicos amañados. Incluso la propia infanta Cristina de Borbón ha sido señalada por aprovecharse del descontrol existente en las instituciones.

Lo que no se puede negar es que el entramado de Correa ha sido un punto y aparte en la lucha contra la corrupción y en el cambio de mentalidad de los españoles. A raíz del caso Gürtel, se conoció el asunto de los famosos trajes de Francisco Camps, que acabaron con su carrera como presidente de la Generalitat Valenciana; se supo que el tesorero del PP, Luis Bárcenas, tenía cuentas en Suiza y en otras partes del mundo en las que llegó a acumular, presuntamente, cuarenta y ocho millones de euros; se destapó que el PP disponía, también presuntamente, de una contabilidad paralela —la conocida como «caja B»— al margen de las cuentas oficiales presentadas en el Tribunal de Cuentas; y ha sido uno de los pilares para destapar el caso Púnica, que ha llevado a Granados y su amigo Marjaliza a prisión por hacer lo mismo: amañar presuntamente contratos públicos, es decir, utilizar a los amiguetes situados en puestos clave de la Administración para obtener grandes beneficios económicos. Si algo aprendí aquellos años en los que me rodeé de toda esta gente es que lo que tramaban los unos y los otros era *vox populi*. La corrupción estaba institucionalizada, y el que más o el que menos se beneficiaba de ello o, simplemente, prefería mirar hacia otro lado.

Amor y lujo

En un alarde de «valentía», Correa se separó de su mujer, a la que Juanjo y yo llamábamos cariñosamente «la Sita», en diciembre de 2005. Últimamente ella estaba insoportable con su marido. Nosotros hacía meses que no la veíamos. Un fin de semana, en el que Mari Carmen viajó a Marbella, al Embrujo, su vivienda en aquellas latitudes, Correa contrató unos camiones y a un pequeño ejército de peones y sacó todas las cosas de su casa en la urbanización La Finca, en Pozuelo de Alarcón. Bueno, era la casa de Mari Carmen, regalo de su padre, y Paco allí nunca se sintió cómodo. Vecino de importantes próceres peperos, solíamos ir a jugar con él a baloncesto en el club privado de La Finca.

—Chicos, veníos al Fénix, que tengo una sorpresa.

Cuando llegamos al Hotel Fénix, el portero nos indicó una habitación. Subimos, llamamos y allí estaba Correa, impoluto, engominado, con su cara de insatisfacción perpetua y esbozando una sonrisa blanda y un poco despiadada, su favorita. La *suite*, en el segundo piso, estaba situada en una de las esquinas del hotel y tenía vistas a la actual plaza de Margaret Thatcher, el Paseo de la Castellana y la plaza de Colón. Es más, desde allí se veía la calle Génova, de modo que se encontraba a un tiro de piedra de la sede del Partido Popular, donde Paco sería recibido tantas veces.

Una habitación amplia, lujosa pero sin estridencias, con sofás y escritorio. Desde donde estábamos se vislumbraba otra zona con una cama *king size*, de esas que parece que van a salir de sus límites en cualquier momento. Los armarios llenos a rebosar y todo, como siempre, impregnado del olor de la colonia de Correa. Nos dirigió al pasillo de entrada y abrió una puerta que daba, esta vez sí, a una habitación sencilla. Tan sencilla que no tenía mueble alguno. Ni cama, ni minibar, ni silloncito, ni mesillas. Nada hacía pensar que aquello era una habitación de hotel. Pero la ausencia de los muebles del hotel no significaba que estuviese vacía. Atronadora, la risa de Correa surgió en el momento de dar la luz: allí estaba todo su vestuario. Decenas de percheros repletos, combados en su centro por el peso, en especial aquellos que sostenían chaquetas y abrigos. Otros, con las camisas, parecían a punto de vencerse, incapaces de soportar su carga. Los pantalones y trajes se mantenían rectos en esas barras metálicas y, un poco al fondo, se acumulaban decenas, cientos de zapatos. Estos no estaban tan ordenados como sus primos textiles, pero ¡menuda colección!

A Paco le gustaba lo mejor. Los zapatos de menos de seiscientos euros no le hacían gracia, salvo los mocasines que se compraba en el mercadillo de Ibiza, en el puerto, que adquiría por docenas. Prácticamente todo lo compraba por cantidades casi impúdicas. Maletas, bolsos, ¿centenares? de corbatas, pañuelos, sus decenas de relojes —a cada cual más caro—... Todo, se había llevado todo de su casa. Su risa debió redoblarse cuando nos vio la cara a Juanjo y a mí. Mucho más se rio cuando nos contó «su aventura» del fin de semana. Esperó a que Mari Carmen saliera para el aeropuerto y a renglón seguido entraron a hacer la mudanza. Tenía preparadas ya las habitaciones del hotel. Lo mejor era pensar en la cara de Mari Carmen al volver el domingo por la noche y encontrarse con una mitad de la casa vacía.

—¡Qué pena no poder haber visto su cara, coño! —nos dijo Paco.

Correa nos confiaba el rencor hacia su esposa, hacia su suegro y hacia la familia política en general. Cuando entraba en estos temas, de su boca salían las palabras más gruesas que le recuerdo; era terrible oírle hablar de su suegro, que estaba bastante enfermo. De cualquier forma, ese diciembre de 2005, Paco burló su cobardía natural y se armó de valor para engañar a su mujer, una vez más, e irse de casa a un hotel. Le ayudó, según él, haber tenido un rollo con una de las protagonistas de la obra teatral que producía en Barcelona, *Vuelven las corsarias*. Al parecer, el día del estreno había «triunfado» con una de ellas y consiguió que lo visitara algún que otro día en Madrid (imagino que hasta que dejó de pagar a los actores y actrices por el fiasco económico que supuso).

El Día X

Afortunadamente, aquel día de Navidad de 2005 en que oímos parte de la conversación de Correa con Benja conducía Juanjo, como casi siempre. La cabeza me bullía, el estómago me infligió algunos de los dolores más fuertes que he sufrido en mi vida. No paraba de dar vueltas a lo que había escuchado. Estaba en la inopia, mientras que a mi alrededor, qué digo, frente a mí, ellos se daban el gran atracón. Si por una operación un peón se embolsaba trescientos millones, cuánto se embolsaba el PP, cuánto Correa, cuánto el alcalde, cuánto el poderoso empresario que adelantaba unas migajas de lo que sería un negocio, un *business*, milmillonario como mínimo.

En la reunión que mantuvimos para la creación del nuevo partido, mes y medio después, Paco hablaba inflamado, como poseído por un genio de la política, y nos animaba a denunciar a través de nuestra flamante formación la política decadente de los partidos de siempre:

—¡El enriquecimiento personal! Y a solucionarse la vida, ¡ponlo! Y tienes que poner que esto no ocurre solo en Majadahonda, sino que es la experiencia en todos los ayuntamientos. ¡Ponlo! Que no importa el color.

«El enriquecimiento personal...», lo decía con auténtico enojo. Cualquiera diría que estaba oyendo a Castelar o a un místico. Parecía realmente convencido de su discurso, y luego, ya más calmado, añadió su coletilla querida: «Yo sí valgo para esto, y no estos mierdas, y eso sin estudiar apenas...». Aquí solía empalmar con los momentos más angustiosos de su vida en Marruecos. Hijo de un exiliado rojo, pero de muy buena posición, estudiaba en el liceo francés. Su padre, propietario de una fábrica de calzados, le proporcionaba una vida de élite. Tras arruinarse, la familia regresó a España hundida en la desolación y la pobreza, y el joven Paco empezó a trabajar de botones en el hotel que está enfrente de la madrileña estación del Norte. Allí, Correa aprendió cosas que las más insignes universidades no enseñan. Aprendió a seguir a las personas, quién se esconde y quién no, quién viene con su mujer y quién con su amante. Conoció los miedos y temores de los seres humanos, pero sobre todo sus debilidades. A quién tenía que adular, a quién desdeñar, a quién incluso amenazar, a quién mirar a los ojos al hablar y a quién esquivar la mirada. Entendió que si le faltaba algo, estudios, tenía algo a su favor, psicología humana (él lo resumía diciendo que conocía «de cojones» a la gente). Eso y una buena presencia. Si tu traje y zapatos son mejores que los de la persona con la que te entrevistas, dará por supuesto que tienes un estatus, una educación y te tratará como un superior. Si vas como un pordiosero, te tratarán peor que a un perro. Así consiguió su primer gran trabajo en Wagon Lits, una importante empresa de viajes.

En resumen, la educación universitaria, o simplemente la educación, era para Correa uno de sus mayores complejos. Complejo que ahogaba en trajes de dos mil euros, zapatos de mil, relojes de veinticinco mil, kilos de gomina y un fajo de billetes al bolsillo con no menos de cuatro mil quinientos euros cada día.

—¿Cuánto tienes que trabajar con tu carrera universitaria para llevar encima lo que yo llevo? —repetía a menudo.

Todos tenemos nuestros complejos, nuestras debilidades, nuestro talón de Aquiles, pero solo los necios los ocultan tras el dinero y el poder. Ahora lo veía claro: después de oír a Benjamín, nada en Correa se me antojaba real, verdadero; su ofrecimiento de ayuda era simplemente una propuesta cargada de veneno, quería simplemente gobernar Majadahonda a través de nosotros. Quería volver a controlar el municipio con un nuevo partido, como lo hizo con el PP y con Willy Ortega en la alcaldía. Todo iba encajando. Todo no, pero algunas piezas sí. Otras no lo harán nunca. Un fax recibido en el consistorio desde la gerencia de Génova con un listado de empresas a las que agasajar tras su ayuda económica en las últimas elecciones era una buena pieza para componer el puzle. Era la única manera de entender los cientos de relojes que atesoraba Ortega, sus casas, su tren de vida. Después, se pudo saber que incluso disponía de su propia cuenta en Suiza. Y los helvéticos no dejan a un cualquiera ir allí y hacerse cliente. Tanto *money*, tanto vales.

Mientras movían sus hilos, los contratos y ventas eran teledirigidos hacia la empresa que más pujaba en el despacho de Correa, quien empezó haciéndose un hueco en el PP ofreciendo viajes baratos para conseguir ser el empresario de confianza de los peperos.

En un rincón del alma

Sin un solo reproche, como siempre, mi mujer —infinitamente más inteligente que yo— me miraba callada, con total cariño, mientras yo desgranaba aquello que acababa de ocurrir. Esos trecientos millones no paraban de retumbar en mi cabeza. Frente a mis miedos, mis quejas, mis gritos, mi angustia, ella me envolvía en esa mirada siempre comprensiva de las mujeres que se entregan a un hombre que, como yo, siempre está errante y perdido, convencido de que es centro y núcleo cuando no es más que un simple caminante que regresa una y otra vez al mismo lugar, al punto en el que empieza su propia estupidez.

—Tendrás que hacer lo que tienes que hacer —dijo al final.

La opción era simple: solicitar mi reingreso en el Ayuntamiento de Madrid, del que soy funcionario desde 1994, o marcharnos y empezar en otro sitio. Sin duda, su respuesta no era una directriz, ni un consejo, ni una sugerencia, era una conminación: solo había una cosa que se podía hacer, y debía afrontarla.

Denunciar la conversación con Benja venía a ser algo así:

—A ver, señor fiscal, he oído en un teléfono en manos libres que...

Podía hacerlo, sin duda, pero los resultados eran evidentes.

Si volvía a mi trabajo, tranquilo, seguro, al regresar por la tarde y mirar a mi hija, o al acostarme, allí estaría en mi interior esa conversación. Trescientos millones... ¿Qué sería luego?

Mi mujer tenía razón, siempre la tiene. Hacer lo que uno tiene que hacer significa siempre lo mismo: enfrentarse a lo que más cuesta, a lo más difícil, olvidarte del paso cómodo.

No hacerlo sería como estar amortizado, muerto en vida. Hoy, cuando salgo hacia mi trabajo con mi bicicleta, una sonrisa asoma a mi rostro y siempre me digo lo mismo: gracias,

Rebeca, gracias por hacerme disfrutar de todos y cada uno de los momentos del resto de mis días desde aquel lejano diciembre de 2005.

Hace poco, escuché decir a una actriz en su papel: «Te sorprendería saber las cosas que llega a olvidar una persona». Mi despacho era grande, muchos libros, miles y miles, mi único vicio desde siempre y del que a día de hoy no he conseguido desintoxicarme. La mesa también era enorme, con tres cajones hacia mí y otros tres al frente. Aún la conservo, y en los cajones sigue habiendo mucha información.

Empecé a trastear por internet y a pasar las horas con libros, música, clásicos de cine; poco a poco fue saliendo. Siempre he pensado que soy un poco diésel en ese territorio, no suelo ser muy rápido ni ingenioso, pero nunca paro. Sentado en mi despacho, me vino una imagen del año 2001 o 2002, muy nítida, como el fotograma de una película. El despacho de Ortega, varias personas más y yo mismo. El alcalde reparte algo, nos da algo a cada uno, un pequeño paquete, sin envolver... Recuerdo haber estado allí, pero no recuerdo exactamente qué significa, cierro los ojos, el fotograma está delante de mí, la película está parada, decido seguir y abrir en mi mente el paquete. Otra idea: estamos en Navidad. Vale, puede ser el regalo de todos los años de la alcaldía, un pequeño presente para los funcionarios y para los ciudadanos que se entrevistan con el alcalde o simplemente visitan el ayuntamiento. Lo abro, es una memoria USB, de 250 megas de capacidad, en forma de huso y con auriculares en la que se pueden almacenar canciones.

Puede que aún lo conserve porque, sin padecer el síndrome de Diógenes, guardo una infinidad de cosas que el común de los mortales desecharía en el minuto uno. Lo busco entre los cajones y, cuando estoy a punto de desistir, allí aparece dentro de una caja tal y como lo recordaba, excepto por la inscripción a la que en su momento no había prestado atención: «Ayuntamiento de Majadahonda, Majadahonda.org». Sí, era eso, un regalo de cortesía. Una pantalla digital y unos pequeños botones. Lo enciendo. Nada. Apago el aparato y vuelvo a dejarlo en su cajita entre unos papeles que parecen un pequeño folleto. Me acuesto pues se me ha hecho tarde, pero primero me acerco al cuarto de mi niña. Hoy puedo decir cuáles son las tres cosas más importantes en mi vida: la elección de mi compañera y mis dos hijos. Y, lejos de ellas, la elección que tomé ese diciembre de 2005.

Ya en la cama, en un duermevela, sigo pensando en la boca del lobo en la que estoy metido. De repente, recuerdo una factura al Ayuntamiento de Majadahonda emitida por FCS, la empresa matriz de Correa, cuyas siglas correspondían a las iniciales de su nombre y sus apellidos. Doscientas o trescientas memorias USB. ¡Leche!

El salto es de órdago y me deja incorporado totalmente en mi lado de la cama. Salgo corriendo hacia el despacho, rebusco esta vez la caja, allí está la memoria USB de la factura y debajo, sí, sin duda, las instrucciones. Las despliego confuso. Son las cinco o las seis de la madrugada, estoy francamente cansado y las releo varias veces como se leen siempre, sin hacerles mucho caso. Vuelvo a intentarlo. Claro, cómo no, es esto, estoy seguro, sé sin duda alguna lo que tengo que hacer, leo en alto...

MODO GRABACIÓN.

2

EL ALCALDE QUE CONTABA FAJOS DE BILLETES

(21 de febrero de 2006)

Una nueva reunión, esta vez en el restaurante Vips, con Pedro Fuster e Isabel Jordán. Sin Correa, era más fácil. Pedro o Isabel jamás se imaginarían nada. Sin embargo, Paco últimamente estaba nervioso, siempre avizor, siempre creyendo que le seguían, que le espiaban, que le escuchaban, y yo temía que sus obsesiones llegaran a descubrirme. Tenía su propio servicio de contraespionaje, gente de Génova en la nómina de Serrano 40, y en la contabilidad de Correa se encontraría más adelante pagos a confidentes de dentro del partido. La seguridad le obsesionaba, contrataba detectives y policías, pedía que le hicieran barridos de su casa para desactivar cualquier aparato próximo a ella, tenía vigilados su coche y sus oficinas, y ya veía como un enemigo a su propio móvil.

Aquello era asfixiante... y allí estaba yo, provisto de mi memoria USB con función de grabación. Jamás he sudado tanto como cuando encendía la grabadora, la guardaba y me dirigía a esas reuniones. Algunas duraban horas, aunque a mí me parecían semanas. Sentado frente a Paco o a Pablo, solo estaba pendiente de que no se me notara nada o de que un barrido sorpresa los pusiera en alerta de mi nuevo compañero de viaje. ¿Podrían detectarla? ¿Se notaba el bulto en mi americana? «Mañana la pongo en otro lado —meditaba por las noches cuando regresaba a casa—, en el portadocumentos... ¿Y si me piden un folio o un bolígrafo? ¿Y si me preguntan por qué no me quito la americana?» Las respuestas se me agolpaban en la cabeza: tengo frío, estoy destemplado, me duele la garganta... Qué sufrimiento. El mundo del espionaje me venía muy grande. Nunca antes había hecho nada parecido y, sin preparación de ningún tipo, me vi con el corazón en un puño.

De hecho, mis primeros intentos fueron baldíos porque, para activar el aparato, debía pulsar varios botones y en algunas ocasiones no lo hacía bien; en otras, en vez de detenerlo, borraba la grabación, e incluso perdí algunos registros al pasarlos al disco duro del ordenador. Recuerdo los primeros meses con un miedo cerval, con auténtico pánico. Al regresar a mi hogar, caía en la cama agotado; la tensión jamás se había cebado en mí de esa manera. Tenía que mejorar la técnica y calmarme si realmente quería conseguir pruebas suficientes.

Cuando saltó el escándalo Gürtel en febrero de 2008, en una operación policial retransmitida a bombo y platillo y dirigida por el juez Baltasar Garzón, algún periodista indocumentado dijo en su columna que yo pertenecía al Centro Nacional de Inteligencia (CNI), donde había sido entrenado, según sus fuentes. Que debían proceder de un consultorio de adivinación, porque una simple llamada dirigida a mí le habría bastado para que yo mismo le dijera lo insultante y peregrino de aquella afirmación.

Los terrores de Correa

El miedo de Paco a todo, porque tenía miedo a todo, se remontaba al año 2002. Poco antes del verano, su mujer se encontraba de compras en la principal avenida de Pozuelo, uno de los pueblos más acomodados de toda España, y cuando se disponía a coger su coche, aparcado en doble fila como de costumbre, una enorme mano la agarró y le arrebató las llaves del coche, lanzándola en medio de la calzada. En un abrir y cerrar de ojos, se había quedado sin su flamante Mercedes 500, a plena luz del día y delante de decenas de personas. Apenas unos momentos después, llamó a Paco.

—¿Tienes el bolso?, ¿tienes el bolso? La documentación y todo...

—No, Paco, estaba dentro del coche.

El pánico descontroló a Correa, que empezó a despotricar contra su esposa. Empezó a llamar a todo el mundo. Quien se hubiera quedado con el coche tenía la documentación de Mari Carmen, la dirección de la casa. Podían ir esa noche con las llaves, desvalijarla y, lo que es peor, raptarlos, asesinarlos... Para tranquilizarlo, alguien le comentó que lo mejor era contratar un vigilante jurado durante unos días y que empezase esa misma noche. Ellos vivían entonces en la zona de Valdemarín, a la entrada de Madrid por la carretera de La Coruña. En esos momentos, Mari Carmen y yo éramos compañeros de trabajo y nos habíamos hecho muy buenos amigos. Junto a Juanjo, trabajábamos más de quince horas diarias, viajábamos cada vez que se nos requería y dedicábamos demasiado tiempo a que Guillermo Ortega o, como le llamaba Paco, «la Rata», fuera un buen alcalde.

Mari Carmen me contó que el vigilante que habían contratado estaría en el jardín toda la noche al menos durante dos semanas. Al día siguiente irían a cambiar todas las cerraduras. Tenía alguna magulladura, pero lo peor había sido reproducir el asalto en comisaría. Por su descripción, el ladrón era un profesional de los países del Este, muy peligroso. La policía sospechaba que la habría seguido toda la tarde, no por ella, sino por la marca y modelo del vehículo. Sin duda, había recibido un encargo y, cuando tuvo la ocasión, lo realizó sin pestañear.

Ortega me llamó sobre las siete.

—Oye, Pepe, no voy al despacho. Han asaltado a Paco esta noche, ya te contaré.

La vida de Paco siempre me ha parecido un poco tragicómica, y, ahora que lo pienso, la mía también acabó siéndolo. Cuando se calmó todo y la policía terminó de tomar declaraciones, huellas, etcétera, supimos con exactitud todo lo ocurrido. Para rematar la historia, esa noche, a las tres de la madrugada, Paco se levantó para beber un poco de agua, se asomó por las cristaleras y le extrañó no ver la silueta del vigilante. Se dispuso a dar la vuelta a la casa y buscar a su trabajador, cuando por una de las ventanas del comedor le pareció ver un cuerpo en el suelo. Volvió a mirar con más atención y vio al vigilante en el suelo. Se retorcía y gemía de dolor. Correa se acercó y observó que las manos del vigilante estaban manchadas de sangre.

—Han huido, los he visto. Me fui a acercar y me dispararon...

Creí sinceramente a Correa cuando me contó que jamás se había sentido tan asustado y que estaba convencido de que jamás volvería a pasar tanto miedo (en ese momento, evidentemente, no podía ni imaginarse que unos años más tarde acabaría en prisión, en parte por mi denuncia). Después de unos minutos, Paco pudo ayudar al vigilante a entrar en la casa y telefoneó a la policía, que estaba sorprendentemente cerca. Se hicieron cargo del herido y de llamar a refuerzos y servicios sanitarios. Correa se encerró en su cuarto hasta que al menos treinta policías se plantaron en el perfecto césped de su jardín. La siguiente semana fue una locura. Paco tuvo que acudir en varias ocasiones a la jefatura policial de Madrid, la cual había desplegado un operativo para dar captura a una peligrosa banda de asaltadores de entre cuatro y cinco individuos, según la versión del vigilante.

Correa decidió mudarse porque ya no se sentía seguro. Mientras tanto, Mari Carmen se reincorporó al trabajo a los dos días, entera y con ganas de olvidar este episodio. Le dejé mi coche, un Mini One, para que pudiera moverse, durante tres meses. Más adelante me acusarían de cohecho por ese préstamo. Poco a poco, el asunto se fue arreglando. El seguro le pagó el coche, que fue encontrado dos o tres años después en un garaje de Portugal, al parecer con la misma matrícula y con el bolso aún en su interior...

La investigación policial siguió su curso. Paco agasajó a todo el mundo que pudo, desde policías a comisarios, para que le ayudaran. Esa relación podría ser el germen de la noticia que se publicó años después, en abril de 2015, en un periódico digital sobre la destitución del número dos de la Policía en Madrid, Juan Manuel Calleja, tras reunirse con Francisco Correa en la jefatura cuando Paco ya era señalado por la justicia como el líder de una trama corrupta. En marzo de ese mismo año, Francisco Correa entró en la sede de la Jefatura Superior de Policía de Madrid en un vehículo policial. Los agentes habían ido a recogerle a su domicilio después de concertar la cita con el comisario Juan Manuel Calleja a través de «un amigo común». La reunión en el edificio de la calle Federico Rubio y Galí se prolongó por espacio de dos horas, al término de la cual los agentes devolvieron a Correa a su domicilio. Por mantener este encuentro, Calleja fue enviado a un destino inferior al que ocupaba hasta entonces.

Un año y medio después del asalto a la casa de Correa, la verdad salió a la luz. Al parecer, el vigilante estaba dentro de su vehículo justo enfrente de la casa de Mari Carmen y Paco. Llevaba, además de la pistola reglamentaria, una suya personal, con la que se pasaba las horas muertas jugando. Mientras la manipulaba, se le disparó de manera involuntaria y la bala le atravesó la pierna. Al tipo únicamente se le ocurrió arrastrarse hasta la casa y decir que, en un acto de valentía, se había enfrentado a una banda de peligrosos delincuentes de los países del Este. Cuando Correa se enteró de semejante invención, optó por dar carpetazo y olvidarse del asunto.

El declive de Paco

Correa era un personaje que se había hecho a sí mismo. Sin prácticamente estudios, había conseguido codearse con la *crème de la crème*. El robo del coche no había hecho más que incrementar su obsesión por la seguridad. Mientras tanto, se había rodeado de personas de máxima confianza para poder continuar con sus negocios. Entre ellas, estaban Isabel Jordán y Pedro Fuster. A primeros de 2006, ambos habían sido designados por Paco para ayudarnos a sacar adelante el nuevo partido, que no solo iba a dar un vuelco electoral en Majadahonda, sino también en toda la zona noroeste de Madrid. Paco había puesto a Fuster para controlar todo lo que hacíamos Juanjo y yo, así que opté por preguntarle directamente a este último hasta qué punto estaba de su lado.

—Pedro, hemos pensado que, si crees que estamos haciendo algo mal, dínoslo a nosotros antes que a Correa.

En la última reunión, Paco nos había abroncado porque no estábamos planeando la campaña electoral tal y como él la tenía en mente. Al fin y al cabo, él era el mecenas y sin su ayuda no podríamos tirar para delante. Fuster era considerado por Correa un periodista de reconocido prestigio que nos guiaría en nuestra estrategia de comunicación.

La actitud de Correa se nos hacía cada vez más insoportable. Su arrogancia y su prepotencia se convirtieron en el centro de nuestras conversaciones. Intentaba sonsacar a cada uno de los nuestros información sobre los demás. Él tenía claro que la información es poder y quería saber nuestras debilidades para así intentar tenernos «cogidos» si nos daba por salirnos del redil. Uno de sus alcaldes lo intentó, y Paco convirtió su vida en una pesadilla. A mí me interrogaba cada vez que podía sobre Juanjo. Con quién iba, con qué mujeres salía y cualquier otra información que le pudiera ser útil en el futuro. Correa quería que Juan José fuera el nuevo alcalde de Majadahonda, y quería saberlo todo de él por si algún día le hacía falta. Lo que no sabía es que nosotros éramos conscientes de su juego. Pedro me confesaba las intenciones de Correa con Jordán, administradora de parte de sus empresas. Imitaba a su patrón a la perfección. Ponía su característica voz ronca, con una palabra malsonante de cada dos que decía. Oírlo resultaba muy gracioso.

—Pepe, yo no soy un hombre de Paco. Hace tres años me dijo: «Yo lo que quiero es que te pegues al culo de Isabel, que me cuentes todo lo que hace. Y si la echo a tomar por culo, te quedas tú. Es que no tienes ambición...».

Fuster le contó a Isabel parte de las intenciones de su jefe. Le dijo que le había pedido que trabajaran juntos, y ella aceptó:

—No hay ningún problema... si no te importa que sea tu jefa.

—¡Cómo me va a importar! Una jefa mujer, joven y guapa...

Así recordaba Pedro aquella conversación. Desde entonces, ambos se habían entendido muy bien y a él le llamaba la atención la dureza que Isabel había conseguido desarrollar para torear al «gurú».

—Paco me ha cogido para cargarse a Isabel, y eso es una judiada. Sabemos perfectamente quién es Paco...

No sé si Pedro me decía esto para ganarse mi confianza o realmente reprobaba ciertos comportamientos de Correa. No podía olvidar que le había ayudado a salir adelante en una época en la que Fuster estaba tocando fondo.

—Con cuarenta y seis años, me quedé sin trabajo, sin casa, sin mujer... Una de mis hijas vivía conmigo, y mi mujer me denunció porque no tenía ingresos regulares para mantenerla. En ese momento, Paco me preguntó qué necesitaba y me metió en nómina. Se lo agradezco un huevo.

Aquel día, mientras comíamos en el restaurante Vips de la calle López de Hoyos, Pedro nos contó que conocía a Correa desde el año 1975 y que siempre se habían respetado mutuamente. Paco sabía que era un superviviente nato y le quería en su equipo, pero era consciente de su forma de ser.

Ese mismo día, 21 de febrero de 2006, Pedro, Juanjo y yo nos reunimos unas horas más tarde con Isabel para continuar con los preparativos de la campaña. Nada más llegar, Isabel se desahogó. Estaba harta del comportamiento de Correa y de su «calentamiento de huevos». Paco había echado un órdago a la Comunidad de Madrid y había interpuesto una demanda porque les habían dejado a deber una factura. Sin embargo, no se daba cuenta de que la cara visible de la sociedad que trabajaba con el consistorio era ella y de que el asunto podía perjudicar a futuros negocios.

—Ahora, día sí, día no, estoy acojonada. No puedo aparecer por la Comunidad porque no me pueden ver y, personalmente, me está costando un desgaste impresionante porque me relacionan con Paco y Pablo. Y ahora me dicen que me quede tranquila porque está solucionado. Les dije que lo pagaba yo de mi bolsillo, pero que quitaran la demanda...

—Se trata de una deuda de cuarenta y cinco mil euros —aclaró Pedro.

Yo no entendía por qué removían un asunto que estaba olvidado por todas las partes. Isabel nos contaba que Paco y Pablo actuaban como la mafia y así lo describía. No le parecía que su comportamiento fuese propio de gente seria:

—Lo de esta semana pasada ha sido... Ahora me dice que esté tranquila, que todo se ha solucionado. Me parece que, con la edad que tienen, estos señores son peores que niños.

—Y, luego, por dos gilipolleces te montan un pollo.

—Parecen la mafia. Me utilizan de mensajera...

—Es todo como del mundo de Yupi, como irreal. No han aterrizado. La situación no es la misma hoy que hace tres años. Antes, tenía todo de la mano. Ahora, está marcado. Han ido contando en Génova sus negocios y desde entonces ya no lo quieren.

Correa y Pablo Crespo habían hecho un tándem inseparable. Ambos se habían acostumbrado a conseguir negocios sin pestañear, flor de un día, el pelotazo fácil, pero eso era pan para hoy y hambre para mañana. Hasta Fuster, el hombre de Paco en nuestras reuniones, nos daba la razón.

Cuando echo la mirada atrás, me preguntó por qué me dejé engatusar para montar el partido de Correa y no volver a mi puesto de funcionario del Ayuntamiento de Madrid, que hubiese sido lo más seguro y sencillo. La respuesta es el ego. Ese oscuro rincón que todos poseemos, algunos en mayor medida que otros, y que suficientemente azuzado te hace creer que puedes ser el próximo salvador del mundo. Correa, con pocos estudios pero una dilatada vida en la calle, sabía explotar este recurso en el ser humano. Sabía que el dinero y el hacer creer a los demás algo que no son eran las puertas que le abrían el acceso a las personas y, en su caso, al paraíso de las concesiones y los contratos públicos.

Eso es una hijoputez

Durante el verano de 2005 habíamos empezado a cultivar nuestra amistad. Paco nos llamó a Juanjo y a mí varias veces y nos pidió que acudiéramos a su casa de Ibiza en diferentes ocasiones. Con la disculpa de seguir trabajando en el proyecto político, los tres disfrutábamos de barco, playa y casa de lujo. La verdad es que nos pasábamos los días hablando de todo menos de política. Atrás habían quedado los tumultuosos días de lucha fratricida entre Esperanza Aguirre y Francisco Granados, por un lado, y el alcalde Guillermo Ortega, por otro. La venta de terrenos fue el detonante para que Willy la Rata saliera de Majadahonda hacia el Mercado Puerta de Toledo. Mientras tanto, a Juanjo y a mí, por advertir a Aguirre para que abriese una investigación sobre todo el meollo de la administración popular en el ayuntamiento majariego, nos tocó el ostracismo y el deshonor público de ser señalados como desleales y traidores.

Después de esta muerte civil, el que Paco Correa nos llamase y nos prestara su apoyo fue un bálsamo. Hoy lo contemplo con ojos distintos. Todos tienen ahora la imagen de Correa como un señor con ficha policial y tres años de cárcel preventiva, con una petición de decenas de años y fianzas multimillonarias. La cruz de la moneda. Pero hubo un tiempo en que Paco era un auténtico príncipe encantado, siempre impecablemente vestido, con decenas de kilos de gomina en su acicalada melenita, la manicura perfecta y zapatos limpios, cuidados al máximo por el limpiabotas de Serrano. Siempre rodeado de lo más selecto de la *jet set*, como Florentino Pérez —presidente del grupo constructor ACS y, desde 2009, del Real Madrid— o Luis del Rivero —al frente de otro gigante de la construcción, Sacyr Vallehermoso—, y, por supuesto, a la derecha de próceres como los dirigentes populares José María Aznar, Francisco Álvarez Cascos o Pío García-Escudero. De ahí para abajo, el resto del mundo quería ser su amigo, quedar con él, proponerle *business*... Había que verle en los actos del presidente Aznar. Siempre antes de empezar, los senadores y congresistas se abrían al paso de Correa. Pocos se atrevían a acercarse y mucho menos a mantenerle la mirada. Uno era Jesús Sepúlveda, responsable de los actos del «presi», alcalde de Pozuelo de Alarcón y a la sazón marido de Ana Mato, una de las promesas de Aznar que, tiempo después, llegaría a ser ministra de Sanidad, Servicios Sociales e Igualdad.

Cuando acababan los actos, Correa solía recibir la llamada de Aznar o de Sepúlveda. «Paco, como siempre todo perfecto», solía dedicarle el presidente. Algo más jovial, Sepúlveda solía comentar los entresijos y preparar ya el próximo acto... o el próximo *business*. Que Paco pudo tener despacho en Génova no lo duda nadie, pero prefirió dirigir esa parte del partido que le correspondía desde Serrano 40.

Fue en esa época cuando nos hizo la propuesta.

—Bueno, chicos, Mari Carmen me ha contado todo lo que ha pasado en Majadahonda. Creo que es una hijoputez. Además, debo reconocer que el comportamiento que habéis tenido con mi mujer ha sido siempre superior. Quiero deciros que tenéis todo mi apoyo. Mañana me entrevisto con gente del partido, en lo más alto, esto no puede quedar así. Me deben muchos favores, desde Bárcenas hasta el expresidente, y si hace falta hablaré con Mariano. Como sabéis, no soporta a Aguirre y este movimiento de Esperanza puede ser su tumba. Además, como conozco a todos estos, vamos a empezar una jugada a la vez, vamos a crear un partido político independiente en Majadahonda que sea el germen de otros de la zona. Esto hará que recapaciten y quieran hablar con vosotros, y, si no, ya tenemos algo para estos años, un proyecto de futuro. Sé que sois funcionarios los dos y podríais volver a vuestros puestos, pero por eso os pido un esfuerzo. De aquí a 2007, las próximas elecciones generales, trabajad en este proyecto y conseguid regenerar la vida política. Para realizar todo ello, me tendréis a vuestro lado. Buscaré la financiación para el partido y, por supuesto, para su desarrollo Isabel y Pedro os ayudarán en todo. Debemos cuidar al máximo la imagen, y el proyecto lo desarrollaremos entre todos. Lo primero es tener una sede y secretarias. Desde ahora y hasta mayo de 2007, tenemos un proyecto: un partido independiente con gente seria y que merece gobernar este municipio.

El poder del ego

Ego. El ego empezó a fluir por mis venas. El amigo de Aznar, quien organizaba las campañas del PP, y de la casi totalidad de las comunidades autónomas y los ayuntamientos, confiaba en nosotros. Quien fuera testigo en la majestuosa boda en El Escorial de la hija del césar con Alejandro Agag se comprometía a respaldarnos, a proporcionarnos oficinas y una campaña de publicidad. Paco Correa, multimillonario, con coches de infarto, con casas en la cotizada urbanización de La Finca, en Sotogrande, en Ibiza, con inversiones alrededor del mundo, se embarcaría en un proyecto con nosotros.

—Pepe, tenéis que poner en el eslogan algo personal vuestro. Naturaleza, historia...

—Lo podía centrar en la familia.

—Eso, en la unidad familiar. La familia...

—«Nunca vuelvas a decir lo que piensas a alguien que no sea de la familia...»

No podíamos contener la risa. Isabel imitaba la frase de Vito Corleone a su hijo Sonny en *El Padrino*. En nuestras conversaciones, cada vez se hacía más patente el tono mafioso que estaba adquiriendo Correa. Juanjo y Pedro tampoco pudieron ocultar sus carcajadas mientras Isabel ponía la voz del jerarca de la mafia siciliana.

—Somos un poco malos —añadía Juanjo mientras soltaba una risotada.

—Todos pensamos lo mismo.

—Ya, Isabel, pero hemos estado muchos años callados como putas.

—Pepe, te puedo asegurar que estoy mejor callada porque le podía haber dicho más de una cosa.

—Tú has sido muy díscola. Cuando uno no tiene miedo a nadie...

La voz de Isabel Jordán sonaba suave y el color y tamaño de sus ojos hacían siempre que el interlocutor tuviera que atender a sus preguntas. Isabel llevaba con Correa tres años largos, lo cual significaba ya un logro. No sé a ciencia cierta cómo se conocieron. Creo que un portavoz actual del PP tuvo algo que ver. Empezó a aparecer por Majadahonda con un par de proyectos y posteriormente se encargó de la Oficina de Atención al Ciudadano (OAC), directamente con Ortega y uno de sus concejales de confianza, Juan Carlos Díaz. Isabel supo soportar estoicamente el desprecio con el que Correa trataba a todas las mujeres. Sin duda, ella apreciaba más la cantidad de dinero que ganaba que su propia dignidad, la cual por otra parte sirve de muy poco cuando las facturas llegan y en la cuenta corriente no hay nada. Ahora, Isabel nos estaba ayudando a sacar adelante el embrión de una nueva formación política y esa era una de las muchas veces en que nos reunimos para lanzar ideas que Juanjo y yo después debíamos materializar. Sin embargo, cada vez que nos veíamos, parecía más una sesión de terapia y desahogo que un encuentro profesional.

—El otro día, le dije una cosa que le hizo pensar. Le comenté que algún día le diré lo malo que tiene.

Sin lugar a dudas, Isabel era quien soportaba más desplantes y cambios de humor de su jefe. Para mí, uno de los mayores problemas de Correa era su falta de autocrítica.

—Es muy malo no conocerte a ti mismo. No conocer la realidad. Todos tenemos puntos malos. Yo tengo cosas deleznables, pero desde pequeño he intentado conocerme. Por ejemplo, soy una persona muy violenta. Mi pecado capital es la ira y, desde que soy consciente de eso, intento controlarla —le dije francamente a Isabel.

—Lo que le pasa a Paco es que es una persona muy frustrada; es muy marciano.

Mientras Isabel seguía retratando la forma de ser de Correa, Juanjo explotó:

—No podemos saber lo que piensa. Está siempre insultando a la primera. Siempre está con el «joder, no tienes ni puta idea».

No solo nos insultaba, sino que también se atrevía a dictar sentencia de cómo había que trabajar. Cuando en la anterior reunión en su despacho nos habló de planificación anual, yo no daba crédito. Nos intentaba dar moralina de cómo se debe llevar una empresa o, en este caso, un partido político. Pretendía convencernos de que, para conseguir el éxito, se deben planificar los objetivos de una empresa con un año de antelación. Al escucharlo, yo mismo me pellizcaba. Su charla hubiese conseguido sus objetivos de no ser porque ya conocíamos cómo hacía las cosas. Lo único que él hacía el 31 de diciembre era decir: «El año que viene quiero ganar dos millones más». Así, que se sentara a hablarnos de planificación anual no dejaba de tener su gracia.

A pesar de sus malos modos, todos coincidíamos en que Correa era un personaje hecho a sí mismo, muy listo pero plagado de contradicciones. Era un hombre afortunado, que había conseguido convertirse en el empresario de referencia para el PP madrileño y nacional, lo cual le había abierto muchas puertas. Pero la fortuna se le estaba acabando. Una serie de contratiempos lo estaban llevando al dique seco, pero no se daba cuenta de que era el momento de parar. Isabel creía que Correa llevaba un cinturón lleno de explosivos que le iban a saltar en cualquier momento. Mientras hacíamos esas reflexiones en alto en el restaurante, se me ocurrió la idea de que había que incluir el tema de la corrupción en nuestra campaña. Me parecía que era un buen momento para decir a los ciudadanos de nuestro pueblo que íbamos a cortar la oleada de corruptelas levantada por el actual alcalde. Sin embargo, a Pedro no le pareció buena idea:

—No debéis señalar cosas negativas de vuestro rival político porque los ciudadanos pueden echaros en cara que, si sabíais lo que pasaba, deberíais haberlo denunciado. Todo el mundo sabe que hay maletines con dinero pero nadie hace nada, y eso os podría rebotar y acabar perjudicando.

Decidiéramos lo que decidiésemos, Correa debía dar el visto bueno a nuestros avances. Él tenía una idea clara de cómo promocionar el nuevo partido y de cómo debíamos conseguir votos para llegar a la alcaldía. Realmente, en esas fechas Paco ya no actuaba solo. Pablo Crespo se había convertido en su mano derecha. Juntos, habían conseguido tener a varios alcaldes de localidades madrileñas comiendo de sus manos y lo hacían por las buenas o por las malas.

Si no entraban en el redil fácilmente, ellos se encargaban de tener algún as en la manga. Jugaban al poli bueno y al poli malo. Como no podía ser de otro modo, Correa representaba al malo. Para cada situación, montaban una *performance* distinta. El interlocutor solía ser un trabajador al que le hacían llegar un mensaje para un superior suyo, la auténtica presa. En alguna ocasión, su teatrillo no funcionó y entonces metían en escena a un tercer personaje, que se hacía pasar por policía, juez o notario, para darles el último empujón.

El alcalde, la mesa de Correa y fajos de billetes

Todavía recuerdo cómo prepararon, en septiembre de 2006, una encerrona a la mano derecha de Arturo González Panero —alcalde de Boadilla del Campo hasta su dimisión en febrero de 2009 y conocido como «el Albondiguilla»— porque este último se había rebelado. El edil boadillense ya no les contrataba todo o, simplemente, ya no tenía el *feeling* de antaño. Empezaron las malas formas y llegó un momento en que González Panero cortó las relaciones con Paco. Lejos quedaron aquellos días en que Correa recriminaba a su socio y amigo Pablo Crespo que no había dejado dinero en la caja para pagar al Albondiguilla como contraprestación por sus favores.

Los malos actos de Correa y Crespo estaban siempre bien medidos e intentaban adelantarse a los acontecimientos. A unos los grababan en situaciones difíciles o les ponían mujeres como cebo para tenerlos controlados; en otros casos, dejaban rastro en las entregas del dinero les amenazaban con dar a conocer las cuentas que tenían tanto en España como en paraísos fiscales. A los menos controlables, los sometían a un seguimiento permanente o bien, como acabo de explicar, les enviaban a secuaces que se hacían pasar por policías o por jueces en excedencia para meterles el miedo en el cuerpo, amenazándolos directamente con una detención o con una condena grave. En definitiva, Don Vito, como Correa quiso que se le llamara en alguna ocasión, era previsor y no dudaba en utilizar cualquier medio de extorsión para hacer que las ovejas volvieran al redil.

A la vuelta de aquel verano de 2006, Juanjo y yo fuimos testigos de una de sus jugadas, una de sus encerronas, y la verdad es que fue uno de los momentos más desagradables que pasé mientras estuve cerca de esta banda. Llamaron al teniente de alcalde de Arturo González y lo citaron en el restaurante Sorolla, situado en la misma calle que el Hotel Fénix y a cinco minutos de Serrano 40. Era su territorio de caza, allí se desenvolvían bien. El Sorolla tenía varios reservados y, todos los días, uno de ellos estaba a nombre del señor Correa. Ese día montaron un auténtico *show*. No llegaron a la maestría reflejada en la película *El golpe* (1973) —que narraba los tejemanejes de dos estafadores de poca monta, encarnados por Paul Newman y Robert Redford—, pero estaba todo perfectamente estudiado. Eran buenos montando números políticos, es decir, espectáculos de apariencia. En aquella ocasión juntaron tres elementos: un vídeo, un notario y Pablo Crespo. Juanjo y yo habíamos sido convocados para después de esta reunión, pero mi manía de llegar media hora antes a los sitios nos situó en una atalaya perfecta para divisar todo el movimiento.

El teniente de alcalde llegó, nervioso, oculto tras unas gafas de sol, y lo pasaron directamente al matadero, al reservado. Solo necesitaron unos escasos cinco minutos para que la mano derecha del Albondiguilla saliera como llevado por el diablo. Juanjo y yo, sentados en otra de las mesas y con una infusión de poleo entre nuestras manos, nos asustamos al ver el pavor reflejado en los ojos de la víctima.

Al entrar en el reservado, pudimos observar toda la parafernalia. El vídeo seguía funcionando y Pablo, muerto de risa, lo apagó en cuanto nos vio aparecer. Me dio tiempo a vislumbrar una imagen. Nos saludó efusivamente mientras que el extraño que se encontraba con él sacó la cinta del aparato, nos saludó con un gesto leve de cabeza, tocó a Pablo en el antebrazo y desapareció. Pablo seguía riendo, creo que tardó más de media hora en calmarse, pero poco a poco se recompuso y nos puso en antecedentes. Nos detalló quiénes eran el que había salido corriendo y el que se llevó la cinta. Ya nos advirtió que Arturo no volvería ni siquiera a pensar en dar contratos a empresas que no tuviesen el visto bueno de la trama de Correa.

El vídeo era indudablemente delator. Se veía a Arturo contando montones de billetes de veinte, de cincuenta y, sobre todo, de quinientos euros. La mesa y el entorno eran inconfundibles. El alcalde boadillense estaba sentado en la mesa del saloncito de la casa de Correa en La Finca y se divisaban otras siluetas de personajes secundarios de la órbita de Paco. Grabaron a Arturo contando una mordida y ahora, con el vídeo, le decían a través de su segundo en el ayuntamiento: «Ojito, o sigues haciendo lo que queremos o esto sale en algún medio de comunicación. Ni siquiera es necesario que salga públicamente: si llega a Génova, tu sentencia es clara».

Enseñar el vídeo a un intermediario era la forma perfecta de decir al verdadero destinatario de la amenaza que nada les iba a parar. Esta anécdota fue motivo recurrente de risas y jolgorio cuando se hablaba del Albondiguilla.

Sin duda, el intermediario llevó el recado a Arturo, que volvió al redil de Serrano 40 en el acto. Pero su segundo no soportó haber estado en aquella situación, no sé si porque tenían algo contra él o simplemente no pudo aguantarlo. Una semana después, salió corriendo a un buen puesto en la Administración, en este caso de Castilla y León. Esta gente tiene tentáculos en todas partes.

Tiempo después, tuve ocasión de coincidir con él. En nuestro primer encuentro se produjo una situación realmente peligrosa para el desarrollo de la investigación del caso Gürtel, que el juez Baltasar Garzón había abierto tras la denuncia que presenté ante la Fiscalía Anticorrupción, elaborada con todas las conversaciones que grabé durante más de un año. En noviembre de 2008, el instructor me llamó a declarar a la Audiencia Nacional, situada justo enfrente de la sede del PP, con la instrucción todavía secreta. El juez quería saber más detalles de toda la trama de Correa antes de llevar a cabo el operativo que acabaría con la detención de todos ellos. Acudí con mi abogado y, mientras esperábamos en la secretaría del juzgado, donde se sentaban los funcionarios que trabajaban para el magistrado, de repente me lo encontré. Yo estaba algo separado y mi abogado defensor, Ángel Galindo Álvarez, hablaba con una funcionaria. El corazón me dio un vuelco. Aunque solo lo había visto aquel día, su cara me resultó inmediatamente conocida: era el teniente de alcalde de Arturo. ¿Qué hacía en el juzgado? No nos habían presentado nunca y no habíamos coincidido en ningún acto del partido, así que en principio no tenía por qué reconocerme, pero a Ángel sí. Mi abogado era concejal de Boadilla en la oposición y también la persona que más caña había dado al PP en esa población desde que su padre, Ángel Galindo Torres, se retiró de la política.

El tipo se dirigió directamente a Ángel, muy sorprendido, mientras que yo, por suerte, pasé desapercibido y pude salir al pasillo. Alguien había citado al teniente de alcalde para declarar ante Garzón el mismo día que yo y estuvo a punto de descubrirme. Ángel tuvo reflejos y le dijo que estaba allí por un asunto penal de un cliente de otra provincia. El otro le confesó que le habían citado, pero dijo que no sabía para qué. Mi abogado, con la mayor calma posible, le insinuó que quizá fuese por el asunto de la memoria histórica del franquismo que andaba investigando el mismo magistrado y, puesto que él era un alto cargo de Castilla y León, a lo mejor tenía que declarar algo al respecto. Me escondí hasta que se marchó del juzgado y, a continuación, protesté enérgicamente ante el juez por aquel error tan evidente que podía haber dado al traste con el secreto de sumario.

Después de su andadura por la Comunidad Autónoma castellano-leonesa, este individuo consiguió un nuevo puesto como asesor del alcalde de Majadahonda. Es increíble cómo los grandes defensores del liberalismo se mueren y matan por conseguir un puesto público, eso sí, sin pasar por la oposición, que eso es de pobres. Ninguno montaba sus propios negocios, era más fácil vivir del cuento. Ya en su nuevo puesto, empezamos a coincidir porque éramos compañeros de bicicleta en las clases de *spinning* del gimnasio. Para entonces, él sabía quién era yo. De hecho, varios miembros de la trama también eran socios del mismo club deportivo. Ya es mala suerte que todos vivamos en un radio bastante pequeño.

3

RESTAURANTE SOROLLA

(22 de febrero de 2006)

—Isabel es gilipollas.

El clásico piropo de Paco hacia cualquier mujer. Ahora le tocaba a Isabel. Él, Juanjo, Pedro y yo habíamos quedado para comer con ella en unas horas. Últimamente, la administradora de las empresas de Correa estaba llevando adelante un buen número de proyectos de gran calado, ya sin la tutela de Paco o Pablo. Es cierto que ellos la introducían, pero Isabel sabía hacer su labor y tenía contentos a los alcaldes, que prácticamente ya no negociaban con los chicos de Serrano 40. Y eso ponía especialmente nervioso a Correa.

—¡Qué se ha creído! Sin mí, estaría en el paro en Sevilla comiendo mierda...

El día anterior, martes 21 de febrero, nos habíamos reunido otra vez para seguir con los preparativos de la campaña que íbamos a liderar Juanjo, candidato a la alcaldía de Majadahonda, y yo, segundo de la lista. Ambos, junto con Pedro e Isabel —las cabezas pensantes—, habíamos acordado que, pasara lo que pasase, íbamos a formar un frente unido si Correa volvía a su típico plan de tirar por tierra nuestras ideas. Aunque Paco no vino ese día, ya nos había advertido de que Isabel estaría presente en el encuentro.

El miércoles habíamos quedado con Isabel a las tres de la tarde en el restaurante Sorolla. Ella llegaba tarde y, cuando entramos, allí estaba Paco, sentado.

—¿Qué hacéis aquí? —nos preguntó con cara de sorprendido.

—Venimos a enseñarte las cosas —le replicó Juanjo.

—¿Cómo sabíais que estaba aquí?

—Nos lo ha dicho Isabel. Hablamos con ella veinte veces al día —insistió Juanjo.

—Entonces, ¿qué hacemos, nos vamos? —le pregunté.

—No, hombre, si lo que no quiero es que nos vean.

—Nos parecía raro que quedáramos todos juntos aquí —le comenté.

—Lo que no puede ser es que os vean con ella. Me he quedado acojonado. Imagínate que alguien ve que salen de aquí dos del PP. A mí no me importa que me vean con vosotros, pero con Isabel no os pueden ver. ¿Por qué no os reunís en tu casa? —se dirigió a Juanjo.

—Sí, eso sería cojonudo —contestó.

Isabel, además de no decir a Paco que íbamos a ir, llegaba una hora tarde y tenía totalmente encabronado a su jefe, quien no paraba de repetir que se había levantado de una comida de negocios para estar allí presente y que «esta tía ni coja el teléfono».

Lo que peor llevaba Correa era que Isabel no respondiese a sus llamadas ni le solicitara permiso para nada. Hacía y deshacía, especialmente desde que Pablo y él la incluyeron en las empresas como testaferro de ambos. Ella daba la cara ante el cliente y ante el registro. Lo único para lo que se reunía con sus socios era para determinar el dinero que recibía de los beneficios y punto.

Ese día, Isabel había quedado con el Albondiguilla. Su cita se había alargado más de la cuenta, lo que había cabreado a su jefe.

—¿Dónde pollas está Isabel? Esta tía es gilipollas. Además, vine pensando que estaría ella sola. Esta tía se diluye, macho.

Todas las mujeres en el entorno de Correa eran gilipollas para él. Desde su mujer, a sus secretarias, todas y cada una de sus colaboradoras y, por supuesto, cualquier política, de las que Paco decía invariablemente: «Además de política, hija puta la tía...». Sus enormes complejos y carencias arreciaban cuando se encontraba frente a una mujer con algo de valor para poner en duda su «inteligencia», sus métodos o su sistema. Para ser precisos, Paco consideraba que cualquier persona era indigna de tratar con él, salvo un número ínfimo de elegidos, y todavía lo era más si cometía el pecado de ser mujer.

Sin embargo, llamaba poderosamente la atención el loable respeto que profesaba a las mujeres a las que daba dinero para que compartieran ratos de intimidad con él. Reconozco que son las únicas a las que respetaba de uno u otro modo. Era asombroso cómo se desvivía por algunas de estas chicas, teniendo en cuenta su mezquindad.

Mientras esperábamos a Isabel, enseñamos a Correa nuestras propuestas para el eslogan de la campaña y para el folleto informativo que íbamos a repartir entre los majariegos. Al fin y al cabo, Paco pagaba la publicidad de nuestra campaña y quería tenerlo todo controlado. Como ya todos sabíamos cómo era, nos imaginábamos que aquellas ideas no le parecerían suficientes y que él nos propondría la fórmula mágica para triunfar en política.

—Habíamos pensado en no dar un mensaje negativo, en no atacar a nuestro rival con toda la mierda que tiene —le comentó Pedro.

—Os equivocáis. Tenéis que contar todo lo que habéis vivido dentro del PP —insistió Paco mientras alzaba la voz.

—Lo que tengo que hacer es redactar mis excelencias, no lo negativo de los otros, porque así me empaño a mí mismo —repliqué.

—Yo me pongo en la piel del ciudadano que va a votar y está hasta la polla de los partidos políticos, y si no habla con cualquier taxista. Y en Majadahonda, el cincuenta por ciento no va a votar porque está hasta la polla. O por lo menos esas son las cifras que me dais vosotros, que no sé si son verdad —espetó Correa.

—Son ciertas, y si no lo crees, búscalo en internet —contestó Juanjo.

—No lo sé, porque no sé manejar internet. Lo que sé es que la gente, si no ve algo distinto, no va a votar, como en las próximas elecciones generales.

Paco tenía una idea clara para la campaña. Quería que vendiésemos el partido como una empresa dirigida por gestores profesionales y apartar cualquier halo de corrupción. Estábamos vendiendo imagen y, que fuese verdad o no lo que dijéramos, a Correa le era indiferente. Había que conseguir como fuera entrar en la alcaldía, el resto daba igual.

—La idea que tiene la gente es que no va a votar porque el del PP me roba y el de Popó también. Todos roban. Entonces, si yo veo a un tío que me dice que ya está bien de amiguismo, de intereses u operaciones urbanísticas, y que va a implantar un nuevo sistema... yo os votaría. Votaría a unos tíos que denuncian un escándalo político y económico porque pensaría: «Qué huevos tienen». Ese es mi punto de vista, y voy a hacerlo yo porque os lo llevo diciendo seis meses y no lo hacéis. Así que voy a hacerlo yo, no hace falta que lo hagáis vosotros —nos sermoneó Correa.

—Pero, Paco, si está hecho... —contestó tímidamente Juanjo.

Correa insistía en que dijéramos públicamente las corruptelas que habíamos vivido en nuestra etapa en el PP. Creía que era la única baza que teníamos para triunfar en los próximos comicios, pero nosotros pensábamos que, si actuábamos así, acabarían vinculándonos con algún escándalo.

—Mira, Pepe, me voy a gastar cinco millones de pesetas en publicidad y quiero rentabilizarlo al máximo. Es lo que habíamos hablado, ¿no os acordáis? —nos dijo levantando la voz.

—Claro que nos acordamos —le contesté.

—Pero ¿te acuerdas? Es que te quedas ahí parado, mirándome, y no sé si me entiendes. Rentabilizar... Eso en marketing y publicidad es el primer catecismo.

—Para mí, lo que pretendes hacer no es rentabilizar, es otra cosa.

—Vamos a ver, Pepe, ¿tú por qué te presentas? —me preguntó en un tono que se asemejaba más a la bronca de un padre a su hijo.

—Porque hay un mercado.

—Dime la verdad.

—Porque quiero gobernar Majadahonda. Porque no he sido tan golfo como ellos. He sido un poco golfo, pero no tanto como ellos.

Su idea está clara: unos tíos que habían estado en el *merdé*, como se suele decir para referirse a un embrollo nada limpio, y habían salido de él ahora lo denunciaban. Correa confiaba por completo en esa estrategia para captar votos. Nosotros, no tanto.

—Yo parí esta idea paseando por Ibiza —respondió él—. Unos tíos honrados que denuncian una mierda acojonante, que la hay porque te recuerdo que se han forrado a ganar dinero malamente. Lo podrían haber hecho de puta madre, pero solo a ellos se les ocurre vender una permuta por tres o cinco millones cuando vale treinta. Yo no hubiera tenido valor para hacerlo. Hacer la golfada de quitarle al pueblo... Es la polla. Esa es la realidad de lo que ha pasado, y hay que ponerlo contundente y que se sepa.

Correa quería sacar tajada de todo esto. Para él, el hecho de apoyarnos en la creación de un nuevo partido era otra manera de hacer negocio y, por tanto, quería rentabilidad. Nos lo repetía una y otra vez:

—Os lo digo sinceramente, yo no soy Botín. Prefiero comprarme un apartamento que meter aquí treinta kilos. Si lo hago, es porque creo que hay un nicho y es a esa gente a la que quiero llegar.

Las mil mujeres de Paco

Para Correa, todas las mujeres eran bazofia. Incluso un día dejó entrever que se había acostado con la exmujer de Juanjo. Al parecer, la invitaron a Ibiza unos días y, según Paco, ella se le insinuó durante un paseo en el yate. Juanjo sonreía.

—La verdad es que no te creo, Paco —le dije.

Empezó con su verborrea mezclada con su sonrisa perversa, mientras miraba a Juanjo para regodearse en su reacción.

—Además, es de mala educación presumir de haber conquistado a cualquier mujer, y no te digo ya si ella es la madre de los hijos de uno de los aquí presentes —proseguí.

—Pues tú —protestó Paco— has presumido en alguna ocasión, en Ibiza.

El verano anterior, en uno de los viajes a Ibiza y rememorando nuestra época de salidas continuas a la discoteca Pachá, surgió la conversación de con cuántas mujeres nos habíamos acostado. Paco presumía de tener siempre a su disposición el reservado del local que, durante años, fue el paradigma de la noche madrileña y en el que siempre tenía seis o siete botellas dispuestas para cualquiera de sus invitados. En esa charla, siempre circunspecto y un poco pudoroso, Juanjo dijo una cifra muy baja, de la que Correa se estuvo riendo todo el fin de semana. A mi compañero de partido, las pullas de este le resbalaban totalmente. Sin embargo, cuando Paco hizo un recuento de sus aventuras, la cifra que le salía era de cuatro números:

—Te digo a ti, Pepe, que me he tirado a más de mil mujeres.

Tuvimos que dejar de jugar al baloncesto porque nos entró la risa floja. Correa se creía el jugador de la NBA Wilt Chamberlain, quien decía haberse acostado con más de veinte mil mujeres. El balón se me caía de las manos y Juanjo había convertido su habitual sonrisa en una risa amplia y ancha, elegante pero con un siseo final que denotaba lo mal que le había sentado la referencia a la madre de sus hijos. Mi cifra de apenas dos dígitos no podía competir con la de Correa, sin duda, pero nuestras risas le humillaron más que si hubiese confesado que era amante del punto de cruz. Diez minutos después, cuando pude controlar un poco las carcajadas que se me escapaban, pude decirle:

—Pero, Paco, ¡no cuentes a las que has pagado!

Ahí Juanjo ya no pudo resistir más y tuvo que tirarse directamente a la piscina para que su risa no inundase la casa y despertara a la niña de Paco. Yo también me zambullí en plancha. Cuando saqué la cabeza del agua, observé que Correa se iba hecho un basilisco. Se metió en la casa y no le vimos hasta la cena.

—Joder, inmenso, Pepe. Le has planchado. Más de mil... —La carcajada volvió.

Un buen rato después, ya dominado el jolgorio, hablé con Juanjo.

—No puedes permitir que intente humillarte. Lo de tu ex, aparte de una soberana mentira, es una cabronada típica suya, le gusta hacerlo con todo el mundo. Contigo sabe que eres una buena persona y no vas a replicarle, pero usa a tu exmujer para hacerte daño. Tienes que ayudarme a hacerle frente, siempre me dejas expuesto, lo sabes.

—Ya lo sé, Pepe, pero ya me conoces, no me gusta el conflicto y, total, este tío me importa un higo. Que diga que se ha tirado a quien quiera. Yo estoy feliz ahora y no me va a joder.

—No, pero si se siente fuerte contra ti, siempre pensará que es superior. Como te digo, nadie es más ni menos, y no pienso permitir nunca que nadie se crea mejor que nosotros.

En la cena, Paco estuvo sonriente, nos comentó que lo había pensado mejor y que realmente, si quitaba a las mujeres de pago, y alguna que más que realidad era ilusión, no rebasaba las cien. Sonaba a disculpa, pero el comentario no dejaba de tener su gracia.

Es una lástima que no haya ningún registro de las reuniones en Ibiza. Cuando íbamos allí, jamás se me ocurrió llevar una grabadora. No estar en casa me generaba desconfianza, además de que, al estar todo el día en bañador, la operación se hacía imposible. No merecía la pena intentarlo.

Cuando, tiempo después de que saltara el escándalo, me citaron a declarar como testigo en una de las ramas de la trama Gürtel en Valencia, por el supuesto pago de unos trajes al presidente de la Generalitat Valenciana, Francisco Camps, el «amiguito del alma» de Álvaro Pérez, el abogado defensor de Correa me preguntó:

—¿Se puede saber por qué de esos viajes a Ibiza no hay una sola grabación?

Todo su interrogatorio tuvo un tufo de mala educación y soberbia. Y juro que respondí sin ninguna malicia:

—Sencillo, letrado, no encontré ningún dispositivo grabador que fuese idóneo para grabar debajo del agua, tanto salada como dulce.

Mi tono fue, ciertamente, condescendiente y las risas aparecieron entre el público.

—Señoría, exijo respeto del testigo...

—Bueno, señor Peñas, debe intentar responder más correctamente —me reprendió el juez—. Por cierto, señor letrado, si no quiere malas respuestas, elija también mejor su tono y sus preguntas.

Más risas.

Juanjo, que estuvo conmigo desde finales del año 2002, era así. Guillermo Ortega, el alcalde de Majadahonda, necesitaba un asesor. Yo ya estaba con él y en un acto coincidimos con Juanjo. Este último era funcionario también del Ayuntamiento de Madrid, allí le conocí, y luego coincidimos en muchos actos del partido. Siempre tuve una alta opinión de él.

—Oye, Guillermo —le dije al alcalde—. Juanjo es una bellísima persona, además vive en Majadahonda, y creo que puede realizar muy bien la labor de asesor en el ayuntamiento. Necesitas a alguien que conozca los temas medioambientales y Juanjete es un enamorado de la naturaleza.

Guillermo habló con él y en un mes estaba con nosotros en el consistorio.

Juanjo hizo dos oposiciones. Era profesor. Había estudiado Filología Inglesa y estuvo algún tiempo trabajando en institutos. Más tarde, opositó al Ayuntamiento de Madrid, donde ganó en propiedad una plaza de administrativo. La verdad es que me sorprendió que decidiese continuar junto a mí, primero cuando nos expulsaron del grupo popular de Majadahonda y, después, cuando descubrimos el pastel y decidió apoyarme con las grabaciones. Desde el primer día en que empecé a grabar, Juanjo lo supo. Era algo que no le podía ocultar, e incluso en alguna ocasión se encargó él mismo cuando yo no podía asistir. Fue mi compinche.

Me sorprendió. Juanjo tenía muy buenas relaciones en el ayuntamiento madrileño y, cuando salimos de Majadahonda, podría haber recalado en él y haber vivido muy bien. Estoy convencido de que hubiese tenido un puesto de asesor o lo que hubiese querido. Con el trabajo de su pareja y el suyo, hubiesen vivido sin ninguna apretura y, sobre todo, sin ninguna de las dificultades que en su día pasamos y a las que seguimos enfrentándonos.

—Tú eres tonto —me respondió cuando le pregunté—. Has demostrado siempre ser mi amigo. ¿Crees que yo podría dejarte solo ante toda esta panda que estamos grabando?

Después, su abrazo de oso y su acento extremeño terminaron por crear una atmósfera de verdadera camaradería. He estado a lo largo de mi vida en situaciones más o menos complicadas y el vínculo que se creó entre nosotros fue algo mágico, que nos permitió llevar adelante esta locura. A día de hoy, cada vez que nos vemos, con una mirada de camaradas basta para decírnoslo todo. Solo posteriormente he tenido una sensación igual, y en ocasiones mayor, a través de mi amistad con Ángel, mi abogado.

En esos más de cinco años de relación estrecha con Juanjo, jamás tuvimos un reproche del uno para el otro, ninguno. Y siempre que estuvimos en una situación complicada, allí estaba el otro para hacer lo que hiciese falta. Es verdad que a cada uno hay que pedirle lo que puede ofrecer y Juanjo me entregó lo que él sabía dar, su apoyo incondicional. Cuando no me defendía o no entraba en alguna lucha, callaba o sonreía de manera floja, pero ahí estaba, día a día, y yo sabía que le tendría mientras durase esa misión autoimpuesta. Así que, cuando me enfrentaba a Correa, yo sabía que tenía a Juanjo conmigo aunque se mantuviera en silencio. Él, por su parte, supo siempre que yo le quería como a un hermano pequeño y que jamás le pediría ninguna explicación por nada.

Una travesía por el desierto

Juanjo y yo teníamos, sin duda, una relación especial. Una mañana de octubre de 2006, me recogió en casa, como siempre, a las ocho. Ese día, fuimos primero a la oficina de la Gran Vía de Majadahonda donde teníamos la sede de la CMA y, después, nos dirigimos a Madrid. Mi colega estaba especialmente callado. Se le vislumbraban ojeras de preocupación y la sonrisa apenas se dibujaba en su rostro.

Mientras bajábamos por la carretera de La Coruña, la A-6, apenas hablamos. No sé por qué miré hacia la parte de atrás de su todoterreno, con el típico vistazo rápido que haces de manera automática. Unos instantes después, ya cerca del hospital Puerta de Hierro, volví a mirar con más detenimiento. Había ropa tirada en el asiento de atrás, alguna corbata y algunos trajes. Pero más atrás, ya en el maletero, vi que sobresalía una maleta. Y de grandes proporciones.

Cogí el móvil y llamé a mi esposa.

—¿Rebeca? Oye, cielo, perdona... ¿Qué tal todo? Bien, bien. Sí, a Madrid, sobre las ocho más o menos. Escucha, perdona, prepara la habitación de invitados y el baño. No, no, nadie. Juanjo va a venir una temporada a casa.

Apenas pude disimular una lágrima de dolor por mi amigo y él apenas podía retener las suyas, que eran una mezcla de vergüenza y de desilusión.

Volvíamos a casa pasadas las cinco y, antes de llegar, paramos a tomar algo. Después de unas doce mil vueltas de cucharilla en la infusión que tenía frente a él, Juanjo se confesó:

—Me ha echado de casa.

—¿Cómo te ha descubierto?

—Se levantó a medianoche, yo estaba soñando y dije otro nombre varias veces. Me despertó y me preguntó. Solo en ese momento pude reunir el valor para decírselo.

No me había dicho nunca nada. Pero yo sospechaba que algo había. Cuando me dejaba en casa, él no volvía directamente a la suya. Algún día le llamaba y, en vez de al móvil, lo hacía a su fijo. Allí, Anuka respondía siempre afable:

—No, Pepe, todavía no ha llegado.

—Vale, no era nada. Acaba de dejarme y me olvidé.

Mentía yo también: me había dejado hacía más de tres horas. Jamás hablé del tema con Juanjo, jamás necesité decirle nada ni que me dijera. Sin duda no fue su mejor actuación, pero fue fiel a su forma de ser y, aunque causó dolor, al final se comportó y lo afrontó. Su mujer lo tomó muy a mal. Lógico. Aunque finalmente lo recondujeron y acordaron un divorcio amistoso. Mientras planificaba su vida, Juanjo estuvo con nosotros algunos meses. Después, se mudó tan solo unos kilómetros más lejos, a Torrelodones. Jamás hablamos del tema y seguimos a lo nuestro.

Me lo voy a calzar

Ese mismo día, después de insultar a Isabel Jordán, Paco entró en un tema que le tenía preocupado. Hacía algunos meses, había discutido con Beltrán Gutiérrez. Otro pájaro de Aguirre y, a la sazón, gerente en el Partido Popular de Madrid, es decir, era el encargado de la administración económica. El Luis Bárcenas de la regional madrileña. Este otro amiguito del alma de la presidenta de la Comunidad de Madrid fue elegido miembro de la Asamblea General en el sector de Asamblea de Madrid e integrante de la comisión gestora de Caja Madrid, fundación creada de forma especial para la transformación de esta.

El nombre de Gutiérrez apareció después en el escándalo de las tarjetas *black*, investigado en la Audiencia Nacional y derivado de la entrega de tarjetas de crédito «opacas» a consejeros y directivos de la entidad para que las usaran sin control alguno y ajenas a la contabilidad oficial de la caja. Un artificio creado por el entonces presidente Miguel Blesa y continuado por su sucesor, Rodrigo Rato, que acabó con la reputación de sus usuarios. Gastos en alcohol, electrodomésticos, ropa deportiva, putas, hoteles y clubes nocturnos pusieron en entredicho el gasto de quince millones de euros por parte de los consejeros de Caja Madrid, que no pestañearon a la hora dc emplear aquella tarjeta, ajena a sus contratos.

Tras conocerse este escándalo en 2014, muchos de los usuarios de estas tarjetas tuvieron que abandonar los puestos de trabajo que ocupaban en ese momento por el daño causado a la reputación de la entidad. En el caso de Beltrán, la alcaldesa de Madrid, Ana Botella, lo destituyó como asesor del PP en el consistorio. Sin embargo, la lideresa Aguirre, después de haber sido despedido, lo volvió a contratar para la regional, salvando así su pellejo.

El funcionamiento interno de los partidos, aparte de no ser democrático, es caótico. En concreto, en Madrid es desesperante. Aquí coinciden actos de líderes nacionales, regionales y municipales, todos con una importancia diferente. Por ejemplo, el alcalde de un municipio de Madrid puede tener mucho más peso en su formación que un ministro. Los actos de partido se convierten en un auténtico lío. Y sacan réditos los que están en determinados puestos. Guillermo Ortega era alcalde de Majadahonda y, a su vez, el responsable de actos en Madrid. Jesús Sepúlveda, casado con Ana Mato y candidato a la alcaldía de Pozuelo, era íntimo del presidente Aznar y, de este modo, se hizo una campaña de nacionales, otra para Aguirre, otra de Aguirre para municipios y otra municipal.

En definitiva, cada cual hizo lo que quiso. En este universo, Beltrán —al que todo el mundo ninguneaba— se cabreó y dejó de pagar actos encargados por ayuntamientos que no habían sido solicitados por el PP regional y, por tanto, no habían tenido su autorización. Las facturas que lo demuestran las hice llegar a la policía. Correa, viendo que perdía fuelle en Génova, decidió denunciarles. Esto puso en un serio aprieto a Isabel Jordán, puesto que todos sabían que su jefe había demandado al partido. De esa demanda se quejaba Isabel en la reunión del 21 de febrero.

Durante la reunión en el Sorolla, al día siguiente, Correa estuvo exultante. Alguien del partido iba a hablar con él. Alguien, que llegaba recomendado, venía a solucionarlo de verdad. Algún contacto de los que tenía en nómina le había puesto, imagino, el toro en suerte.

—¿Sabéis que me han llamado para pactar lo de la deuda? —nos comentó Paco—. Voy a calzarme a Beltrán porque a la reunión va un tío que es hombre de confianza de Esperanza y voy a ir yo. Voy a decir que todo esto es porque me pidió una comisión y, como me negué, me dijo que me iba a joder con el dinero que me corresponde. Que me había dicho que, como le corresponden nueve o diez millones, iba a dejar de pagarme las facturas. Esperanza lo va a oír. ¿Os dais cuenta de lo que es la vida?

—Pues sí, a veces la vida da la vuelta a la tortilla —le apoyé.

—Os digo que voy a ver a un tipo de peso. Le voy a decir que las golfadas de la regional no son normales. Tres años sin pagarme, esto es la leche —insistió Paco.

—Ah, bien, me alegro. ¿Quién es? —le pregunté.

—Ya os diré, pero además voy a decirle la puta verdad sobre Beltrán.

«Me lo voy a calzar.» Correa utilizaba esa frase cuando quería joder a alguien por venganza o simplemente por esparcimiento propio. Estaba exultante, la sangre de los otros le deleitaba. Cuando alguien truncaba sus planes, no paraba hasta liquidarle. Como los sabuesos, olía la víctima y pasaba por encima de todo y de todos.

—Se va a tragar toda esa mierda de que los pueblos no son Madrid, que si el NIF y el NAF. Pedazo de cabrón, me lo voy a calzar... ¡jijiji!

Pablo le envió una carta con todos los pufos que tenían a medias Special Events, empresa de Correa, y el Partido Popular de Madrid. Algunos se solucionaron por la vía de la fundación Fundescam, otros estaban encallados entre Génova y Serrano, entre Beltrán y Correa. Paco pensaba que la persona que iba a ver le resolvería el tema. Cuando un tiburón se enfrenta a un partido político, tiene un problema: nunca sabrá quién va a ser el cazador y quién el cazado. A raíz del estallido del caso Gürtel, los investigadores descubrieron que esa fundación, Fundescam, la cual presidió Pío García-Escudero, primero, y Esperanza Aguirre, después, habría financiado actos electorales del PP, algo expresamente prohibido por ley. También se destapó que Special Events, buque insignia de la trama de Correa, habría falseado facturas por valor de 1,2 millones de euros para el PP en 2003 (hay que recordar que, ese año, la campaña autonómica y municipal de mayo tuvo buenos resultados electorales para el partido). Y volvió a falsearlas un año después por más de ochocientos mil euros.

Fundescam se creó en tiempos de Pío García-Escudero, nada menos que el presidente del Senado, que admitió haber recibido un regalo de Correa, un reloj de pulsera. La policía averiguó que esta fundación se utilizaba como receptor de donaciones que sirvieron para financiar las campañas de Aguirre y se creó una «propensión al intercambio de favores» entre el PP y los donantes. Según un artículo publicado en *Público*, seis de los empresarios que donaron un millón de euros a Fundescam entre 2003 y 2004 obtuvieron luego más de trescientos millones de euros en contratos adjudicados por el Gobierno de Esperanza Aguirre.

Algunos de los colaboradores del PP y de Fundescam son ya viejos conocidos de la justicia, como el empresario Gerardo Díaz Ferrán, en prisión desde diciembre de 2013 por el desfalco de Viajes Marsans, o Arturo Fernández, ambos también imputados por el uso fraudulento de las tarjetas *black* de Caja Madrid. Como se ve, la corrupción es un círculo, todos están unidos.

En definitiva, el PP realizaba actos sin control, o con el único control de Ortega, la Rata, que a su vez era manejado por Correa. Cuando el partido no tenía dinero o no podía pagar más por los límites de la ley electoral, derivaban los gastos hacia empresas privadas directamente o hacia la fundación que habían creado para este fin.

En esa ocasión, Correa no midió bien. No pensó en lo cerca que estaba Beltrán de Esperanza Aguirre y no imaginó que el tipo que venía a verle no era como él, sino un tiburón blanco y de los grandes: Salvador Victoria Bolívar, secretario general del Consejo de Gobierno de la Comunidad de Madrid. La otra gran trama de corrupción en torno al PP que estallaría cinco años después, la Operación Púnica, había entrado en juego.

4

CORREA DE CORRUPCIÓN

(1 de marzo de 2006)

En diciembre de 2005, cuando empecé a grabar a la trama Gürtel, todavía trabajábamos como concejales en el Ayuntamiento de Majadahonda. Juanjo y yo, aunque expulsados del partido, seguíamos pendientes de todos los fregados que ocurrían en el consistorio. En ese tiempo como concejales no adscritos —y por lo que cobrábamos apenas doscientos euros, de modo que tuvimos que recurrir a nuestros ahorros y a nuestros familiares para subsistir—, nos dedicamos a examinar todas las adjudicaciones concedidas por el mismo equipo de Gobierno que nos había apartado, con el fin de impugnar aquellas que fuesen irregulares.

Uno de los casos que denunciamos fue la tramitación de un colegio concertado, que años después descubrí que se trataba de un centro otorgado por el ayuntamiento a una de las empresas de la trama Púnica, un escándalo que no estallaría hasta años después, en 2014. Llegamos a averiguar que la Púnica se encargaba de contactar con docentes en paro y les ofrecía un trabajo para toda la vida, en forma de cooperativa de profesores de un colegio que tendría el concierto asegurado con la Comunidad de Madrid. En principio, según la ley vigente, primero había que construir el colegio y luego solicitar el convenio. De esta manera, con empresas interpuestas, la Púnica cerraba los contratos con los profesores, que pagaban un precio desorbitado tanto por la obra del colegio como por que este firmase el concierto con la Comunidad.

El PSOE también denunció los hechos y consiguió que un tribunal le diese la razón. Sin embargo, la cooperativa de profesores rogó que no se ejecutara la sentencia, pues supondría la ruina total para decenas de familias. Al final se cedió a sus plegarias, con el perjuicio de que ni el empresario que lo montó ni el Gobierno majariego que lo permitió tuvieran su castigo.

Gracias a una denuncia nuestra ante la Agencia Tributaria, se descubrió que el Ayuntamiento de Majadahonda, a través de su empresa del suelo, llegaba a no pagar el IVA en las transacciones que hacían entre ellos. De esta forma, y tras la correspondiente investigación de Hacienda, se ingresaron en las arcas públicas decenas de miles de euros que no habían sido declarados.

El propio alcalde en esos momentos, Narciso de Foxá, reconoció que el ayuntamiento cometió un error al calcular el IVA de una parcela: dejó de pagar a Hacienda 312.727 euros. Sin embargo, negó que la deuda total con la Agencia Tributaria fuese de 4.926.031 euros, como denunciamos Juanjo y yo. La irregularidad se cometió al vender el ayuntamiento cuatro parcelas públicas a la empresa municipal del suelo, Pammasa. De Foxá admitió que los servicios técnicos se equivocaron al calcular el IVA de la parcela O2, de diez mil metros cuadrados, donde hoy se levanta una residencia de ancianos. El regidor mantuvo que «se tomó el precio de la parcela del inventario de bienes y no el que dio el arquitecto». Y se defendió de las acusaciones de fraude. La denuncia explicaba que, en el pleno del 4 de abril de 2002, el ayuntamiento cedió a Pammasa la parcela O2. Entonces gobernaba Guillermo Ortega, que dimitió al estallar la crisis en el PP de Majadahonda. De Foxá era responsable de Urbanismo... y presidente de Pammasa. El terreno, segregado de otro, se había escriturado en abril de 2001 por 1.590.982,88 euros. Al mes siguiente, el arquitecto municipal valoró la parcela a precio de mercado en 3.545.531 euros. El secretario certificó ese importe en una rectificación del inventario municipal de bienes y derechos. Nosotros indicamos que, para calcular el IVA, se utiliza el precio de mercado, según el artículo 79.1 de la Ley 37/1992. Sin embargo, el ayuntamiento usó como base el valor dado a la parcela cuando se segregó, y no el indicado por el arquitecto. Por eso el municipio abonó a la Agencia Tributaria 254.557,26 euros, cuando la cantidad correcta era 567.284,96 euros. «Esto arroja un saldo negativo para la Hacienda Pública de 312.727 euros», decía la denuncia, que se extendía a otras parcelas. En cualquier caso, descubrimos un fraude enorme para las arcas del Estado.

Pero, sin duda alguna, la mejor gestión que pudimos hacer en aquellos momentos fue el caso Mapfre. La aseguradora tiene su sede en Majadahonda y, como muchas grandes compañías, posee cierta facilidad para hacer y deshacer. Una de las entradas de un solar de esta empresa invadía una zona verde. En el expediente, un técnico concluyó que esa invasión era intrascendente al no estar claro si la titularidad era del ayuntamiento o de la Comunidad. No entramos en ese expediente a fondo, pero fue un aviso para nosotros. Se daba la circunstancia de que Caja Madrid tenía una buena participación en la aseguradora y Romero de Tejada, antiguo alcalde de Majadahonda, se aseguraba su presencia en Mapfre al ser vocal de los consejos de administración de la corporación financiera de aquella entidad, además de otro de los usuarios de sus famosas tarjetas *black*. Todo muy endogámico.

Gracias a aquel expediente que tanto nos llamó la atención, decidimos seguir uno nuevo. Fremap, la mutua de accidentes de Mapfre, tiene a su vez un hospital en Majadahonda.

En una parcela adjunta, la empresa quiso hacer un estudio de detalle —una figura urbanística que sirve para precisar la normativa del plan general, especialmente en cuestiones de rasantes, alineaciones y volúmenes—, que el ayuntamiento aprobó sin ninguna objeción. Sin embargo, en esa ocasión Juanjo y yo presentamos unas duras alegaciones en contra del proyecto. El expediente era tan burdo que el arquitecto municipal no tuvo margen de maniobra y hubo de retirarlo.

Con esa operación, Mapfre quería afanar 1.812.944 euros a los majariegos, dinero que tuvo que ingresar en las cuentas municipales gracias a nuestra constancia y nuestras alegaciones. Solo por esta gestión, mi paso por el consistorio debería reconocerse con una rotonda y un busto. A pesar del descarado latrocinio, no se abrió ninguna investigación ni el menor expediente.

En 2005, el arquitecto nos demandó a Juanjo y a mí por daños a su honor. Ganamos en dos instancias y le costó más de dos mil euros. Su odio hacia nosotros le llevó a decir una sarta de barbaridades en el juicio que a día de hoy todavía resuenan en mis oídos. Me acusó directamente de haber matado a su padre, roto de dolor al leer las noticias que los medios publicaban sobre su hijo.

En dos años, nuestra labor de oposición en Majadahonda sirvió para hacer aflorar millones de euros que de otra forma hubiesen ido a parar a empresas privadas. Es justo, por tanto, que tanto Juanjo como yo nos sintamos enormemente orgullosos de nuestra labor. Y a la vez que trabajábamos para el pueblo de Majadahonda, seguíamos con el proyecto de crear un partido independiente y, por supuesto, con nuestra labor de grabar a la trama de Correa. Muchos de los días de aquel principio de 2006 teníamos que trabajar en los tres frentes: ayuntamiento, partido y, cómo no, Paco.

En esos momentos, desde el PP se nos intentó presionar de cualquier forma. Nuestra actividad municipal los estaba asfixiando y no podían permitir que una de sus mejores vacas dejara de dar leche a poco de unas elecciones. Nos enviaban continuamente mensajes amenazadores, aunque otros nos contaban qué ocurría en el seno del partido. Absolutamente todos y cada uno de los contratos realizados por nosotros fue revisado. Se creó una especie de comisión de investigación en el equipo de Gobierno que se encargó de entrevistar a todas las empresas relacionadas con nuestras concejalías: si habíamos cogido dinero, si habíamos favorecido a alguien... Más de uno tuvo el valor de venir a avisarnos y contarnos las prácticas que en un ayuntamiento democrático se estaban llevando a cabo:

—Si cuentas lo que queremos oír, tendrás aquí lo que quieras...

—Pero eso sería mentir, y no puedo hacerlo.

—Bueno, ten en cuenta que tu contrato termina pronto...

La siguiente reunión con Correa, mantenida el 1 de marzo de 2006, fue para advertirle de que la oposición estaba investigando las sociedades y empresas adjudicatarias en el Ayuntamiento de Majadahonda e iban a por todas. Nada más llegar a su despacho de la calle Serrano, le comenté que un constructor nos había intentado intimidar con un requerimiento notarial por unas declaraciones que habíamos realizado en algunos medios de comunicación. Habíamos contado una conversación con este constructor en la que confesaba cómo se organizaban y manipulaban las subastas de suelo en la localidad.

Días después de contárselo, acudí al notario en cuestión, respondí al requerimiento y dejé claro que la conversación podía ser presentada como prueba ante el tribunal que quisiera. No volvimos a saber de él. Creo más bien que lo hizo presionado por los miembros del ayuntamiento que estaban locos por hacernos todo el daño posible. Recuerdo ahora que incluso el alcalde Narciso de Foxá, gran amigo de Esperanza, manifestó públicamente que se querellaría contra nosotros, e incluso entregó una copia de la querella a su arquitecto para que la entregara a la juez como prueba de lo malos que éramos. No sé si llegó a presentarla, pero nunca recibimos nada parecido. Imagino que el revolcón sufrido por el arquitecto desanimó a más de uno.

El 1 de marzo de 2006, fuimos a Madrid y nos vimos con Correa. Había aparecido un folleto de la oposición con nombres y facturas de empresas que sabíamos que eran de Correa. Debo reconocer que en ese momento me habría gustado que Paco hubiera cogido el dinero y hubiese corrido, pero no lo hizo. Realmente no estaba cómodo grabándole, no era mi profesión, no me dedicaba a eso y deseaba que se acabara pronto. Quería meterle miedo a Correa, que abandonara todos sus tejemanejes, pero no hubo forma. La impunidad que se vivió en nuestro país en esos años y, sin duda, la codicia hicieron que, aunque se tuviera para disfrutar cincuenta vidas a todo tren, se quisiera cada vez más.

Correa empleó una de sus tácticas, negar la evidencia.

—El folleto, Paco, habla de empresas de Guillermo Ortega, como Creative Team. Él mismo, con sus empresas, facturaba al ayuntamiento —le comenté.

—¿Qué empresa es esa? —preguntó mientras se hacía el despistado.

—Paco, coño, no hagas eso, no estés a la defensiva... ¡pero si es la empresa que le gestionaste tú! Estaba de testaferro Luis de Miguel. Tu Luis de Miguel. No te pongas a la defensiva.

—Bueno, ¿y qué?

—¿Y qué? ¿Quién compró una casa a una empresa de la que era administrador Luis de Miguel, el mismo Luis de Miguel que aparece en varias empresas que contrató con el ayuntamiento?

—Eh, no sé, ¿qué casa?

—Vale, Paco, no es mi Luis de Miguel. Fue tu mujer quien compró la casa a Ortega, por un buen precio por cierto, y allí estaba Luis de Miguel, que está en muchas de tus empresas y con las que contrató tu mujer.

Definir a De Miguel es complicado. Al parecer miembro del Opus Dei, curiosamente tenía su magnífico bufete en el Paseo de la Castellana justo encima del prostíbulo con más renombre de Madrid, qué ironías nos da la vida. Está condenado a veinte años de cárcel, por organizar una red o entramado de empresas con conexiones en paraísos fiscales para defraudar.

Su relación con Correa se cimentó sobre las bases más sólidas que uno puede imaginar: Correa no podía ser un delincuente, «en su despacho tenía la bandera de España y la del PP». Eso declaró el propio De Miguel. Un empresario de éxito, con las banderas del decoro, de la honradez y de la fidelidad; para el señor De Miguel no podía haber un cliente mejor. Este economista y asesor fiscal, con clientes entre las más grandes empresas de este país, fue condenado por defraudar, está imputado en el caso Gürtel y tiene una petición de cárcel estratosférica. La empresa Creative Team se la encargó Correa para que diese cobertura a Guillermo Ortega, con la que facturó al ayuntamiento del que él era alcalde. Después de separar sus destinos, la empresa siguió funcionando, aunque ya no sé realmente si siguió en la órbita de Ortega o volvió a Correa o a Luis de Miguel. Lo rocambolesco del caso es que la empresa facturó en 2008 a P. A. C. —iniciales que algunos han relacionado, nada más y nada menos, con las de Paco Álvarez Cascos— la cifra de 69.600 euros.

El día que entregué mi denuncia, las grabaciones y demás anexos a la policía, supe en un momento determinado que aquello había dado en el clavo. Mientras comentaba el motivo de la denuncia y lo desgranaba, iba dando datos, nombres de empresas, empresarios, ayuntamientos, los policías tomaban notas y atendían a todo. De repente, cuando solté el nombre de Luis de Miguel, sus mandíbulas se contrajeron, a otros los ojos se les abrieron como platos, a todos las aletas de la nariz se les ampliaron y hubo más de una mirada cómplice y clara. En ese momento debían estar investigando a este sujeto y mi denuncia vendría a corroborar una buena parte de sus pesquisas, ya muy avanzadas y devenidas por otros casos de corrupción. En definitiva, De Miguel resultó ser una buena tarjeta de presentación de mi denuncia.

Cuando estalló el caso Gürtel, lo primero que atinó a decir el bendito De Miguel fue aquello de «no tenía ni puta idea de las actividades de Paco Correa». El hombre de las dos banderas infalibles había cometido el peor de los perjurios, había vilipendiado la enseña nacional y la enseña pepera del honor. Él no sabía nada de los cientos de empresas en las que figuraba como administrador, y que dejaron rastro en decenas de miles de contratos con la Administración y con bancos de fuera del país, así como con auténticos paraísos fiscales a donde fueron a parar miles de millones de euros de los españoles.

—Era un loco —nos dijo Correa—, tenía mi nombre por todo el despacho. Las empresas en carpetas a la vista, anotaciones con cuentas corrientes. Cuando me enteré de que le estaban investigando, me fui a su despacho y no le di una hostia de milagro. Le dije de todo. Yo mismo, yo, Francisco Correa, me quedé toda una noche recogiendo todo lo mío, todos los papeles y, al finalizar, estuve horas delante de su ordenador para que borrara todo, todo lo mío, todo lo de mis empresas. ¡Qué inútil, por favor!

Según el sumario de la Gürtel, Paco no lo hizo tan bien. La policía obtuvo decenas, cientos de documentos que recogen la amplia contratación que se realizó en el despacho de Luis de Miguel entre Francisco Correa y otros miembros de la trama Gürtel. Había ventas de empresas entre ellos, compras y pases de acciones, aumentos y disminuciones de capital, pagos en negro o a través de un paraíso fiscal... En el despacho de aquel asesor fiscal había material suficiente para una diplomatura en ilegalidades.

En definitiva, un iletrado como Paco no era sino un eslabón más en su propia correa de corrupción. Él podía tener los contactos o incluso los ademanes gansteriles, pero no tenía ni un acercamiento al derecho mercantil, ni mucho menos a la ingeniería contable necesaria para sacar dinero negro y reintegrarlo al país ya blanqueado. A esta correa se deben sumar desde los altísimos cargos políticos, así como los medios y bajos, los empresarios de distinto pelaje y toda una caterva de intermediarios que hacen posible la corrupción. Hasta las putas, los chóferes, los banqueros, los bancarios, los policías y los jueces que gustan de atajos o los periodistas vendidos. Todos ellos, con la bandera de España por delante, han saqueado el país.

Correa insistía en desvincularse de las empresas de De Miguel y de Willy Ortega, la Rata:

—Sí, contrataría, pero antes de ser cargo público...

—Mira, Paco, quienes no estamos en nada somos Juanjo y yo, eso está claro.

—Efectivamente, vosotros no habéis hecho nada.

—Pero, como te digo, las cosas han cambiado mucho y ahora no sé si Juan Carlos declararía lo mismo que entonces...

Juan Carlos Díaz, concejal del Ayuntamiento de Majadahonda, salvó en su día a la mujer de Correa de un lío judicial, pero los tiempos eran distintos y podrían no tener la misma suerte. Cuando Mari Carmen empezó a trabajar en Majadahonda, lo primero que hizo fue impulsar un vídeo promocional del alcalde. Lo contrató con una empresa de su marido, pero se le olvidó que en esa empresa estaba ella misma como administradora. El PSOE hacía por entonces una oposición feroz y sus dirigentes locales no tardaron en atar cabos. Fueron al registro y allí estaba. La flamante asesora de Comunicación del alcalde de Majadahonda contratándose a sí misma. Caray. No tardaron en interponer la demanda correspondiente.

No había defensa posible. Mari Carmen entró a trabajar en julio de 2001 y el vídeo empezó a realizarse ese mismo mes. Hasta septiembre, ocupó un cargo en aquella empresa. Estaba cazada. Bueno, casi. Existía la posibilidad de que alguien diera un paso adelante y declarase que él había sido el contratante del vídeo. Así, Juan Carlos Díaz declaró ante un juez de turno que fue suya la idea de contratar a aquella empresa para realizar aquel trabajo promocional.

Paco no pestañeó. Pensaba que no sabíamos nada del juicio. Le lancé una mirada de reproche, le estaba diciendo que hicieron trampas desde un principio y que Juanjo y yo nos habíamos enterado. Cuando Correa se sentía presionado, primero hacía creer que no había roto un plato en su vida, pero al final estallaba, se revolvía, insultaba, gritaba y, en ocasiones, se salía por peteneras. Estábamos viendo en ese momento la magnitud del «trinque» que habían realizado en Majadahonda. ¡El propio alcalde autofacturando servicios a la alcaldía con su propia empresa!

—Mira, Paco, estamos aquí para hablar de estos temas, no para insultarnos. Creo que el problema es que existen muchos cabos sueltos, y te repetimos que nosotros, Juanjo y yo, no tenemos nada de miedo, ni hemos hecho nada ni tenemos empresas. Pero es que incluso pueden rastrear quién es Fernando Ruiz.

—¿Y quién es Fernando Ruiz?

—Vale, Paco, conmigo no tienes que jugar a esas tonterías. Si no quieres saber ahora quién es tu cuñado, tú mismo.

—No es mi cuñado, era pareja de la hermana de Mari Carmen y lo ha echado de casa. Aun así, yo le he dado mucha obra.

—De acuerdo, ahora parece que sabes quién es Fernando Ruiz. Muy bien, un pasito más, como con Luis de Miguel. Si yo, que soy un pobre diablo, he podido comprobar en pocos minutos que este arquitecto tiene su dirección en El Embrujo de Marbella y he averiguado que el dueño de esa promoción es un señor que puede estar relacionado con el caso Malaya, imagina lo que pueden averiguar el PSOE, Narciso o cualquiera de tus amigos. Si descubren, además, que ese promotor es tu suegro... ¿o no sabes quién es tu suegro? Verás, Paco, yo voy a denunciar a Guillermo porque sigue haciendo cosas en Majadahonda. Bueno, al menos por medio de un familiar... Si todo esto llega al Tribunal de Cuentas, átate los machos, tú, Mari Carmen, Luis de Miguel y todo aquel que se haya relacionado económica o mercantilmente con Ortega, porque soy de letras, pero sé una cosa: el dinero siempre siempre deja rastro.

Fernando Ruiz hizo simplemente un anteproyecto de un palacio de exposiciones que, al parecer, Ortega tenía en mente para el pueblo. Más tarde, descubrí que era una de las infraestructuras recogidas por el Plan General de Urbanismo de Majadahonda. Se trataba de una de esas personas de confianza que utilizaban para actividades de todo tipo y para hacerse favores. Siempre los mismos nombres en el registro mercantil, las mismas direcciones, los mismos administradores... Tarde o temprano se termina atando cabos. Es imposible tener una empresa para cada contrato, porque ellos lo quieren todo, y todo significa cientos, a veces miles, de contratos o gestiones y eso, al final, es imposible de controlar. Al igual que es imposible controlar a la gente. Como en el caso de Fernando Ruiz. Lo echan de casa y se le olvida cambiar la dirección del estudio en el Colegio de Arquitectos. Son muchos y muchas las situaciones que al final pueden unirse. Todo está relacionado: Gürtel, Malaya, Púnica, tarjetas *black*, flecos del caso de Caja Madrid... El núcleo de la corrupción, que en la punta de la pirámide se encuentra dirigido desde instancias muy cercanas: mismos gestores, testaferros, empresas grandes para conseguir dinero en negro, mismo partido.

El mundo de la corrupción en España es pequeño: un partido tiene entre sus próceres a Francisco Granados —exconsejero de Presidencia con Esperanza Aguirre en la Comunidad de Madrid y encarcelado tras la explosión de la Operación Púnica—, quien, a su vez, conoce a Correa, con el cual hace negocios especialmente en Majadahonda, de donde fue alcalde Romero de Tejada, imputado en el caso de las tarjetas *black* y que, además, es suegro de un imputado en la trama Malaya. Teniendo en cuenta que los papeles de Bárcenas, y todos los juicios de Valencia, algunos de Andalucía y Castilla y León son piezas separadas de Gürtel, tenemos que el pequeño mundo de la corrupción en España comienza en Génova 20 y se extiende por todo el territorio nacional.

Sin duda, esta fue una de las conversaciones más tensas que mantuve en esos tiempos con Correa, en las que sinceramente solo quería que tomara conciencia de los riesgos que corría, de que había dejado demasiadas pistas y de que, si yo había podido organizar un poco el puzle, alguien con tiempo y recursos podría hacerle verdadero daño.

—¿A quién coño dices que vas a denunciar? —me espetó.

—Ya te lo he dicho, a Ortega y evidentemente al equipo de Gobierno.

Guillermo, ya fuera del consistorio, había conseguido como alcalde que un familiar, arquitecto, trabajara para el ayuntamiento; eso sí, bajo el amparo de un compañero del estudio de arquitectura. El estudio estaba en el mismo edificio y piso que una propiedad de ese mismo pariente. Por esa época, detectamos una adjudicación al arquitecto que protegía la identidad del verdadero autor de la obra. Fotocopié el expediente y Juanjo fue a un pueblo alejado para ver a un notario y levantar acta notarial. En ella, explicábamos toda la operación y a quién se le entregaba realmente el concurso. Esto solo se lo conté a una persona, ni siquiera Correa lo sabía. Aquel a quien le comenté lo averiguado resultó estar haciendo un doble juego. Hacía el paripé de estar contra la corporación municipal, pero había sido comprado hacía tiempo, y yo lo sabía. Curiosamente, a la semana de decirle a esta persona mis planes, el arquitecto renunció a la contratación. El anzuelo había sido lanzado y el pez lo cogió. Años después, se recondujo el mismo proyecto, pero ya no me quedaban fuerzas para seguir investigando.

Mi padre me dice siempre que la realidad es infinitamente superior a cualquier ficción o película que uno pueda imaginar. Qué razón tiene. Cuando hablamos del siguiente tema, Paco se puso nervioso. Si normalmente mira de forma torva, cuando está nervioso hace un auténtico escorzo, y si de sus pupilas salen en ocasiones cuchillas, en ese instante lanzaban auténtico fuego. La indignación lo superaba y se le escapaba en forma de miradas que buscaban intimidar. En ese momento, pude intuir dónde estaba lo jugoso de su trabajo en Majadahonda.

—También se habla de la Oficina de Atención al Ciudadano —le lancé.

—¡Y qué coño le pasa a la OAC! Eso está todo bien, cojonudamente bien. Las dos concesiones estuvieron bien realizadas, empresas buenas y limpias, es un proyecto cojonudo, incluso se lo estamos vendiendo al Santander, y lo tiene la Comunidad de Madrid y el Albondiguilla. Así que no me preocupa —se defendió.

—Vale, perfecto. Así, viendo el expediente por encima, me pareció ver a Luis de Miguel y que el concejal que lo llevó a cabo de principio a fin era Juan Carlos Díaz, pero, vamos, que si tú estás tranquilo, imagínate yo.

Furioso, muy furioso, airado con la mirada lista para fulminar, intentaba intimidarme, pero logré mantenerme sereno mientras decía para mis adentros: ¿realmente crees que eso funciona?

—Mira, yo estoy muy relajado. El problema grave podría estar con la empresa Down Town y creedme que está de puta madre. El concurso está hecho de puta madre, todo adjudicado bien. Como en Boadilla y en todas partes. Todo correcto.

La OAC había tenido problemas desde el inicio. Se adjudicó y al poco tuvo que pedirse una prórroga para su implantación debido a que el local donde iba a ubicarse no estaba acondicionado. Estuvo siempre rodeada de polémica.

—De todas formas me ha llamado Isabel, me ha dicho que es una tontería y que no hay ningún problema. Ha hablado incluso con Narciso, el alcalde, y le asegura que la OAC se abrirá, y pasado un tiempo prudencial nos lo pasará a nosotros. Y si no, Arturo le llama. Todo controlado.

Lo que no tenía controlado Paco era que todo lo que decía estaba siendo grabado, cada palabra, cada frase. Isabel tenía de la mano a Arturo, el Albondiguilla, y en el municipio hacían lo que querían: contratos de todo tipo, la OAC, recogida de basuras, mantenimiento, rotondas, parcelas... Tenían un control absoluto. Arturo y Narciso, alcaldes de poblaciones vecinas, además eran íntimos: los palcos que el Atlético de Madrid cedía al Ayuntamiento de Majadahonda, al tener una concesión para entrenar en su pueblo, eran usados exclusivamente por los dos amiguitos. Se les podía ver todas las tardes de fútbol disfrutando del *catering* VIP que se ofrece a los poseedores de las entradas más codiciadas del Calderón y, luego, sonreír juntos celebrando las jugadas de su equipo.

—Lo podéis comprobar. Las facturas, controladas; los concursos, perfectos; y por si acaso, Isabel maneja a Arturo y a Narciso. Daré instrucciones a Fernando Ruiz y miraremos de nuevo la OAC por si existe algún punto débil. Por Juan Carlos no hay que preocuparse, está contento con nosotros.

—Paco, nosotros estamos perfectamente tranquilos. Si tú lo estás, pues todo *okay*.

En conversaciones como estas, con ese descaro y prepotencia, me daban ganas de sacar la grabadora y tirársela a la cara. Eran momentos puntuales y, sobre todo en estos comienzos de las grabaciones, estábamos bastante incómodos, principalmente por la intranquilidad de no saber realmente a quién nos enfrentábamos. El camino estaba empezado, adónde llegaría estaba claro —a una comisaría y un juez—, pero cómo terminaría era un arcano todavía sin desvelar. Sin embargo, una cosa era cierta: cada día que pasaba, éramos más conscientes de quiénes eran los que habían robado en el ayuntamiento donde tuvimos responsabilidad y, al mismo tiempo, grabar a Paco y su gente se hacía éticamente más fácil.

5

BUENOS SECUNDARIOS EN LA TRAMA

(27 de marzo de 2006)

Uno se pregunta muchas veces en qué se distingue una buena película de una mediocre o mala. Normalmente, para mí los detalles de calidad suelen estar en los secundarios, en eso hay que reconocer que el cine estadounidense no tiene rival. Lo mismo pasa en las tramas. La Gürtel es y será una de las tramas más representativas no solo por su dimensión, sino también por esa miríada de personajes al margen de los protagonistas que se pasean arriba y abajo por esta sucesión de corruptelas.

Si bien Pablo Crespo es un personaje gris y anodino, la fuerza dramática de un Bigotes es insuperable, sus frases entran directas al catálogo para la eternidad: «amiguito del alma» o «te quiero un huevo», dirigidas al presidente de la Generalitat Valenciana, atravesaron el país como un dardo cuando se destapó el escándalo que acabó con la carrera de Francisco Camps.

A la vez que la trama contaba con un elenco sin igual, con un atrezo repleto de putas, chóferes, contables o camareros de antros de reputación dudosa, el desarrollo de la misma se realizaba en entornos idílicos, de élite en muchos casos. Las conversaciones con Correa se produjeron en muchos y diferentes sitios y lugares, interiores o exteriores, casas, oficinas, restaurantes, cafeterías, hoteles, prostíbulos, islas, yates, lujosos vehículos, calles céntricas, joyerías para ricos, playas de blanca arena, campeonatos internacionales de tenis, ascensores o aeropuertos. En definitiva, pocos entornos propios de lo que habitualmente presenciamos en películas de corrupción o mafias faltan en esta historia. Y qué duda cabe que así como las personas, los lugares son igualmente protagonistas en cualquier trama.

La presente conversación se desarrolló el lunes 27 de marzo de 2006 en el restaurante Sorolla, situado en el número 4 de la céntrica calle madrileña de Hermosilla. Su cercanía con la cueva de Alí Babá, la oficina de Serrano 40, lo hacía perfecto para comer y cenar, a la par que un buen lugar donde realizar muchas negociaciones ocultos a ojos extraños. El restaurante daba servicio, además, a un hotel con el que linda. Saliendo del mismo, se encontraba otro lugar mimado por Correa, el Hotel Fénix; apenas veinticinco pasos y el amable portero con levita y chistera le sonreía y abría la puerta mientras susurraba «buenas, señor Correa». El cambio de mano del billete era asombrosamente rápido. A la habilidad de Correa se unía la destreza sin igual del portero. Diez, veinte euros cada día solo por abrirle la puerta, pero en un hotel con una media de trescientos o cuatrocientos euros por habitación, todo se hace a lo grande.

En el Sorolla solo se hablaba de negocios. Correa no entendía una conversación si de ella no sacaba algo o no contenía elementos para cualquier tipo de *business*. Pero también aprovechaba ese escenario para el pago de alguna comisión pendiente, intentos de extorsión o simplemente una charla informal de la que ya se encargaría él de sacar algo aunque fuera información. La información para Gürtel era el tesoro más preciado: cuanto más se sabía, más se podía conseguir. Saber con quién se acostaba un concejal, con qué miembro del Partido Popular se llevaba bien determinado político, conocer sus deudas, saber su pasado, descubrir sus debilidades, todo eso era auténtico oro en polvo para Correa.

El *modus operandi* en el restaurante siempre era el mismo. Traían unos entrantes y el plato que quisieras. Correa y yo compartíamos el gusto por las habitas con jamón y solomillitos, que se convirtieron en platos muy habituales en nuestros encuentros. El vino corría a raudales para los invitados. Correa, sin embargo, prefería estar lúcido mientras a sus víctimas se les aflojaba la lengua. Se llenaba la copa, pero solo bebía un sorbito. Tomaba sobre todo Coca-Cola con mucho hielo. Después del postre, ni licor ni nada y, solamente en algunas ocasiones, se atrevía con medio dedo de whisky de malta.

Los salones reservados tenían ventana a la calle Hermosilla, en pleno barrio de Salamanca, y podían albergar a un máximo de doce personas. Uno de ellos incluía un sofá y unos sillones con una mesa baja de centro por si, después de la comida o la cena, la charla se alargaba. Y vaya si nos alargábamos algunas veces. El *maître* hacía de tripas corazón y, después de despedir a todo el mundo, avisaba de que la cocina iba a cerrar por si queríamos algo como recena.

Allí, después de comer, se podían desplegar ideas, planos, memorias, bocetos, etcétera. Toda su gente se podía explayar en contarle hasta el último detalle del día. Así, Isabel Jordán podía dar su parte diario, Ramón Blanco Balín —conocido como «el blanqueador de la trama Gürtel», amigo íntimo de Aznar y exvicepresidente de Repsol— podía recordarle las firmas del día siguiente, Crespo pondría sobre la mesa algunas de las insignificancias que solían tenerle ocupado y Álvaro podía montar su representación de turno y actuar a la vez que narraba sus reuniones del día o sus conquistas de la noche.

Aquel día, Paco tuvo otro encontronazo con Isabel. Cada vez eran más frecuentes porque el jefe sospechaba que su trabajadora actuaba por libre en los negocios. En aquella ocasión, la situación fue aún más desagradable porque estaban presentes Ramón, Pablo, Juanjo y Fuster. Yo no estaba, pero pude escucharlo en la grabación que hizo mi compañero aquel día.

—Hola, chicos, ¿cómo estáis? —saluda Isabel mientras entra al restaurante.

—Te puedes largar —respondió Correa, enfadado porque ella había llegado más de una hora tarde.

—Pues me voy.

—Lo que no es normal es que quedemos a las cinco y aparezcas a las seis.

—Vengo de estar con un cliente.

—¿De dónde vienes?

—De la Fundación Biodiversidad.

—¿Qué es eso?

—Una fundación.

—¿Dónde está eso?

—En Madrid.

—¿De quién depende?

—Del ministro. Yo me voy, así de claro. ¿Esto es un interrogatorio? ¿Para qué? He hablado con Juanjo y le he dicho que iría cuando pudiera. ¿Qué quieres que le diga a la directora: «Oye, que yo me voy»? Es que no me creo que me hagas estas preguntas. Yo me voy. Hasta luego.

Tan pronto llegó se había ido. A Jordán se le había hecho insoportable trabajar con Correa. La ninguneaba, intentaba dejarla en evidencia, y eso cada vez era más insoportable.

—Pablo, esta tía va de chula. Y miente. Tenía que haber dicho «perdóname, vengo de una reunión». ¿A qué hora ha llegado? —insistía Correa con los presentes.

—Ha llegado a las seis.

—Una polla como una olla, ha llegado a las seis y veinte. Viene de tocarse el coño o de otra cosa... ¿Cómo que te vas? Pero esta tía de qué va. Que no me toque los cojones.

Yo no puedo vivir en un chantaje porque esté consiguiendo contratos.

—Tienes que enfocar las cosas de otro modo, aunque ella tampoco tenía que haberse ido —intentó calmarle Crespo.

—Si va a llegar tarde, tiene que llamarme. Y me jode que me mienta. No viene de ver a una tía de Medio Ambiente ni pollas en vinagre.

—Pero ¿por qué le hablas así? —le replicó Pablo.

—Porque me está mintiendo. Me voy a enterar de dónde viene.

En ese instante, Ramón Blanco salió en su defensa:

—Paco, Isabel tiene sus virtudes. Lo único es que, un día, sentados en el despacho, igual le tienes que bajar un poco los humos. Pero que no se te olvide que tú tienes muy mala hostia, la maltratas porque tienes más reflejos que ella, y se ha venido abajo. Estaba bloqueada.

—Se ha ido porque se iba a poner a llorar —añadió Crespo.

—Es mentira, no estaba reunida, por eso no me ha sabido decir dónde estaba.

—Si la bronca se la echas tú solo, no es lo mismo que delante de estos señores —puntualizó Ramón.

Todos los allí presentes optaron por correr un tupido velo y seguir a lo que estaban. Correa no es una persona a la que se pueda rebatir o hacer entrar en razón, con lo cual no merecía la pena explicarle que no podía tratar así a Isabel.

A pocos portales, en el número 10 de la misma calle de Hermosilla, se encontraba el Balmoral. Esta joya de la coctelería clásica de los cincuenta ya desapareció. Sin duda, fue el lugar que más me llamó la atención de todos los que frecuenté en aquella época. Correa utilizaba aquel local para celebrar las fiestas de fin de año de la empresa. Ninguno de sus empleados, pero tampoco de los políticos, se perdían esa cita, a la que no faltaban los próceres del periodismo patrio. El Balmoral tenía algo. Calle Hermosilla, portón de madera con rejilla y cuatro escaleras para llegar al rellano de la entrada a la derecha y del guardarropa a la izquierda. Nada más entrar, asomaba el busto de una mujer ya mayor pero que retenía algo de la magia y belleza que tuvo. La tuvo y mucho, decía Correa, junto a un precio elevado por sus servicios. Para entrar a la sala debías descorrer unas cortinas de terciopelo que recordaban a las de los cines de antaño.

Una vez dentro, se podía observar una decoración al uso, con un sillón corrido junto a la pared de todo el local, con mesa redonda pequeña y banquetas alrededor. Barra con todos los elementos de cóctel y, delante de esta, el poyete forrado con terciopelo para divisar desde una altura superior el resto de la sala. Oscuro y con varios recovecos, perfectos para los primeros asaltos amorosos o para ocultarte de miradas impersonales y disfrutar de un rato apacible.

La primera vez que acudí a aquel sitio fue por una fiesta de Navidad de Paco, a finales de 2003. El jolgorio se superponía a toda la hierática belleza decadente del local. Se montaba karaoke para los más atrevidos, los canapés desbordaban bandejas instaladas por todas partes y el jamón, el buen jamón por decenas de kilos, deleitaba los ojos y paladares de todos los que allí pasábamos el rato. Que el Balmoral tenía algo lo demuestra el hecho de que el cantante Loquillo le dedicó no una, sino dos canciones. Es más, tituló con el nombre del local su primer disco en solitario, nada más y nada menos.

En aquella ocasión, fui al Balmoral con mi mujer. Estuvimos charlando animadamente con un personaje que luego resultó ser uno de los fundadores del periódico *El Mundo*. Gallego, muy gallego, su cuarto copazo me desalentó y decidimos movernos un poco por la sala. Alberto López Viejo —entonces en la Asamblea de Madrid—, Benjamín Martín Vasco —Benja— y los alcaldes de Arganda, Majadahonda y

Pozuelo eran algunos de los invitados. Este último, Jesús Sepúlveda, acudió con su mujer, Ana Mato, que años después se convertiría en ministra de Sanidad y, por azares del destino, tuvo que acabar dimitiendo por los abusos cometidos por su marido junto a Correa y compañía.

Miraras donde mirases, había personajes de cierta relevancia política. Le iba explicando a mi mujer quiénes eran cada uno de ellos. «Ese de ahí —le decía— es el tesorero nacional del PP, aquel se llama Pío.» Sabía que a la fiesta también estaba invitado Alejandro Agag, pero no pudo asistir al encontrarse en un viaje de negocios. La mujer de Correa me comentó que antes de que nosotros llegáramos se había pasado a saludar el asesor personal del presidente del Gobierno, en aquel momento José María Aznar, y dos ministros, «pero solo a tomar una y ya».

—Nos vamos a ir, Mari Carmen, estamos cansados —le dije a la mujer de Correa.

—Esperad, Paco quiere saludaros... Paco, ya los conoces, es mi compañero de trabajo y su mujer —nos presentó.

—Sí, claro. Mira, aquí estoy con un gran amigo, Pepe Oneto.

—Es un placer, señor Oneto.

—Bueno, Paco, muchas gracias —le dijimos—. Nos tenemos que ir porque tenemos a la niña pequeña en casa. Feliz Navidad a todos. Gracias.

Fue aquella noche cuando vislumbré por primera vez el mundo de Paco Correa. También habían acudido algunos policías, directores generales y múltiple fauna política. En esa época, Correa era perseguido por todos. Pero no para encarcelarlo, ni mucho menos. El íntimo amigo de Aznar, testigo en la boda de su hija, con un control férreo sobre Génova, con un poder económico inusual, era perseguido por todo el mundo para hacer *business* con él. Y a cualquier precio.

Tener todo debe ser complicado de gestionar. Poseer poder político, lo que te da el judicial y policial a la vez, gozar de poder económico y, además, disponer de un notable ascendiente sobre el poder periodístico hace que uno no tenga más remedio que creerse invencible y, sin duda, impune. Esa fue la tónica de muchas personas en los años en que se desarrolló la trama.

Años después, pude comprobar en el sumario judicial del caso Gürtel que había un apunte económico referente al pub Balmoral. El 11 de mayo de 2004 se recoge un pago de tres mil euros a este por el *catering* del fin de campaña de las elecciones generales, celebradas tres días después y en las que, por cierto, el PP perdió para dar paso a ocho años de Gobierno socialista. Este pub que tantas noches hizo disfrutar al grupo de Correa se ha convertido ahora en un Zara.

Volvamos al 27 de marzo de 2006. Como he dicho, yo no pude asistir a la reunión y la conversación la grabó mi compañero y amigo Juanjo. Él, la verdad, nunca se ofrecía a grabar, aunque cuando le pedía que llevase la grabadora lo hacía, no sé si porque no estaba muy convencido o simplemente porque él es así, dispuesto a todo por un amigo pero sin iniciativa. En la conversación de ese día intervinieron varios personajes de la trama que aún no habían aparecido, entre ellos Jacobo Gordons, íntimo amigo de Alejandro Agag y con el que Correa mantuvo una enorme relación comercial.

Precisamente, aquel lunes, Correa venía de entrenar con Jacobo. Iban juntos al gimnasio y competían por ver quién aguantaba más kilómetros en la bicicleta estática y quién hacía más abdominales.

—Me estoy poniendo como un toro, se me está quitando la pelota de la barriga. Hoy he hecho doce kilómetros en bici y luego otros cuatro. Estoy picado con Jacobo Gordons, él ha hecho cuarenta y cinco. Me estoy poniendo cachondo, me noto cómo me estoy poniendo. El tío me dice que no da crédito de cintura para abajo. Me dice que mis piernas son la polla.

—Te vas a romper —le advirtió Juanjo.

—Quiero estar en setenta y cinco kilos y machacarme. Cuando lo consiga, ya no me lo quita ni san Pedro.

—El cuerpo humano es una máquina perfecta, pero a veces se nos olvida que también tiene que descansar —le recordó Pedro Fuster.

Otro personaje que no había salido aún a escena era Ramón Blanco Balín, que había sido, como José María Aznar, profesor en el Centro de Estudios Financieros, una institución privada en la que, juntos, llegaron a publicar algún texto sobre fiscalidad o impuestos. Pero quien reluce aquí es Álvaro Pérez, el Bigotes. Me extraña que Álvaro, siendo conocido como lo es en el mundo del espectáculo, haya prescindido actualmente de su seña de identidad, ese mostacho ya famoso y que le beneficiaba más que le perjudicaba. Incluso en estos momentos de juicios, opino que no debería habérselo rasurado.

Conocí a Alvarito, como le llamaba Correa, siendo yo aún asesor en Majadahonda. La policía majariega había aprehendido un alijo de cedés falsos y a Mari Carmen, que era asesora de Comunicación, se le ocurrió hacer una acción publicitaria —Majadahonda a la cabeza de la lucha contra la piratería (la vida no deja de tener retazos de una ironía sublime)—, pero tenía que ser algo especial. Hablándolo, pensamos en tirar los cedés falsos en medio de una carretera del municipio y que una apisonadora los destruyese pasando por encima. Llamaríamos a asociaciones de defensa de los derechos de autor y a artistas de fama para que el acto tuviese la mayor repercusión posible. Mari Carmen habló con Paco para pedir ayuda y le envió a Alvarito, que acababa de incorporarse a la empresa. Venía enchufado, y bien, por Alejandro Agag, de quien Correa y Mari Carmen eran bastante amigos. Después, coincidí con él en algunas conversaciones y, anteriormente, lo había hecho en actos del partido.

El Bigotes era omnipresente en todo aquello que tenía a Aznar por protagonista. Resulta evidente, en el vídeo de la boda de El Escorial entre Agag y la hija de Aznar, que el hombre con ese puro y ese bigote que camina al lado de don Manuel Fraga no puede ser un cualquiera. No, claro: era el Bigotes. Su historia académica era breve; por ello y como muchos personajes hechos a sí mismos, tenía que usar otras cualidades para desenvolverse en el mundo. Su gran baza era el cuerpo a cuerpo, las distancias cortas, ahí se manejaba a la perfección: dicharachero, atento, sabía cómo bordear las limitaciones de su fondo de armario cultural. Además, sabía dónde atacar. Iba directo al verdadero centro de poder: las mujeres de los líderes. Por ello, Correa llegó a decir en alguna ocasión que Ana Botella, esposa de Aznar y que llegó a ocupar la alcaldía de Madrid, se enamoró de Alvarito. Y es verdad, enamoraba a las mujeres y luego hacían lo que él quería. Esto denota, cuando menos, una astucia desarrollada.

En uno de nuestros primeros encuentros casuales, quedó claro que Álvaro y yo no nos soportaríamos demasiado, no porque me cayese mal, sino porque le estropeé uno de sus chistes preferidos, que lanzaba como anécdotas para lograr la risa fácil de su interlocutor. Estábamos con Ana Botella en un acto del presidente en el Palacio de Exposiciones del Ifema, y yo era uno de los miembros del partido que controlaban y se encargaban de supervisar que la empresa realizara todas las cosas como se había contratado. Guillermo Ortega, la Rata, era el secretario de Organización del PP de Madrid y yo era su encargado allí donde me enviaba. La esposa de Correa, Ana y yo estábamos hablando de cosas insustanciales antes de que esta se marchase cuando apareció Alvarito, atusándose el mostacho y enrollando bien sus puntas para que adquiriesen finura. Como siempre, acaparó la conversación. Venía de hablar con unos miembros del partido de Cataluña y comenzó a decir que le encantaba el catalán, el idioma, su tono, su melodía y la soberbia de algunos vocablos. Especialmente le gustaba uno:

—*Collons*. ¿Habéis oído de verdad lo fino que resulta oír a una mujer decir «*collons*»? Porque claro, si dice «¡cojones!» es basto, pero «*collons*»... *Collons* es otra cosa.

Todo esto lo adornaba evidentemente con gestos, guiños y sonrisas propios de la interpretación de un actor.

—Esa anécdota... recuerdo habérsela oído a tu tío Andrés Pajares —dije sin pensar—, hace muchos años, en una entrevista que le hizo Mercedes Milà...

He de reconocer que Alvarito la hacía propia y personal, frente a como yo recordaba a Pajares contándola con ese balbuceo de palabras o sílabas, con ese semitartamudeo que tantas risas arrancó en las butacas de patio de los cines de la Transición. El Bigotes tenía su propia versión, con una voz atiplada, más fina, no engolada, más directa, tieso como un mástil, incluso con los hombros un poco para atrás, lo que ensanchaba su pequeña caja torácica creando una sensación de musculación. Un pequeño atisbo de cómo caminaba Robert Mitchum, pero con la diferencia de que Alvarito tenía que andar de puntillas o dar pequeños saltitos para que se le viese. Traje caro, un poco ceñido y corto, por el tobillo, cuadros Burberry y entalladito, para que su porte se elevara algo más si cabía. Álvaro es bajito, de esos bajitos un poco predispuestos a no parecerlo demasiado. Sus zapatos tenían un tacón digno de una *miss* y, según Mari Carmen, escondían unas alzas interiores que para ella las quisiera.

Jamás he visto a un hombre ponerse tan rojo, me hubiese matado en aquel momento. Ana Botella se rio aún más y Mari Carmen, que conocía el genio del bajito, dio un paso atrás. No sé realmente si lo hice para ridiculizarle, creo que no. Lo dije porque era verdad y me salió. Desde entonces, cuando coincidíamos, procedíamos a un saludo de cortesía y ni nos mirábamos. La suerte fue que, como se encargó de llevar los negocios de Correa en Valencia, nos vimos pocas veces y, en esos casos, siempre teníamos un gesto gélido el uno para el otro.

Su obsesión y apetito por las mujeres era un tema común en las chanzas de Correa y Crespo sobre él. Depilado por completo, decía con condescendencia: «A ellas solo les toca el pelo de mi bigote». Debo reconocer que en las tramas femeninas era bastante bueno. Un día, mientras tomábamos unas copas en el Hotel Fénix, al lado nuestro había una pareja de extranjeros. Él tenía como mínimo tres décadas más que ella. Desde que entró al salón, Álvaro no dejó de mirarla mientras el hombre, con dos ronchas coloradas en cada mejilla, fruto de años y años de catas continuas, bastante tenía con sostener la ginebra que continuamente regaba su garganta. Nos fuimos de allí a otro lado. Al salir, Álvaro se acercó disimuladamente y le susurró algo, pero no al oído, un poco más lejos. Cuando, dos horas después, volvimos al hotel para dejarlo, puesto que pasaba allí la noche, la estilizada figura de la mujer extranjera se intuía detrás de la puerta giratoria. Había esperado pacientemente el regreso de su aventura y la espera había dado sus frutos, pues era algo que aprovecharía. Que aprovecharían.

Repasar sus relaciones ya publicitadas en televisión permite adivinar el gusto de Álvaro Pérez en estos menesteres. En definitiva, un prestidigitador que embobaba con su verborrea a hombres y mujeres. Correa siempre le tuvo respeto. Era un bocazas y su incontinencia verbal le ponía malo, pero como Alvarito era gracioso y, además, conseguía siempre las mejores mujeres para sus fiestas y para sus negocios, todo le era perdonado. Su amor por el lujo no tenía igual en la trama y esa foto con una moto de tres ruedas en Valencia le delata como el nuevo rico que realmente fue.

Pablo Crespo contaba infinidad de anécdotas del Bigotes, como aquella en que, tres días después de haber cerrado un restaurante en Valencia para celebrar un trato y después de divertirse con el personal llevado al efecto, había vuelto al mismo establecimiento y a la misma mesa que había utilizado, pero en esta ocasión, al parecer, con su mujer.

En Valencia cayó de pie y en sus brazos se echaron el presidente de la Comunidad Valenciana y, lo más importante, su esposa. En la farmacia de esta, Álvaro entraba como Pedro por su casa. Astuto, muy astuto.

Poco antes de esta conversación, el 24 de marzo, el papa había nombrado cardenal a Antonio Cañizares. A la recepción era obligatorio acudir con frac, y en esta ocasión Camps se vistió en el mismo sastre que la trama. Es más, Álvaro —como representante de la Gürtel— fue uno de los que viajaron a Roma, al Vaticano, para hablar del viaje que Su Santidad iba a realizar a Valencia en unos meses y que, a la postre, fue uno de los mayores pelotazos de la corrupción en España.

—Me llama el otro día Alvarito diciéndome: «Estoy congelado de frío aquí, de frac en la plaza de San Pedro y hace un frío que te cagas. Estaban todos... Ángel Acebes, Sebastián el de la boina; el Cuco, Arsenio, estaba por parte de la familia de monseñor —comentó Crespo, durante la reunión en el salón Murillo del Balmoral. «El de la boina» era un conocido miembro del PP gallego.

—Es para descojonarse, macho —añadió Correa.

—Y me dice que con uno de los que estuvo es el responsable de las relaciones con todas las universidades católicas del mundo —puntualizó Ramón.

—Tiene la facultad de que, donde cae bien, cae de puta madre —concluyó Correa.

El Cuco al que hacía referencia Crespo era Arsenio Fernández de Mesa, gran amigo de Rajoy y actual director general de la Guardia Civil. Estuvo de gobernador civil en La Coruña cuando se hundió el *Prestige*, un petrolero que causó la tragedia medioambiental más grave de la historia de este país. La Gürtel optó a contratos relacionados con esta desgracia y, desde entonces, tenían buena sintonía con Fernández de Mesa. De hecho, Correa siempre mantuvo una relación amigable con él.

Álvaro, el Bigotes, tenía muy buen concepto de sí mismo. Es de aquellos que dicen haber trabajado desde jóvenes para justificar su falta de estudios. Tengo el mayor respeto por la gente que no ha podido estudiar, como les pasó a mis padres, pero detesto a aquellos que se creen menos por no haber estudiado y quieren aparentar lo contrario. La gente inmersa en tramas como la Gürtel creen que, por tenerlo todo, se les debe reconocimiento en cualquier ámbito, tanto en los que ellos realmente pueden conocer como en aquellos otros que ignoran. Aunque desprecien los títulos educativos, en el fondo querrían tener alguno, creen que los universitarios los miran con desdén y piensan que a cualquier mastuerzo que consigue un título se le respeta y se le mira con admiración. Ellos quieren la cuadratura del círculo. Ser ladrón, pero que se les llame de usted y se les reverencie. No ser nadie y que se les reconozca, no haberse esforzado jamás y que se les tenga por los salvadores de la patria. Uno de ellos decía haber sido legionario cuando ni siquiera fue admitido; otro, banquero, cuando era un director de sucursal y a lo más que podía aspirar era a ser bancario; y el de más allá contaba chistes de otros pero quería sentar cátedra en todo. Allí, en Roma, en la milenaria Roma, Álvaro, con ese don de gentes suyo, consiguió algo impensable para muchos de aquellos que han dedicado más de un tercio de su existencia al estudio y a la reflexión. Logró ser guía de jóvenes, entró en el panteón de los ilustres. Lo contrataron como profesor en un máster de la Universidad Pontificia de Salamanca. Así que, a lo mejor, determinados posgrados no son lo que parecen. Le puedo imaginar en su megavehículo, un Rover Vogue, con cuero impoluto blanco y extras a tutiplén, ese bizarro cigarro habano en la comisura de los labios y dirigiéndose a las clases:

—Buenos días, alumnos. ¿Conocéis la palabra *collons*...?

Una parte de la trama Gürtel es tan increíble que parece un mal chiste. Si no fuera por el despojo de nuestro dinero, sería incluso divertida. Los personajes secundarios son de lo más importante en el cine y los hay que llegan a tener su propia serie. A Álvaro le pasó. Después de reinar en Madrid como secundario de lujo, protagonizó la serie Gürtel en Valencia con un éxito arrollador, especialmente de taquilla.

Álvaro era un espejismo, un dragón chino, era todo artificio y fantasía, nada real, y por eso mentía desaforadamente. En el folleto en el que se anunciaba su clase en el máster se definía como asesor de relaciones públicas en el Gobierno de José María Aznar. Debió tardar una tarde en inventar dicho cargo, pero lo que me sorprende es que la universidad que lo contrató asumiera una mentira tan evidente, o a lo mejor sabía que lo era y no le importaba.

Aquel 27 de marzo, en el salón Murillo, Correa estaba en su salsa, faltón, prepotente. Al no estar yo se comportaba con más libertad. Tras encararse con él, Isabel salió del restaurante y llamó a Ramón Blanco, quien no sé hasta qué punto tenía una relación cercana o íntima con Isabel, o quizá simplemente Correa le había asignado el rol de poli bueno. Aquel día, Ramón había pasado por el restaurante para recordarle que al día siguiente debían ir a firmar con Luis de Miguel, pues era el momento de cambio de papeles y de administrador en las empresas.

Ramón Blanco, nada menos que expresidente de Repsol Internacional, una de las cinco o seis empresas más importantes de España, trabajaba por y para él. Era uno de los momentos áureos de Correa. Tener a un amigo de Aznar con él suponía cerrar el círculo de lo sublime. Ramón tenía su propia asesoría, y sus propios problemas, y al igual que Luis de Miguel, era de ese grupo de elegidos para la corrupción. Incluso después de estallar el caso Gürtel, siguió cometiendo tropelías con otros miembros de la trama. José Luis Martínez Parra, dueño de Teconsa, otra empresa gürteliana, y Blanco fueron detenidos en marzo de 2011 en una operación de la Agencia Tributaria contra el fraude fiscal. Estos son los edecanes de los que no tienen suficiente infraestructura o sapiencia para montar una estructura que les permita el «trinque» y el lavado y centrifugado de lo obtenido.

Ramón Blanco asaltó literalmente todas las empresas de Correa. Se internó en ellas, llevaba la contabilidad, era asesor, administrador, hacía de todo y, además, con su asesoría pudo dar a Correa algo que necesitaba con urgencia: savia nueva. Nuevos nombres, empresas consolidadas, sin pasado, sin Correas ni Luises de Miguel que pudieran atufar. Osiris, Artas, Hator, todas las compañías del entramado tuvieron nombres muy faraónicos. Así, con el nuevo contacto y la nueva estructura, Paco pudo continuar entrando a saco en las Administraciones. Coincidí un fin de semana en Ibiza con Ramón. Jugamos al baloncesto, fuimos de restaurantes, paseamos en yate, recorrimos la isla. Correa nos había invitado a visitar su nueva choza. Le faltaba la remodelación que tenía en mente, de más de dos millones de euros, una casa de más de setecientos metros frente al paradisíaco islote ibicenco de Tagomago. Como siempre, Correa tenía obsesión con la seguridad y Ramón le preparó una reunión con un amigo suyo muy especial.

Paco y Ramón salieron pronto, estuvieron un día fuera. Solo regresó Paco porque Ramón se fue a Madrid desde Mallorca. Nos contó todo el tema, que habían llevado en secreto hasta que desapareció Ramón. Correa era otro incontinente. Blanco Balín había facilitado una reunión en Mallorca con un comisario de la isla. Los contactos de la corrupción son infinitos. Cenaron y Correa le comentó su problema de seguridad. Vivía en una casa alquilada, un edén realmente, una casa de esas modernas, con espacios simétricos y volúmenes geométricos, con piscina con desborde al final confundiéndose con el límpido mar Mediterráneo, testigo de miles de años de corrupción humana. En esa casa en la ladera de un monte, un poco separada de todo, no se sentía seguro. Era consciente de lo que pedía y estaba dispuesto a pagar, como siempre, muy bien.

—Nada, nada, no te preocupes, no eres el primero ni el último que me pide un favor de este tipo —le dijo el comisario, según la versión de Correa—. Mañana llamo a mis muchachos de confianza de Ibiza. Te llamarán y quedarán contigo. Ellos te asesorarán y quedarás con ellos en la gratificación que les des. Ten en cuenta que son un equipo, cuando tienen servicio se turnan. Tengo muchos muchachos, en verano en Ibiza están muy demandados. Ah, tendrás que portarte muy bien con ellos, porque seguro que tendrán que dejar algún otro trabajo para hacerte el favor.

Desde aquel momento, siempre que fui a esa casa de Ibiza había alguien de día rondando de vez en cuando, y por las noches dos policías de paisano y fuera de servicio oficial hacían guardia siempre en la mansión del señor Correa, quien, después de alguna que otra fortuna desmedida, era quien mejor pagaba en Ibiza. El dinero lo compra casi todo. Quizá, al final, lo que resulta es que vivimos en un país donde la corrupción es algo normal, estructural, que se entiende habitual, y donde cualquiera al que se le pague o le resulte rentable está dispuesto a corromperse.

Aquel día en el restaurante Sorolla, ya se entrevió que las tramas Gürtel y Púnica tenían estrechas relaciones por el cambio de cromos que hacían los unos y los otros. Francisco Granados, exalcalde de Valdemoro y en ese momento consejero de Presidencia de la Comunidad de Madrid con Esperanza Aguirre, y sus acólitos pedían a Correa que nos tuviese controlados y ellos, a cambio, hicieron una especie de unión de tramas.

Mientras debatían si el nuevo partido que íbamos a liderar Juanjo y yo debía hablar claramente de corrupción política dentro del PP, mi compañero comentó a los presentes:

—¿Sabéis a quién le han dado el contrato del colegio concertado que Narciso ha sacado en Majadahonda?

—¿En la explanada, al lado de la feria? Había un tío que lo quería, un maestro —respondió Correa.

—Pues ya lo ha dado... —informó Juanjo.

—¿A quién?

—A Granados, a Obrum —explicó Juanjo—. Son unos tíos de Valdemoro. Y ya sabes, Valdemoro, Granados. A quien se la chupa... Granados está entrando a muerte en Majadahonda.

—¿Cómo se puede decir que Granados tiene intereses en Obrum? A ver cómo buscamos un nexo para pillarle... —pensó Correa en voz alta.

—Ni idea.

—¡Yo lo sé! ¡Ajá! ¿Sabes quién lo sabe? ¿Sabes quién es socio de Obrum en el metro? ¡Teconsa!

—Pero no te lo van a decir... —añadió Juanjo.

—¡Pero qué dices! Teconsa sí nos dirá de qué hilo tenemos que tirar. Que nos digan quién es el hombre de paja de Granados.

—También sabemos que tiene intereses en Vías, otra empresa.

—Obrum es suya, coño —concluyó Correa.

Lo increíble es que esta conversación estuvo en manos de la policía desde 2007 y, hasta siete años después, no comenzaron a investigar a Granados, y lo hicieron únicamente porque las autoridades suizas alertaron de que este político tenía una cuenta en un banco de su país con un dinero de origen confuso.

Cuando Paco comentó que Obrum y Teconsa estaban haciendo obras juntas, se descubrió. Efectivamente, Obrum era una de las empresas cabecera de Púnica, de Granados, y junto con Harinsa y Dico formaba el *holding* empresarial DHO, la novena constructora española, con más de mil cien empleados, un auténtico monstruo con los pies de barro. En cuanto la compañía flaqueó, el gigante se derrumbó estrepitosamente. Por su parte, Teconsa, de José Luis Martínez Parra, era una de las imprescindibles de Paco. Este tenía una enorme amistad con el empresario y consiguieron contratos y obras por todo el territorio español.

—He quedado con Martínez Parra, viene ahora con su helicóptero. Le vuelve loco pilotar —solía presumir Correa.

Nos decía cosas que ni él se creía. Sabíamos de sobra que se trataba de Granados. De repente, Dico empezó a realizar obras en Boadilla del Monte, donde no se movía una palada de tierra sin pasar por la trama y sus muchachos. Era por eso por lo que a Correa le gustaba decir: «Si ellos ganan en Majadahonda, las decisiones no las toman ellos, las voy a tomar yo...». Sabía de sobra que nuestro proyecto no tenía ningún futuro, pero junto a Púnica decidió mantenerlo, de esa forma éramos controlables. Además, estaba haciendo un negocio enorme, pues pedía donaciones para el partido y se quedaba la mayor parte de ellas. Redondo.

Aquel día, todos ellos estaban muy alterados, como niños chicos, que diría mi amigo Juanjo con su acento extremeño. Tenían un viaje a La Nucía, un municipio de la Comunidad Valenciana. En este pueblo, gracias al alcalde, iban a dar un pelotazo nunca visto. Todo un plan de actuación integrada (PAI) para ellos, una herramienta urbanística para hacerse de oro. Evidentemente, se haría con el alcalde y con los empresarios de la zona, con los cuales siempre es preferible repartir que llevarse mal. La tramitación del PAI quedaba asegurada por los contactos que mantenía Correa con la Generalitat. Su parte la ponía otro empresario de los suyos como estrella invitada del *show*, así él ganaba mucho sin exponerse.

Una vez allí, tendrían la oportunidad de reunirse con Pedrito —Pedro García Gimeno—, director general de Radio Televisión Valenciana (RTVV), ese gran amigo que les estaba poniendo en bandeja la visita del papa Benedicto XVI a Valencia. No hay nada como tener amigos. En ese viaje, Correa iba a ir acompañado de su amigo y periodista Pepe Oneto, quien en alguna ocasión incluso le propuso escribir un libro sobre sus memorias.

No sé exactamente si esta amistad proviene de la época en que Mari Carmen, la mujer de Paco, trabajó para el grupo

Zeta. En cualquier caso, recuerdo que la primera referencia periodística sobre el señor Correa la realizó Pepe Oneto en la revista *Tiempo*, en aquellos breves en la columna de la derecha de su página que solían ser un poco enigmáticos, adelantándose a los confidenciales actuales. En aquella ocasión, Mari Carmen me lo enseñó toda ufana y orgullosa. La nota decía algo así: «¿De qué importante empresario es el yate en el que Alejandro Agag y la hija del presidente Aznar han pasado unos días en Marbella?». Correa siempre a lo grande, en la revista *Tiempo*, de la mano de uno de los mejores periodistas de este país, en un yate y con la pareja de moda en ese momento, una hija del presidente del Gobierno. Nada menos. Siempre a lo grande.

Sus aspiraciones no tenían parangón. En la sobremesa del Sorolla, Juanjo le comentó que le habían llamado para participar en un congreso nacional de partidos independientes.

—Tenéis que ir y decir que es necesario que haya partidos con gente independiente, sin intereses. ¡Si lo decís, arrasáis! Y yo, en cuatro años, soy presidente del Gobierno —dijo Correa excitado.

—Por supuesto —respondió Juanjo entre risas—, ¡si eso ya lo tenemos hablado!

—Miro a Rodríguez Zapatero y te juro que lo único que tengo que hacer es madurar un poco de vocabulario, aprenderme cuatro gilipolleces ¡y a tomar por culo! Es malo con avaricia.

—Porque Mariano no es rival —carcajeó Pablo mientras le seguía el juego a Correa.

6

TIENES QUE SER OPACO

(28 de abril de 2006)

El problema de una empresa con un cliente casi único es que está a merced del mismo. Eso para la empresa de Correa era un problema, lo fue en Madrid, donde tuvieron muchos obstáculos para cobrar algunas actuaciones. En diciembre de 2007 la deuda ascendía a dos millones de euros con la Comunidad. Y en ese momento, en Valencia empezaba a ocurrir lo mismo. Cuando hablaban del partido, se referían a todo en su conjunto. Se confundía todo, daba lo mismo facturar al PP de la Comunidad Valenciana, a la propia Generalitat, a la Feria de Valencia o a cualquiera de las empresas que se hacían cargo de los gastos del partido o de los representantes del mismo.

Esta confusión, sin embargo, no afectaba a la facturación «en Barcelona», como ellos llamaban al dinero «en B», negro. Hacer *business* para la trama Gürtel era consustancial a su acción empresarial en la Administración. Eso sí, el dinero del pelotazo de turno jamás financiaba ninguna empresa. Si esta no cobraba, sus empleados tampoco lo hacían. El pelotazo se cobraba en el momento, en directo, y en dinero contante y sonante, y este se tenía que llevar al circuito del lavado enviándolo de una u otra manera a algún paraíso fiscal para luego retornarlo a España en forma de inversión de una empresa extranjera o de ampliación de capital de un nuevo socio en una empresa ya instalada en España. También estaba la posibilidad de comprar coches, o casas, pagando una parte sustancial en dinero no declarado.

Este problema de liquidez lo inició principalmente Cándido Herrero, el consejero delegado de Orange Market, una de las empresas de Correa en Valencia. No tenía para pagar a los trabajadores y, cuando entraba algo de dinero, Pablo Crespo le obligaba a no pagar a los proveedores. Aquella mañana del 28 de abril de 2006, presencié en el despacho de la trama en la calle Serrano cómo el gallego ordenaba a Cándido, en una conversación telefónica, de qué modo debía dirigir la empresa.

—Mira, Cándido, ¿te llegaron los cincuenta mil euros? ¿Y ha cobrado alguien? ¿Y qué dice? ¿Y dónde está? Bueno, ahora le voy a llamar. Él no tiene ni puta idea. Dar esto a Álvaro es como darle... Ahora hablo yo con él. Con esto llegas para las nominas, ¿no? No pagues ni un céntimo a los proveedores hasta que aclaremos la situación —le ordenó Crespo.

—Álvaro acaba contigo, tío —le solté a Pablo entre carcajadas cuando colgó el teléfono.

—No hay más que verte —añadió Juanjo.

—Es que Álvaro —puntualizó Crespo— vuelve loco a su puta madre.

Acto seguido, el socio y mano derecha de Correa respiró hondo y llamó a su hombre en Valencia:

—Oye, Álvaro, ¿has hecho lo de ir a ver a monseñor? Cuanto antes lo hagas, mejor. Tienes que decirle que estás muy encabronado porque no te han dado nada. Dile que estás preocupado por la presión que te está haciendo esta gente. La cuestión es que el partido no ha pagado lo que nos debe. Que nos pague la mitad o una cuarta parte, pero que no nos dejen sin cobrar.

Después de colgar el teléfono, Pablo se dirigió a Juanjo y a mí y nos confesó:

—Es la polla, se lo toman con una calma... —se quejó.

—Al final —le dije— te conviertes en una financiera.

—Sí, pero eso tiene unos límites físicos.

Estos límites eran que sus empresas, con el dinero legal que generaban, empezaban a no poder pagar a trabajadores ni proveedores. El lío en Valencia se complicaba. Isabel Jordán solía decir que los negocios en Madrid iban como un tiro gracias a su magnífica relación con Esperanza Aguirre, la presidenta. Sin embargo, el responsable de las empresas de Correa en Valencia, Alvarito, solo se dedicaba a fardar y poco más. La mala gestión del Bigotes provocó que fueran las empresas de Madrid, gestionadas por Isabel, las que acabasen haciendo los trabajos en el territorio de Camps mediante la subcontratación. Sin embargo, esta forma de actuar lo único que provocó es que las empresas madrileñas se vieran perjudicadas por el impago de las Administraciones valencianas. Al final conseguían cobrar, pero no dejaba de generar tensiones de tesorería... y de egos. Alvarito e Isabel no se aguantaban. Quien siempre perdía era ella, básicamente por su condición de mujer.

Los dos compartían muchas características, pero Isabel era una profesional, mientras que Alvarito era un *showman* y basaba sus trabajos en elementos externos al propio trabajo. Por su parte, Isabel era hacendosa e incansable, con buen gusto, buen trato, en especial con su propia gente, a la que defendía y alentaba a superarse continuamente. Sus regalos a las autoridades eran más normales que los de Alvarito. Mientras que a este la mujer de Camps le decía «te has pasado...», Isabel regalaba unos pañuelos, una sesión de masajes en un *spa* o unos albornoces.

—Isabel, buenos días, cuéntame...

Esperanza Aguirre llamaba diariamente a Jordán al ser esta la encargada de todos los actos. Isabel era quien mejor sabía la agenda de la «presi», lo sabía todo.

—Buenos días, Esperanza. Tenemos dos actos en las consejerías. Hoy he realizado un fondo similar, azul cielo, así que puedes combinar perfectamente con un buen número de colores. Nos vemos a las doce, un saludo.

Esta era la rutina habitual entre ellas. La mentira vino después, cuando preguntaron a Esperanza por Isabel y dijo que no la conocía. A mi juicio, si hablas con una persona diariamente durante algunos años y la ves en todos los actos a los que asistes, si te envía regalos y tú le envías una nota de agradecimiento y luego reniegas de ella como Judas, es que algo tienes que esconder.

Aun así, la pregunta que uno debe hacerse es: ¿cómo Isabel, que pertenecía a una empresa o tenía una empresa, era la responsable de todos los actos de la presidenta de la Comunidad de Madrid? ¿Cómo se le adjudicaban todos y cada uno de los actos de la Comunidad, desde entrega de diplomas de la policía a flamenco en el metro o presentación de guías y actividades? Y así, durante unos años. ¿Cómo era posible? Isabel controló centenares de contratos firmados por todos los consejeros y directores generales, incluida María Dolores de Cospedal.

Las consejerías madrileñas no dejaban de mandar faxes continuamente a las empresas de Correa para invitarles a contratos, a todo tipo de contratos. Esto fue posible gracias a Alberto López Viejo. El exconcejal, defenestrado por algunos escándalos en el Ayuntamiento de Madrid que aparecieron en la prensa, fue rescatado por la lideresa en la posterior llamada a las urnas después del escandaloso «tamayazo». Tras conseguir el poder regional, Aguirre y sus acólitos prostituyeron Telemadrid para convertirla en una caja de resonancia de la lideresa y manipularon la contratación administrativa, fraccionando contratos y adjudicando irregularmente. El Consejo de Gobierno designó a López Viejo para llevar a cabo los contratos relativos a los actos de la Comunidad. Cuando la justicia investigó estos contratos, la presidenta tardó años en entregar los respectivos expedientes y, aun así, me parece que no se entregaron todos.

Los cargos de la Comunidad de Madrid implicados en la trama Gürtel eran de la máxima confianza de Esperanza Aguirre. Ella los eligió expresamente para tareas muy delicadas, primero en su segunda campaña de asalto al poder y, después, para el día a día de su actividad, no administrativa, sino política.

Una vez rescatado, López Viejo formó equipo con Alfonso Bosch Tejedor, un oscuro personaje. Era público en Génova que entre los dos apenas conseguían hacer uno. Todos sonreíamos cuando pasábamos a su lado, sobre todo al recordar la anécdota del acto final de campaña. Los dos, siempre impolutos y excepcionalmente trajeados, repasaban con el *walkie* en la mano las últimas necesidades antes de comenzar:

—Aquí Alberto, aquí Alberto para Alfonso. Alfonso, ¿me copias?

—Aquí Alfonso, te copio, pero te oigo con interferencias.

Las interferencias se debían a lo cerca que se encontraban: ambos estaban pegados espalda con espalda y no se habían enterado. Una anécdota completamente real que presenciamos todo el equipo del acto. De esta forma, con la absoluta confianza de Esperanza, Alberto López tenía disposición para supervisar —desde la Consejería de Deportes— todos los actos de la jefa, de modo que ella no tuviera que preocuparse de nada.

Ver juntos a Alberto y Alfonso hacía recordar la época de las clásicas parejas cómicas. Trabajar con ellos, eso sí, era bastante cómodo porque tenían un trato afable. Me encantaba el peloteo final del acto, en el que, indefectiblemente, Alberto encimaba a Esperanza:

—Jefa, sublime, has dado en el clavo como siempre. ¿Qué tal todo, ha estado a tu gusto? He subido un poquito el atril y alargado el micro, que ayer lo noté un poco desajustado.

—Sí, Alberto, como siempre. No podía haber estado mejor. Y gracias por todo, Alfonso, gracias por todo —replicaba Aguirre, que se marchaba con Isabel Jordán al siguiente acto.

Alfonso estaba allí a pesar de que cobraba del municipio de Boadilla del Monte como gerente de la Empresa Municipal del Suelo (EMS), donde Correa hizo y deshizo todo aquello que se le antojó. Aun así, después de hacer los recados que le encomendaba Paco, Alfonso tenía tiempo para, junto a López Viejo, agasajar los oídos de la «presi».

Otro bendecido por la mano de la lideresa fue Benjamín Martín Vasco, el auténtico detonador de la Gürtel. Una conversación suya con Correa desató, como ya he dicho, mi decisión de grabar a la trama. Fue un personaje omnipotente en la localidad madrileña de Arganda del Rey, máxime estando al frente de la empresa del suelo en la que se fraguó el mayor pelotazo de Correa en Madrid. Esperanza pidió personalmente a Benjamín que formase parte de su equipo más íntimo, de mayor confianza. Benja, como le llamaba la «presi», no era un diputado más, ni mucho menos. La jefa estuvo en su enlace matrimonial, y no como una invitada más, sino como testigo. Después descubrimos que el amigo Correa había pagado la boda de Benja, a la que también asistió. Para acudir a la celebración, Aguirre dejó de asistir a un concierto en homenaje a las víctimas de los atentados terroristas del 11 de marzo de 2004.

Tras saltar el caso Gürtel, Esperanza declaró por escrito que «llamó a los alcaldes de los ayuntamientos», y el de Arganda, Ginés López, uno de los imputados, le comunicó que la parcela ya estaba adjudicada, que «el procedimiento era absolutamente legal y que se había hecho por unanimidad de todos los grupos políticos». «Esto último resultó ser falso, pero es lo que me dijo», agregó Aguirre. Por indicación del alcalde, Esperanza llamó acto seguido al jefe de la empresa del suelo de Arganda, Benja, que le dijo «exactamente lo mismo», es decir, que todo era correcto.

Por su parte, Rajoy sostuvo que expulsó de Génova a Correa. Esto último es una verdad a medias porque lo que ocurrió realmente fue que Correa dejó de trabajar un tiempo en Madrid, y esto le permitió abrir su negocio a otros pueblos y territorios del país.

Para cerrar su círculo de guardia de corps, Aguirre eligió a Carlos Clemente como plumilla de sus discursos para ese asalto de octubre de 2003 a la Comunidad. Posteriormente, lo nombró director general y viceconsejero. Al igual que los anteriores era un fijo en todos los actos tanto de la Comunidad como del partido. Cuando se cansó de ganar poco dinero, se fue a Colombia como presidente de una fundación, imagino que gracias a otro de sus padrinos, el exministro José María Michavila.

Incluso allí, como recogieron el sumario de la Gürtel y varios medios de comunicación, Don Vito seguía dándole lecciones de lo más productivas a Clemente.

—No creo que debas ser transparente. Creo —decía Correa— que deberías ser opaco porque, siendo gerente de una fundación de ese tipo, no deberías transmitir que estás haciendo *business*, ¿entiendes?

—No, bueno, pero los hace mi mujer. No, si lo que yo te he dicho es la primera opción, que la ponga alguien a su nombre y yo compraré las participaciones —concluía Clemente.

—Tienes que ser opaco, tienes que ser opaco, Carlos.

—O sea, entonces hago que la monte uno y yo le compro las acciones...

—Y no la registras.

—Y no la registro. Eso es. La llevo al notario y ya está.

—Me parece bien, pues ese es el camino que tienes que coger. Y yo te recomendaría que fueras opaco.

Esta conversación es Gürtel en estado puro.

La mañana del 28 de abril de 2006, Juanjo y yo nos dirigimos a Serrano 40. Habíamos quedado con Pablo Crespo, era casi final de mes y tenía preparada la nueva remesa de donaciones para el partido político que habíamos creado en Majadahonda. En efecto, estábamos recibiendo dinero de la trama para financiarlo. Esta es la razón principal por la que tanto Juanjo como yo estamos imputados en el proceso. Todos los meses nuestro partido recibía por parte de Pablo o de José Luis, el contable, una cantidad que variaba entre los cuatro mil quinientos y los diez mil euros. El partido tenía una infraestructura ideada por Correa y se mantenía con el dinero que les había sacado a los empresarios amigos. En especial, consiguió dinero de José Luis Ulibarri —constructor, presidente del grupo Begar y propietario de varios periódicos— y de Martínez Parra, el de Teconsa. Les hizo confiar en el proyecto pidiéndoles más de medio millón de euros. Cuando vio que el proyecto no le convenía lo suficiente y podía ganar más juntándose con otras tramas que ya campaban en Majadahonda, dejó de invertir y simplemente mantuvo el proyecto hasta la muerte de este en 2007. Evidentemente, el partido nos permitió estar cerca de la trama y cerca de Correa, y nos facilitó poder grabarle, lo cual provocó que dos años después acabara con sus huesos en la cárcel. La decisión de no dejar a Correa cuando descubrimos su forma de actuar no fue sencilla. Muchos días, mientras registraba sus conversaciones, me imaginaba tirando la grabadora por la ventanilla del coche y volviendo a mi casa sin presión, con la idea de regresar a mi trabajo como funcionario.

A principios de 2006 ocurrió algo que casi hizo que nuestro calvario terminase: Correa volvió con su mujer. Mari Carmen lo había amenazado con ir a la prensa y denunciar sus trapicheos en los municipios del PP. Además de reconciliarse, entendió que estar a buenas con su esposa le era más rentable. De esta forma estuvimos sin ver a Paco casi medio año. Esto nos convenció para presionar a Pablo. Si Correa no quería saber nada del proyecto del partido, nosotros estábamos encantados de dar el cerrojazo. Tanto Juanjo como yo éramos funcionarios en excedencia del Ayuntamiento de Madrid y podíamos reincorporarnos en cuanto quisiésemos.

La tentativa estuvo a punto de fructificar, pero, finalmente, Paco nos pidió perdón por los meses de distancia y nos rogó que continuáramos hasta las elecciones como habíamos quedado. Nuestro gozo en un pozo. En ese ínterin y gracias a la exmujer de Juanjo, nos enteramos de las cosas que Paco iba diciendo, no ya solo de nosotros, sino también de Crespo. A Pablo lo sacó de Galicia después de que este le hubiese dado todas las campañas en las que estuvo como gerente del PP gallego. Lo trajo a Madrid, aunque siempre se arrepintió de ello. Crespo era un buen trabajador, pero sin iniciativa y limitado en muchas ocasiones. Le servía para que diese la cara por él. Correa pagaba esta fidelidad insultándole y dejándole por los suelos delante de Mari Carmen para quitarse sus propias culpas de encima. Eran los típicos agradecimientos de Don Vito, como cuando a Álvaro Pérez le llegó a poner un detective.

Soñaba con dejar todo aquello y volver a mi puesto de trabajo, que me permitiría pasar tiempo con mi mujer y mis hijos. Sin embargo, para conseguirlo, primero teníamos que seguir en la rueda del partido independiente. Después de destapar este caso, los investigadores insistían en que en la contabilidad de la trama aparecían unos apuntes en los que yo figuraba como beneficiario entre marzo y diciembre de 2005. El caso es que en su momento ya les aclaré que la organización de Correa nos dio dinero a Juanjo y a mí desde 2005 a mayo de 2007 para la implantación de nuestro partido político.

Nunca he negado nada al respecto porque no hay nada ilegal en ello. En el sumario existe un tomo con más de seiscientas páginas de documentos aportados por mí y que tuve la previsión de guardar. Allí se recogen todos y cada uno de los gastos del partido independiente: alquiler de oficinas, pago de secretarias, mantenimiento, muebles, teléfonos, ordenadores o comidas... En fin, toda la contabilidad que pude reunir en previsión de que alguien quisiera utilizar todo ello para poner en duda los fines de nuestra acción. En ese tomo del sumario que entregué en mayo de 2009 existen otros numerosos documentos aparte de la contabilidad del nuevo partido. Aporté la grabación a la trama Púnica, liderada por Francisco Granados y su amigo y empresario David Marjaliza, en la que se nos intentaba comprar, además de órdenes de pago a personas en el extranjero por cuenta de Correa y documentación sobre la actividad de este último en Aena mediante encuestas en los aeropuertos. No en vano, Correa aseguró —ante el juez Garzón, que le escuchó sin pestañear— que el propio Francisco Álvarez Cascos, a la sazón ministro de Fomento, le dio la cuenta de esa entidad pública, responsable de los aeropuertos civiles españoles.

Dedicamos dos años de nuestra vida y de nuestro esfuerzo para llegar a donde estamos hoy. A estas alturas, entiendo a todos los que dudan de mi actuación, pero no comprendo a aquellos que dicen maldades, a quienes sostienen que los denuncié porque no me dieron lo que pedí. A estos les digo que, de ser cierto lo que dicen, habría actuado de otra manera, como, por ejemplo, intentando hacerme rico con esas grabaciones.

Cuando presenté la denuncia ante la Fiscalía Anticorrupción, no pedí ningún trato de favor. Aunque a algunos les desilusione, no soy ningún arrepentido. No tengo de qué, jamás pacté con fiscales, ni con jueces, ni con policía, no lo necesitaba. Denuncié porque era mi deber. Realicé durante dos años una labor de investigación utilizando de pantalla un partido independiente que jamás tomé en serio desde que descubrí la corrupción que me rodeaba. En todo caso, soy un delator —sí, el delator— y he sacado a la luz la peor red de corrupción que se recuerda en este país, tanto por cantidad de dinero y de golfos como por la calidad de los mismos, y si hubiese querido lucrarme con todo esto, habría vendido las grabaciones y pueden estar seguros de que nadie habría oído hablar jamás de José Luis Peñas. Pero, para desgracia del Partido Popular, de insignes representantes del mismo y de muchos policías y jueces, aquí estoy y estaré para defender mi denuncia como el primer día, de frente, sin pactos y sin ningún miedo.

Al menos seis empresas situadas entre las catorce mejores de este país en el mundo de la construcción, algunas de ellas en el Ibex, han estallado, se han vendido, han desaparecido o han estado a punto, y todo gracias al delator del caso Gürtel. Todas ellas tenían relaciones con Correa, quien les facilitaba concesiones, contratos y obras; todas, en mayor o menor medida, ayudaron o dieron dinero a Correa para el partido independiente, o sea, un negocio redondo para Paco, como siempre.

Quien piense que a mí no me dieron el dinero que pedí y por eso me chivé no ha escuchado el contenido de las grabaciones. ¿Existe alguien en su sano juicio que piense que, si Juanjo o yo hubiésemos pedido una cantidad, no nos la habrían pagado? La propia trama Púnica nos intentó comprar para tranquilidad del urbanismo en Majadahonda. El dueño de lo que fue Construcciones Hispánicas, Alfonso García Pozuelo, ha tenido que pagar más de veinte millones de euros al fisco para evitar la cárcel y eso solo en un proceso con la Agencia Tributaria. Pero la lista no queda ahí: Martinsa pasó de ser la estrella rutilante de la construcción a estar en quiebra o concurso de acreedores; Teconsa, vendida por dos duros, era la *prima donna* de Castilla y León y se desangró con la Gürtel; Dico, fusionada en DHO, llegó a ser la novena constructora de este país y, sin embargo, se hundió y desapareció. Además, a la mayoría de sus empresarios les esperan unos juicios duros y de resultado incierto. ¿Qué hubiesen pagado para callarme la boca? Hubiesen abonado cualquier cifra, pero quien pacta con el diablo no tiene una buena solución. Ni fui espía del Centro Nacional de Inteligencia (CNI), ni cobré, ni pedí dinero. Simplemente delaté.

Es más, en los últimos años he recibido tres ofertas tan suculentas y jugosas como para despreocuparme por el futuro de mi familia a cambio de modificar ciertos aspectos de mis declaraciones. Habría podido beneficiar a dos empresarios por dinero. Después de cómo me han tratado jueces, fiscales, periodistas, policías y demás personajes que pululan por este caso, en alguna ocasión ha sido realmente difícil resistirse. Cuando han sacado de una carretera a tu esposa, cuando te llaman a las cuatro de la madrugada para amenazarte, cuando te escupen en la calle llevando a tu hijo de meses en brazos, cuando se presentan en tu lugar de trabajo amenazando *sotto voce* y luego los ves en la puerta del colegio de tu hijo, cuando te piden cárcel después de pasarte dos años sufriendo para dar pruebas de lo que había visto, cuando te pasa todo eso, en lo que menos confías es en la ley.

Pero creo en otras cosas, como que una persona debe luchar contra la ignominia. Por eso nunca estuve en ninguna empresa de Correa y por eso, cuando me enteré de que era un corrupto, dejé de utilizar los servicios de su empresa de viajes. Por eso les grabé, por eso les delaté, por eso estoy sufriendo junto a mi familia una presión casi insoportable.

Solo quiero exponer los hechos acaecidos en la trama Gürtel, y es evidente que algunos de mis actos requieren una explicación, para que luego los lectores decidan qué pensar. Desde 2009 tengo un sentimiento encontrado hacia la justicia. Creo en ella, soy abogado, pienso que el imperio de la ley es el menos malo de los que hemos sufrido los seres humanos, pero el problema de las leyes es que las aplican personas, que estas las hacen y, lo que es peor, algunas las modifican a su gusto y su interés. El sistema judicial depende en buena parte de órganos administrativos jerarquizados, esto es, dependientes en orden de subordinación, y deben hacer aquello que les mandan. Por otro lado, la politización judicial es tan evidente que asquea y espanta. Vemos a jueces que defienden por encima de su propio honor a amigos, a jueces capaces de quedar para la posteridad como verdaderas acémilas y hacer cualquier cosa por su partido, a jueces prevaricadores que posteriormente vuelven a juzgar, a jueces homófobos... En definitiva, a jueces que anteponen sus convicciones a la propia justicia.

En abril de 2009 me presenté voluntariamente ante Antonio Pedreira, magistrado del Tribunal Superior de Justicia de Madrid, para declarar sobre aspectos nuevos de la trama Gürtel, después de que asumiera la instrucción que inició el juez de la Audiencia Nacional Baltasar Garzón, quien tuvo que abandonarla al encontrar entre los imputados a personajes aforados, lo que le hizo perder automáticamente la competencia del caso. Acudí ante el tribunal madrileño porque quería testificar y aportar documentos. Estuve preparándolos durante varios meses. Se trataba de la conversación ya referida con miembros de lo que con el tiempo sería la trama Púnica, documentos acreditativos del gasto del partido independiente de Majadahonda y otros muchos documentos relacionados con la trama. Cuando llegué ante el juez, escuché estupefacto que me había imputado.

—¿Imputado yo? ¿Por qué?

—Las fiscales le indicarán —se limitó a decir Pedreira.

—Eso es imposible, yo vengo voluntariamente, no tengo ninguna notificación de la imputación, traigo documentos. Es un sinsentido, además de ilegal.

En definitiva, declaré como testigo, y eso es evidente porque la transcripción de mis palabras que obra en el sumario está etiquetada como «Declaración voluntaria».

Entregué al juzgado más de seiscientas páginas de documentos relacionados con la trama. Hasta la fecha, en Gürtel debe de haber más de mil informes de todo tipo. Sin embargo, sobre lo que yo aporté, no existe ni una pobre diligencia. Únicamente se transcribieron las grabaciones y nada más. No se informó sobre la justificación de gastos, los documentos de Aena y otros extremos presentados. Ningún informe sobre aquello que me exculparía de todo, ni jamás se investigó, siquiera mínimamente, a Francisco Granados. Allí presenté pruebas de cómo se hacían encuestas para Aena, encuestas concebidas para dar a conocer también la intención de voto al PP y que Mari Carmen Rodríguez supervisaba desde su despacho de Majadahonda.

Los delatores no están bien vistos, son peligrosos, no se conducen con las normas habituales de la sociedad. Si delatas, eres un chivato. Un periodista de esos que levantan la voz para defender solo a aquellos que les pagan me dedicó un buen insulto, «el Chota», apelativo que en la cárcel se da a los chivatos. Conociendo como conozco la calaña del tipo, el insulto es para mí un auténtico honor viniendo de alguien como él.

En definitiva, no solo llevo seis años perseguido por una banda de malhechores, sino que además todas las instancias que puede movilizar el Partido Popular me hacen la vida imposible cada vez que pueden. Han sido seis años en los que solo el apoyo de mi familia y mis amigos ha compensado este mal trago.

El juez Pedreira, en un importante informe de 4 de junio de 2009, dice literalmente:

> Los hechos posteriores confirman asimismo que debe estimarse íntegramente la versión de D. José Luis Peñas Domingo tanto en relación con el mismo, como con referencia a su amigo D. Juan José Moreno.

Mi versión, obviamente, queda confirmada, pero las consecuencias de lo que hice todavía las arrastro: no solo los ataques a mi familia que ya he mencionado, sino también cinco inspecciones de Hacienda en cuatro años.

Correa además compró un vehículo y me pidió que lo pusiese a mi nombre; yo acepté para que constase como prueba de que Correa no tenía nada a su nombre, pero él era el verdadero propietario de las cosas, tal como consta y está reconocido en el sumario. Ese favor ha hecho que más de cien infracciones cometidas por quien conduce el vehículo me hayan sido notificadas a mí, en forma de multa, pues aparezco como propietario en la Dirección General de Tráfico. No solo eso, sino que además, desde 2009, he tenido que pagar todos los años el impuesto de vehículos municipal. Cuando le pedí al juez Pedreira que hiciera algo, este no respondió siquiera. Tengo pendientes dos juicios por las sanciones de circulación.

A todo esto se añade que he recibido continuos insultos por parte de la prensa, siempre de periodistas que jamás hablaron conmigo; chota, chantajista, agente del CNI, que Correa se refugió en mi casa, ladrón, vengativo... Además, el exministro Francisco Álvarez Cascos interpuso una querella contra mí por desvelar cómo Paco contaba que le mandaban contenedores de dinero. Una querella que ha utilizado para amedrentarme, solo por decir la verdad, por contar aquello que decía Correa, y que ha quedado desestimada, muestra del trunfo de la verdad que siempre he llavado a los tribunales.

Tampoco acabo de entender cómo en un juicio en Valencia, al que acudí a declarar como testigo, me tuvieron en una sala de muy reducidas dimensiones junto a otros doce testigos, entre los cuales estaba Rafael Betoret, ya condenado por el caso de los trajes de Camps. Vas a declarar y a dar la cara contra la trama y te meten con uno de los que han trincado. Al salir de la sala y en presencia de un guardia civil, un tipo que me esperaba me insultó. Me dirigí al agente:

—¿Ha oído usted eso? Quiero denunciar a ese individuo.

—No sé qué dice usted —respondió el agente—. No he oído nada.

Sin embargo, lo más grave es que me imputaran después de presentarme en el TSJM de manera voluntaria. Las fiscales nos acusan de haber recibido pagos de la trama antes de 2005.

En el tiempo que estuvieron en la cárcel, Paco Correa y Pablo Crespo propusieron una línea de defensa común. En principio, ambos querían alegar que todo era un montaje, tanto mío como de José Izquierdo, su contable. Posteriormente, elaboraron algo distinto. Dirían ante el juez que yo les intenté extorsionar y que ya en 2008, unos meses antes de su detención, tenían conocimiento de mi denuncia. Una cosa es ponerse de acuerdo y otra llevarla adelante. Y mentir delante de un juez no es tan fácil, quizá a la cuarta o quinta declaración es más fácil, pero esta era la segunda, ante el juez Pedreira, y no estaban demasiado sueltos en esto de declarar a la carta.

—¿En qué fecha tuvo la discusión con José Luis Peñas a la que se ha referido? —inquirió la fiscal el 30 de abril de 2009.

—No fue discusión, fue una extorsión —respondió Correa.

—¿En qué fecha?

—Después de que dejamos de pagarle los cuatro mil euros mensuales —continuó Paco—, al cabo de dos meses, tres meses. Llama a Pablo Crespo varias veces: «Mira, Pablo, hay que hablar... Tenemos que seguir hablando... Tengo muchos gastos... Es que cortar así, de repente, no sé... Me tienes que ayudar». Pablo siguió ayudándolo, dos o tres meses más, pero yo creo que era una locura, porque Juanjo Moreno me dijo: «Quiere vivir a vuestra costa, os quiere chantajear el resto de la vida». Y entonces tomamos una decisión, no hacer nada más, y, por lo que veo, este señor lo que ha hecho es un dosier bastante interesante, lo tienen ustedes ahí, encima de la mesa.

—Antes de que cesara o dimitiera Guillermo Ortega, ¿le habían pagado alguna cantidad a José Luis Peñas, o a Juan José Moreno, o algún otro concejal de Majadahonda? —La fiscal hacía referencia a pagos de mi época de concejal con delegación en Obras y Medio Ambiente.

—¿Quién? —repuso Correa, un poco distante.

—Desde el grupo de empresas, como usted habla, usted o su grupo de empresas.

—¿Que si nosotros le hemos pagado?

—Que si le habían pagado con anterioridad a estas fechas.

—No, con anterioridad a estas fechas...

Pues eso, no soy yo el que responde, es el propio Correa quien niega pagos a mi persona. Y eso que intenta, como se puede leer, hacerme el mayor daño posible en un primer momento.

En la declaración de Pablo, que tuvo lugar un día después que la de Correa, se aclaran algunos aspectos.

—¿A quién le pedía el dinero ese? —preguntó el magistrado Pedreira.

—A mí no concretamente... ¡perdón!, pero sé —dice Pablo Crespo— por el señor Correa que le fue a visitar en diferentes ocasiones, no ya pidiéndole, sino exigiéndole que le diera, que tenía la obligación de seguir dándole dinero, lo que pasa es que no teníamos un puesto de trabajo apropiado para él. No había nada que pudiera desempeñar en nuestra organización empresarial, por lo que se le dijo que no.

No es tan sencillo mentir bien. Correa, en su declaración, afirma que yo llamé a Crespo para extorsionarles y este, a su vez, dice que fue Paco quien le contó que había recibido mi visita para lo mismo.

—Y a partir de entonces —el abogado defensor continúa la farsa—, si yo entiendo bien, ¿les amenazó, les dijo, les insinuó que si no hacían eso podía ir a la Fiscalía Anticorrupción o a un juzgado?

—Yo, concretamente, no he oído eso. Sí he sabido —dice Pablo, al que se le nota con más miedo que vergüenza— posteriormente, por otra persona, que estaba preparando documentación para denunciarnos y, después, el propio señor Correa me dijo que había tenido noticias de que así era.

Por último, dos datos para que entiendan la inconsistencia de que yo intenté extorsionar a la trama. Dicen que en mayo de 2007, cuando acaba la labor del partido que habíamos creado, insisto y exijo dinero, pero ellos deciden no darme nada. De acuerdo, pero si es así, ¿alguien entiende por qué me llaman en diciembre de ese mismo año para que les ayude? En esa ocasión, lo hicieron para pedirme que, como abogado, les ayudase a conseguir que la Comunidad de Madrid les pagara dos millones de euros que les adeudaba. Según ellos, soy un delincuente, pero no dudan en llamarme para pedir ayuda. No solo eso, sino que me cuentan sus nuevos negocios y el dinero que han pagado a Luis Bárcenas.

El segundo dato, de ser cierto que soy un chantajista: ¿por qué envían, el 30 de mayo, al chófer a mi casa para que le entregue el recibo del impuesto de circulación del famoso Mini que está a mi nombre pero conduce Paco Correa?

Afortunadamente, desde que saltó la explosiva cuenta de Bárcenas en Suiza y sus papeles, lo que ya no pone la gente en duda, como anteriormente, es la magnitud y la responsabilidad del Partido Popular en todo ello. En junio de 2014 declaré por vez primera ante el juez Pablo Ruz, después de que los aforados renunciaran a sus actas y la competencia volviera a la Audiencia Nacional. Para mí era la primera vez que acudía como imputado y, aunque era una declaración, fue realmente duro. Más duro aún fue ser procesado y tener que asumir una fianza enorme y tener ahora mismo todas las cuentas bloqueadas. Durante estos seis años, jamás he tenido una mala palabra para el sistema judicial, jamás he realizado una alegación o recurso sobre ninguna decisión judicial; no solo he cooperado, he hecho mucho más de lo que se puede pedir a un simple ciudadano, y todo para tener que defenderme como si de un delincuente se tratara.

7

A PARTIR DE AHORA, LO LLEVAMOS NOSOTROS

(30 de junio de 2006)

Después del verano de 2006, Correa nos aseguró que el proyecto seguía adelante. Eso nos permitía seguir grabando, pero aun así nos hicimos los ofendidos porque, durante el mes de septiembre, sus promesas continuaron vacías, las donaciones que nos hacía llegar apenas alcanzaban para los gastos fijos de la oficina y, como había hecho desde mayo, seguía sin apostar por ningún tipo de acción publicitaria ni se esforzaba por sacar adelante el nuevo partido político. En el fondo, era una bendición para nosotros que languideciera, lo que nos permitió, en mayo del año siguiente, acabar la relación con Paco.

A pesar del escaso futuro del partido, en junio de 2006 nos seguíamos reuniendo con Isabel Jordán para presentar ideas, aunque éramos plenamente conscientes de que no iban a ninguna parte, pero así nos manteníamos activos y esperábamos ocasiones de vernos con la gente de la trama. En ese momento, Isabel estaba muy por la labor de dejar a Paco y a Crespo, al menos eso decía. Tenía la seguridad de que sin Correa podría ganar mucho más dinero, y eso que le habían dado un quince por ciento de los beneficios de las empresas que ella controlaba, mucho dinero. Pero estaba claro que, en la Comunidad y en varios municipios de la trama, Isabel era casi más importante que ellos dos. Además, al haber pasado tiempo sin que ambos aparecieran por allí, parecía que ella fuese su sucesora. Nos llamaba para sacar información, pensaba que nosotros estábamos todo el día con Correa y que podríamos darle pistas para sus propios planes. La realidad era a la inversa, nosotros contábamos aquello que en cada momento nos interesaba.

—Yo sinceramente me quiero salir, no puedo más —nos confesó aquel viernes, 30 de junio, en el Sorolla.

—Te tuviste que quedar solo con Ramón. Es un tío que se mueve en ese mundo —le recomendó Juanjo, refiriéndose a Blanco Balín.

—Se quedó colgado conmigo —reconoció Isabel—. Yo sé todo lo que ocurre por él, nos llamamos y nos contamos cosas.

Siempre que grababa a Isabel me sentía intranquilo, porque posiblemente era y es la que estaba menos enredada en la trama. De hecho, sus grabaciones suelen ser malas porque el aparato lo tenía lejos de ella, normalmente en un portafolio, y en caso de llevarlo en la americana prefería quitármela a dejarla puesta. Quizá pueda interpretarse que mi estado era de tranquilidad, pero nada más lejos: la tensión que acumulaba hacía que sudara en exceso, incluso a veces cometía tremendos errores de memoria o de fijación de términos o sucesos. El hecho de que las conversaciones transcurrieran en un aparente clima de relajación, e incluso de buen rollo en muchas de ellas, no impedía que estuviesen llenas de angustia para mí. Miraba con una intensidad inusual, cualquier movimiento abrupto o extraño de los otros me dejaba con una desazón tremenda, normalmente no quería siquiera beber algo de agua y me decantaba en la mayoría de las ocasiones por una infusión. Los movimientos que realizaba al levantarme eran toscos, siempre elevando el codo izquierdo más de lo normal para que el antebrazo sujetase de alguna forma el bolsillo interior que albergaba la grabadora, siempre pensando que podía caerse, que podía traslucirse el piloto rojo que indicaba que estaba encendida.

¿Y si tienen aparatos detectores?, pensaba. Los inhibidores me daban lo mismo, pero en alguna ocasión habían comentado algo sobre detectores de grabadoras o de aparatos espías. Un movimiento en falso y me caía con todo el equipo. ¿Qué podría pasar si en una reunión en Serrano me descubrían? Si era fortuito, en principio contaba con el factor sorpresa y creo que podría zafarme de Paco y de Pablo y llegar a la puerta de esa oficina. Sí, podría dar un buen empujón a los dos. A Pablo más bien, Paco ni se interpondría entre la puerta y mi masa corporal de más de ciento diez kilos. Pero ¿y si me habían descubierto con anterioridad y me tendían una trampa? ¿Adónde llegarían, qué estarían dispuestos a hacer? Para tener cogido a uno de sus alcaldes, no dudaron en grabarle con el fruto de su delito. Después, prepararon un memorando de su vuelta al redil. Tuvieron la sangre fría de sentarse y escribir veintitrés pasos para terminar la coacción al alcalde, y además lo hacían como agraviados. «Te vamos a meter estos pies en hormigón y te soltaremos en la bahía, porque has sido un nene malo y a Don Vito lo has tratado muy mal y ya no le pagas su mordida», venían a decir.

En esas dos ignominiosas hojas manuscritas, hoy en manos de la justicia, la trama plasmó lo dolida que estaba con uno de los suyos por su traición, con el fin de que volviera al redil. ¿Se imaginan a la trama escribiendo los pasos que debían seguirse para extorsionar al alcalde? Las frases plasman, en un tono casi bíblico, la queja por la ingratitud del edil: «Él te ha tratado como a un hermano y tú le has tratado como a un perro, él te ha cambiado la vida, él te ha vestido y te ha dado hasta el plasma de tu casa». «No te queremos joder la vida», decían. Pero añadían: «Imagínate tu cinta en internet». Y finalizan con una admonición divina: «A pesar de todo, te perdona queriendo solo que todo vuelva a su situación anterior. Los asuntos, a partir de ahora, los llevaremos nosotros».

Aquel 30 de junio en el Sorolla, volvimos a recordar el vídeo de Arturo González Panero contando fajos de billetes en una mesa.

—Parece que Arturo podría ganar estas elecciones, pero a mitad de legislatura Paco le va a obligar a largarse —soltó Juanjo en la mesa.

—Paco le tiene pillado a este y va a hacer lo que le diga, así de claro. Paco quiere a Tomás Martín Morales en el puesto —añadí a la conversación.

—No sé —apuntó Isabel—, yo creo que Arturo tiene las cosas muy claritas.

—Mira, Isabel, por muy claras que las tenga, le tiene muy pillado y ahí no hay cosas claras que valgan. Lo tiene tan enganchado que al final...

Isabel me interrumpió:

—A lo mejor él no está tan enganchado y otras personas sí.

El vídeo me venía a la cabeza con frecuencia. Me imaginaba saltando por uno de los balcones que daba a Serrano y veía un obituario por suicidio. Algunos días, regresar a mi hogar era realmente difícil. No fueron pocas las ocasiones en que tuve que parar para desahogar con lágrimas la tensión o las náuseas que me causaban todos estos individuos. Intentaba que el miedo y el terror quedasen reflejados en el retrovisor del coche en vez de llevarlo a mi hogar, aunque muchas noches no podía evitar acostarme llorando, desconsolado y sin fuerzas para seguir.

Isabel Jordán tuvo una relación con Blanco Balín, no sabría decir de qué tipo, pero en cualquier caso era de absoluta conveniencia por parte de ambos. Isabel era testaferro de numerosas empresas en las que Blanco tenía intereses junto a Correa e imagino que, al ser relativamente nuevo en la trama, le tocó el papel de poli bueno frente al malo, que Paco desarrollaba sin ningún esfuerzo. Isabel, perfecta conocedora del universo de Correa, pretendía ir desprendiéndose de su entorno. Quería volar sola, pero a la vez deseaba su parte del pastel, ese quince por ciento de las empresas era mucho dinero. Blanco la controlaba de cerca por ese motivo, e Isabel lo sabía muy bien. Pero ella tenía un talón de Aquiles: ser madre y soltera.

En Boadilla, Isabel era quien negociaba directamente con Arturo, el alcalde, pero de pronto Tomás Martín Morales reapareció allí y se hizo con los mandos del consistorio. Con los mandos y con el ayuntamiento al completo. Le llegaron a llamar «el Roca de Boadilla».

Tomás forma parte de ese banquillo interminable del equipo de Correa y es, como todos sus subalternos, merecedor de una serie en *prime time* para él solo. Mi mejor amigo recuerda que lo conoció hace una pila de años, cuando ambos formaban parte de la misma panda de colegas en la localidad madrileña de Getafe. En aquella época, a Tomás lo apodaron «el Gumias», porque era tacaño a más no poder y sobre todo interesado, en todo y por todo.

Martín Morales inició su carrera política en Getafe, donde su familia regentaba un negocio de fotografía y era propietaria de una buena cartera de locales y solares. Se afilió a Nuevas Generaciones, auténtica cantera de secundarios de la Gürtel, y provenía de entornos de jóvenes falangistas. Al parecer, ciertos problemas con la gestión del chiringuito en las fiestas hicieron que dejase su cargo, aunque posteriormente Tomás ejerció de concejal en ese mismo pueblo. Al no ser un trabajo remunerado, se hizo cargo de la EMS boadillense, a la vez que asesoraba en Arganda del Rey, donde era alcalde Ginés López. Su amistad con este y con Benjamín Martín, e incluso con Arturo González Panero, fue el motivo de su acercamiento a Correa. En los años 2002 y 2003 a Tomás lo apodaron «Mister Rotondas», pues estas aparecían de la noche a la mañana en cualquier ubicación del municipio y, además, no eran normales, sino auténticas odas al mal gusto y la monumentalidad. Por supuesto, Correa ya campaba a sus anchas por Boadilla en ese tiempo. Según Paco, Tomás intentó moverle la silla a Arturo y este le desterró, expulsándolo del ayuntamiento, y él le encontró acomodo momentáneo en Arganda del Rey, otro gran planetoide del universo de Correa. Allí, Martín Morales dormitó mientras hacía de todo un poco para Paco.

Aparte de ponerle despacho en la capital, Tomás se convirtió en la pluma jurídica del clan Gürtel. Todo pasaba por sus manos, desde las cosas más nimias a las más delicadas. En 2005 Correa había convencido a Arturo para que readmitiera a Tomás y, aunque con reticencias, así lo hizo. Dos años después, tras el correctivo sufrido por el alcalde con el vídeo, no solo lo mantuvo como gerente ejecutivo de la EMS, sino que lo nombró director del ayuntamiento. El alcalde ya no pintaba nada, y Gürtel había fagocitado totalmente la labor municipal. Por si quedaba algún hilo suelto, Correa impuso a la mujer de Tomás en la lista de concejales de Boadilla. Nada como la familia unida.

Uno de sus trabajos importantes para la trama fue realizar los pliegos de condiciones de los contratos de RTVV para la visita del Papa. Más exactamente, al parecer redactó el contrato de Radiotelevisión Valenciana y lo adaptó para que Teconsa fuese la elegida. Tomás realizó su tesis doctoral sobre la moción de censura constitucional. Posiblemente fuese uno de los más inteligentes de la trama, y quizá por ello también uno de los más oscuros. Está grabado cómo Correa le dirigió unas palabras tan gruesas que ese lenguaje resultaba anómalo incluso en él. Es posible que Paco llegase a tenerle algo de miedo.

—Es mala persona, me obligó a grabar el vídeo —declaraba un compungido Correa— después de que le ayudé a conseguir que el Albondiguilla lo readmitiera en Boadilla y le nombré jefe de todo. Es como todos, un desagradecido. Le hice saber que no quería verle, que haríamos los negocios, pero no quería verle... Hasta que vino con un problema del hijo, ya sabes cómo soy. Quería que fuese el padrino de la criatura, le dije que no. De verdad, Pepe, lo quiero lejos. Es muy mala persona...

Ya lo sabía, todo el mundo lo sabía perfectamente, ser mala persona no es ningún insulto sino, simplemente, la constatación de un hecho. El problema de las malas personas es que llevan sus defectos, sus taras, sus desmanes hasta las últimas consecuencias. Y pude ser testigo de ello con Tomás. Claro que entonces a Correa no le importaba cómo era, solo le importó cuando le fue algo propio en ello. Afortunadamente nunca grabé a Tomás, porque estoy convencido de que me habría descubierto. Recuerdo perfectamente un día de marzo de 2005, en una reunión para lanzar propuestas sobre el partido independiente. Estaba presente un periodista gallego, muy amigo de Correa, y el encuentro no tenía mayor importancia que la de un grupo de amigos cerrando una idea. Pero Tomás estaba descompuesto, nervioso, muy pálido. A medida que transcurría la reunión, se mostraba cada vez más enrabietado, faltón, especialmente con el periodista. Todos estábamos un poco desconcertados, y de repente empezó a gritar:

—¡¿Pero esto qué cojones es?! ¡Este tío me está grabando! ¡Te voy a meter esto en el cerebro, hijo de puta!

Tomás sostenía un Nokia Communicator, un móvil de esos que se abrían por la mitad como un bocadillo y tenían un teclado interior. El periodista tenía los ojos desorbitados, y balbuceaba. Correa corrió su silla hacia atrás sin levantarse, mientras que Pablo, Juanjo y yo intentamos detener a Tomás. Este no se calmó hasta que Pablo se lo llevó y ya no volvió. Correa musitó unas disculpas y el periodista desapareció en cuanto pudo después de recoger su móvil. Realmente no sé si estaba grabando o no, pues la reunión era totalmente intrascendente, pero la reacción de Tomás fue una prueba de que aquel hombre tenía una zona oscura, en la cual era preferible no entrar a no ser que quisieras un buen enfrentamiento.

En otra ocasión, Tomás se sumó a una cena con Correa y Pablo porque había acabado un trabajo y se encontraba cerca del restaurante. Allí estábamos también Juanjo, dos amigas de Paco y yo. Correa estuvo toda la cena ensimismado con una de las señoritas, de origen paraguayo, y no dejaron de hacerse carantoñas. Crespo estaba animado y hablaba con todos, pero, cuando Tomás llegó, se encargó de ponerle inmediatamente al día. La otra señorita, Mari Carmen, era una colaboradora habitual de Correa, de esas que preparaba para clientes o amigos. De hecho, estoy convencido de que grababa todos sus encuentros en su casa.

—Oíd, chicos. Si queréis, le digo a Mari Carmen que os haga un favor el día que os apetezca.

Esa especie de segunda profesión de Correa, cercana al proxenetismo, resultaba tan patética que era lo que más nos sacaba de quicio a Juanjo y a mí.

—Pero, Paco, no me toques los cojones —le espetó Juanjo—, no a todos los hombres nos gusta esto. De todas maneras, si lo hiciera, ten en cuenta que nadie lo sabría, y el último serías tú.

—Bueno, chicos, no lo toméis a mal, Mari Carmen está para eso. Yo le pago viajes con amigos o clientes y ya está, y por ello le pago toda su vida.

—Nos parece muy bien, Paco —terminó Juanjo.

Tomás, al verla, se sentó a su lado y no dejó de darnos la noche más soez que recuerdo. Incluso le hizo demostrar a Mari Carmen cómo realizaba una de sus habilidades preferidas, allí en el restaurante, claro que ella tampoco se hizo mucho de rogar.

—Por supuesto, cielo —dijo con una sonrisa que abarcaba toda su cara y, acto seguido, se sacó un pecho y se chupó el pezón.

Afortunadamente, Correa debía estar en forma y propuso que nos marcháramos. Pablo se fue en su propio coche y el resto nos repartimos en el de Juanjo.

—Primero, Juanjete —indicó Correa—, dejamos a Mari Carmen, vive aquí al lado; luego, a Tomás en el coche; y luego, nos dejáis a nosotros en el Fénix. A ver, ahí atrás, apretaos.

Ocupé el asiento trasero con Tomás y las dos señoritas. Cuando llegamos a casa de Mari Carmen, la conversación se alargó hasta que, un poco harto, decidí bajarme y abrirle la portezuela para que bajase. Su casa tenía el portal un poco retirado de la acera y se perdía de vista desde el coche. Decidí acompañarla, lo hubiese hecho de cualquier forma, aunque el portal estuviese a dos metros y bajo los focos del Bernabéu. La dejé en el portal y me despedí amablemente, dándole las gracias por la noche tan divertida que nos había hecho pasar. Al volver al coche y antes de entrar, pude oír ya la risa grosera de Tomás.

—Coño, Pepe, si con esta no hace falta ser galante para follártela.

—Tampoco hace falta ser Superman para partirte la cara, gañán —contesté con lo primero que me vino a la cabeza.

El silencio arreció dentro del coche. Vi que Juanjo tenía la mano izquierda en la palanca para arrancar el coche y salir rápido si era necesario. Tomás bufaba, sus ollares se dilataban, sudaba, llevaba haciéndolo desde el segundo copazo en la cena y se notaba que estaba calculando hasta dónde podría llegar conmigo. Mi mirada le hizo saber perfectamente que no me asustaba y que yo iría a donde quisiera llegar.

—Bueno, Pepe, lo siento, no sabía que eras un pigmalión.

—Lo tomaré como una disculpa hacia Mari Carmen —respondí tan sereno que sonó como un suspiro—. Te advierto, delante de mí no vuelvas a usar esa actitud hacia ninguna mujer. Vámonos, Juanjo. Dejemos a Tomás, que tendrá que ir a ver a su mujer.

Pocas veces volvimos a coincidir. Tomás pidió a Correa no tener que quedar si no era imprescindible. Después de esto, sucedió algo casi diabólico. Él estaba ayudando a Paco en otro de sus negocios sucios, una moción de censura en un pueblo sevillano, Bormujos. El empresario Jesús Calvo Soria había sido jefe de la mujer de Correa y, junto a Máximo González, presidente del Colegio de Enfermeros, querían hacer un negocio en este municipio. Necesitaban deshacerse del alcalde para proceder, cómo no, a una recalificación y tenían que preparar una moción de censura. En diciembre de 2005, o quizá ya fuese enero del año siguiente, vi un día a Calvo Soria con dos concejales de Bormujos en el Hotel Fénix. Se dirigían a las habitaciones de Correa. En ese momento, yo no sabía bien qué pasaba. A los pocos días, recibí en mi correo un sorprendente mensaje de Tomás Martín y, cuando me disponía a abrirlo, sonó mi teléfono.

—Pepe, perdona que te moleste —dijo la voz empalagosa de Tomás al otro lado del móvil—. Perdona, pero creo que te he mandado un correo sin querer. ¿Puedes comprobarlo? Y por cierto, si te ha llegado, destrúyelo, son unas pruebas sobre un contrato tipo y no quiero que ruede por ahí.

—Estoy fuera, en el jardín, no sé, luego miraré.

—No quiero ser pesado, pero es importante, me gustaría saber si llevaba un archivo adjunto. Bueno, mira, estoy en casa... En tres minutos estoy en la tuya y así lo miramos juntos, si te parece.

—Pues no, Tomás, no me parece —respondí lo más seco posible—. Ya miraré lo del mensaje.

—Pero, verás, no es ninguna molestia...

—Bueno, Tomás, estoy ocupado. Gracias por la llamada.

El gruñido que oí por el móvil al colgarle no presagiaba nada bueno. Salí del despacho corriendo y le pedí a mi mujer que cogiera a nuestra hija y la llevase al parque. En esos momentos, nosotros vivíamos en Majadahonda y Tomás en Boadilla. El recorrido era de poco más de cinco minutos. Sonó de nuevo el móvil.

—Peñasssss —ese final arrastrado de mi apellido solo podía salir de la garganta de Correa—. Perdona, Peñitas, pero me acaba de llamar Tomás alterado, que le has colgado el teléfono, que eres un tal y un cual y que, al parecer, te quieres quedar con algo que sin querer te ha enviado.

—Mira, Paco, ¿esto qué cojones es, el parque infantil de la Warner? —respondí con el tono más enojado posible, mientras interiormente me estaba riendo como hacía tiempo. Pero de repente dejé de reír porque sonó el timbre de la puerta de mi casa—. Mira, Paco, voy a colgar y quiero que llames a Tomás, que acaba de llamar al timbre de mi casa, y dile que si quiere mantener dentro de cinco minutos la cabeza encima de sus hombros, por favor te lo pido, dile que se vaya de mi casa. —No pude por menos que terminar la frase alzando la voz.

—Pepe, soy yo, abre, nos hemos dejado las llaves.

La tensión se disipó y rompí a reír al oír nítidamente la voz de mi mujer. Mientras abría, descolgué el teléfono, que volvía a sonar.

—¡¿Pero estás loco o qué te pasa?! Tomás está en su casa y fuma en pipa del cabreo que tiene. —Correa no entendía muy bien el pitorreo de todo aquello.

—Vale, vale —le dije a Paco aún riéndome—, dile al pesado que no se agobie y que otra vez tenga cuidado al darle a «enviar»; igual un día se lo manda a un juez y os empapelan a todos.

—OK, Peñitas, pero haz lo que te ha dicho, por favor.

Pude guardar el documento: se trataba de un pacto tránsfuga para cometer corrupción, y plasmado en un contrato. Una vergüenza para el colectivo de los abogados, al menos para los honrados. Así tenemos la fama que tenemos. Pude entregarlo a la policía y, si no me equivoco, la investigación sigue abierta en Bormujos. Pablo nos contó que, según el plan de esta operación, tenía que bajar en la estación de tren de este municipio o de uno cercano y allí entregar un maletín a alguien. Nos confesó que fue con Correa y que este apareció disfrazado con unas gafas enormes, sombrero y gabardina, de modo que casi se muere a causa del calor que hacía. Lo peor de todo es que

Pablo estaba dispuesto, en caso de ser descubiertos, a asumir toda la responsabilidad para librar a Paco. Iría a la cárcel por él. Lo decía convencido. Al final, afortunadamente, el destino no lo puso en esa tesitura: estuvieron los dos juntos en el mismo centro penitenciario.

Ese mismo día, 30 de junio de 2006, tras comer con Isabel en el Sorolla, fuimos al despacho de Correa. En esa conversación se habló del tema de Bormujos. En concreto, de una abogada que Correa había contratado para defendernos de una querella que nos interpuso el arquitecto de Majadahonda. La abogada era amiga y defensora de Máximo González, gran amigo de Paco. En alguna ocasión, habíamos hablado con este último sobre el tema.

—Hoy ha bajado Tomás a declarar a Sevilla.

—¡Qué dices! —respondió Correa con cara de sorprendido—. Yo no sé nada.

—Vale, no digo que lo sepas, te digo que ha bajado a declarar, debes leer la prensa.

—Sí, le defiende la abogada que os defendió contra el arquitecto, es muy buena y gran amiga de la gente del PP, especialmente de Esperanza.

Con solo una frase, pasó de no saber a conocer hasta la talla de medias de la abogada defensora. Así era. La contrató para defendernos, pero luego tuvimos que sudar tinta para abonar sus honorarios. Incapaces de afrontarlos, tuvimos que decir a Pablo que le pagaríamos como pudiésemos. Finalmente, decidió encargarse él. Cuando fui a ver a la abogada, le dije que necesitaba una factura.

—Pero, José Luis —me contestó en el recibidor de su bufete, donde me hizo esperarla—, una factura supone encarecer el servicio, con impuestos, IRPF... En fin, si tienes el dinero aquí, pues lo arreglamos así, sin nada más.

Y luego lo llaman «el IVA del fontanero». Abogada de éxito, con bufete de lujo, contactos en lo más alto... y defraudadora. Más y más impunidad. La sociedad entera en España es un caldo de cultivo perfecto para el trapicheo fiscal. Sin duda.

Como decía, dejamos a Isabel en el Sorolla y subimos al despacho de Serrano 40 para ver a Pablo, y luego se unió Alvarito el Bigotes. El testimonio de aquel día es inolvidable, sobre todo lo relacionado con la visita del Santo Padre a Valencia. Sin duda, fue uno de los mejores pelotazos, donde la trama llegó al culmen. Correa, el hombre de la bandera de España y del PP en el despacho, por un lado; el Partido Popular, que se desvivió para que la visita papal fuese inolvidable para los cristianos y, sobre todo, para sus propios tesoreros, por otro; y la propia Santa Sede y sus representantes como tercera pata.

En esta ocasión se unieron los grandes empresarios, esos constructores que para la coyuntura dejaron el ladrillo y se pusieron a instalar monitores, urinarios portátiles y lo que hiciese falta con tal de lograr un «trinque» de los buenos. Apenas una semana antes de tan magno acontecimiento, allí estábamos Juanjo y yo. Lo más cerca que había estado del Papa era cuando pasaba bajo la foto de Juan XXIII que mi abuela tenía colgada en la entrada de su casa. Crespo utilizaba una calculadora en la que no cabía la cantidad de ceros que iban a ganar en esta orgía de la corrupción político-religiosa. Y cómo no, el maestro de ceremonias, Álvaro Pérez, el Bigotes, esperaba a que llegara el día en el que iba a brillar con más intensidad que el mismo sol. Su amiguito del alma, al ver todo lo que estaba haciendo para mayor gloria del Papa, del que era seguidor incondicional, se volvería loco de contento y no tendría más remedio que arrodillarse ante su capacidad.

—Escucha, escucha, escucha, ahora mismo el presidente está en el Consejo de Gobierno, ¿vale? —comentaba Álvaro—. A lo mejor... Dicen que me nombran coordinador general de sus muertos para lo del Papa, y entonces así me puedo tirar todo el puto día en el río...

¿Había ensanchado?, ¿había crecido?, ¿se le notaba más grande? Se pavoneaba por la habitación que, por suerte, era amplia. Se atusaba el bigote constantemente y jamás dejaba de hacer hincapié en el final de algunas frases:

—... coordinador general de sus muerrrrrrrrtossssssss...

Siempre impostando y controlando la voz desde el diafragma, en cualquier momento podía expulsar un do de pecho. Qué forma de hablar, qué remarque allá donde creía que podría hacer una llamada a su interlocutor. Mientras tanto, Crespo seguía con su calculadora.

—Hablar de eso a Álvaro es como hablar de matemáticas a un filósofo —decía a un miembro de la oficina en Valencia sobre una cuenta de crédito.

A menudo, Pablo daba cosas por sentadas y luego le pasaba lo que le pasaba.

—Me descuidé, Paco, y la tía —se refería a Isabel— se ha gastado más de trescientos mil euros de la empresa en cosas suyas particulares. —Casi lloraba, en diciembre de 2007, mientras desgranaba como una letanía la lista de gastos.

Los ricos también lloran. Ellos la verdad es que no tuvieron constancia del refrán «quien roba a un ladrón...».

Álvaro era bastante más largo en temas económicos de lo que Pablo pensaba. Y además iban a nombrarlo coordinador general de sus muertos. Eso suponía ponerle por encima de Rita Barberá, de Juan Cotino y del concejal de Policía.

—La Iglesia —comentaba— tiene cojones, con lo que yo soy y, si me descuido, me suben a los altares. —Mientras tanto, su risa nasal, esa que parece un ronroneo de gocho entrecortado, inundaba los oídos de todos.

Ser coordinador y nombrado desde el Gobierno de la Comunidad le conferiría un estatus casi divino y solo el poseedor de las llaves de san Pedro podría decirle algo en aquellos calurosos y excitantes días de julio. Álvaro se veía ya sosteniendo el mismísimo báculo. ¿No lo hizo con don Manuel

Fraga en la boda de la niña de Aznar? ¿Por qué no superarse en el acto papal?

Álvaro tenía pavor a que le viesen en el río, el cauce del Turia, desde donde se seguiría la visita de Benedicto XVI y que se llenaría de peregrinos ansiosos de escuchar las palabras del pontífice.

—Pensadlo. Habladlo tú y Paco, pero Víctor me puede nombrar hoy, por la cara, coordinador general no sé qué del evento.

Víctor Campos era vicepresidente de la Generalitat Valenciana y fue el primer condenado por el caso Gürtel. Era buen mandado, hizo lo que se le ordenó: se acercó un día al Tribunal Superior de Justicia de Valencia y se declaró culpable, junto a un asesor, Rafael Betoret, por el caso de los trajes, que salió a la luz a raíz de la investigación de la Gürtel. Al parecer, Francisco Camps iría después de ellos, pero no fue. Prefirió un juicio con todas las de la ley para él y dejó a sus muchachos al pairo. Eso dicen. Luego, Víctor se desdijo y negó haber recibido regalos de la trama de Correa.

¿Por qué Alvarito no quería ser visto en el río si no tenía el nombramiento? Para bien o para mal, su presencia llamaba la atención. Su bigote, sus maneras, sus espectaculares coches y motos, sus trajes singulares y su voz inconfundible no pasaban desapercibidos. Algún rotativo empezaba a tener conocimiento de determinadas empresas en torno a una matriz, Orange Market, que estaba copando todos los actos de la Comunidad Valenciana. Las empresas de Paco habían salido en la revista *Interviú* y que volviese a pasar en Valencia les resultaba impensable.

Y eso que *Interviú* al final no sacó su nombre, cosa que le aterraba. Blanco Balín movió sus contactos, que le llevaron hasta el director de entonces, que consiguió quitar el nombre de Correa, censurando así a su redactor, o eso era lo que contaba. La relación de la Gürtel con diversos periodistas era constante en el tiempo. En marzo de ese mismo año, nos acababan de expulsar del grupo municipal del PP de Majadahonda y queríamos que se supiese que el urbanismo en nuestro pueblo era un caos. El caso Majadahonda puso patas arriba la Comunidad de Madrid. El entonces abogado de Paco, Manuel Delgado, miembro fundador del diario *El Mundo*, se puso en contacto con varios medios. Entre otros, Delgado contactó con el periodista Manolo Cerdán. Este me llamó y estuvimos comentando el caso, que le pareció muy interesante. Al día siguiente me llamaría un investigador de *Interviú*. Hasta hoy. Nos comentó el abogado que Cerdán había hablado con Francisco Granados y este le pidió que no se diera publicidad al caso Majadahonda. Al parecer, era conocida la amistad entre ambos.

El contacto con *Interviú* no fructificó, pero sí lo hizo en la Cadena Ser. Allí, con una de las mejores profesionales del medio, Mariela Rubio, salieron las primeras grabaciones del caso Majadahonda.

—La pena, Guillermo —decía en ellas Narciso de Foxá—, es que yo estoy muy bien aquí, de retirada, y me dice Esperanza Aguirre que las parcelas no van.

Otras muchas perlas aparecieron gracias a Mariela. Diversos medios siguieron el asunto e incluso uno de ellos nos hizo una entrevista, bajo el titular: «Esperanza no nos quiso recibir y no quiso ver el dossier sobre corrupción en Majadahonda». Mientras estaba sometida al estudio de este medio de comunicación levantino, la trama se movía para poder comprar el favor del rotativo. Lo intentó a través de otros medios, de otras empresas, y volvió a reunirse con un viejo amigo, Manolo Cerdán, a quien le pidieron su intercesión ante el medio que los tenía en un sinvivir. No sé si al final las negociaciones fructificaron.

En el ámbito judicial, a principios de 2016 los tribunales valencianos, a instancias del Tribunal Supremo, remitieron a la Audiencia Nacional cuatro causas de la Gürtel en las que ya no hay aforados. En el otoño de 2015 se seguía celebrando otra causa en el Tribunal Superior de Justicia de Valencia, la de Feria Valencia. Con anterioridad, en la famosa causa de los trajes se obtuvieron las primeras sentencias condenatorias para miembros de la trama Gürtel y de la cúpula del Partido Popular, uno de ellos el expresidente de la Comunidad Valenciana Víctor Campos.

Después de varias elecciones sosteniendo a los corruptos, el pueblo valenciano optó por derrocar al PP. La acción de la justicia continua esclareciendo la infinidad de casos de corrupción del Partido Popular en toda España: las dos piezas principales de Gürtel, los papeles de Bárcenas, el caso de los discos duros, el de la reforma de la sede de Génova, la corrupción en AENA, el caso del Ayuntamiento de Jerez…

8

ESO LO VAIS A PARAR

(4 de octubre de 2006)

Si quieren conocer realmente a Correa, su mejor representación tuvo lugar el 4 de octubre de 2006. Este día, Paco se mostró en todo su esplendor, como el jefe de la mafia gürteliana, con los sobornos, chantajes y amenazas que corresponden a un auténtico capo.

Aquel miércoles, habíamos quedado a comer en su reservado del Sorolla. Yo, cómo no, iba acompañado de Juanjo. Paco llegó tarde, rondando las cuatro de la tarde, y el *maître* tenía la cocina prácticamente cerrada. Sin embargo, con don Francisco siempre se hacía una excepción. Antes de sentarse, ya le había pedido un vaso grande con mucho hielo, una rodaja de limón y dos Coca-Colas *light*. Procuraba no beber alcohol ni comer en mucha abundancia porque quería guardar la línea. Se empeñaba en enseñarnos sus fornidos brazos, rozaba la excitación cuando se tocaba los músculos. «Es que me estoy poniendo...», dijo minutos después de sentarse a la mesa. Jamón, croquetas, *foie* y un poco de carne. Ese fue nuestro menú.

Al encargado del restaurante se le ocurrió decir que no podían servir platos muy elaborados porque a esas horas ya no había nadie en la cocina. Paco comenzaba a ponerse tenso.

—Voy a mandar a tomar por culo a este... —dijo cuando el encargado ya estaba fuera. Segundos después, se dio cuenta del exceso de su comentario y lo reconoció—: Bueno, este tío siempre nos atiende cuando queremos...

Mientras comíamos, Paco desplegó todo su arsenal contra nosotros, desprecios, presiones de todo tipo: de dinero, familiares, personales, de lealtad... Por momentos como estos era por lo que Correa continuaba reuniendo donaciones para nuestro partido, dándole oxígeno y manteniéndolo vivo. ¿Qué suponían unos pocos miles de euros si podía tener datos vitales para él y sus negocios? No sé cómo no me di cuenta antes. Buscaba información sobre nuestros pueblos para intentar sacar dinero de debajo de las piedras. No le importaba mucho Majadahonda, sobre todo después de haber realizado un pacto de no agresión, incluso de colaboración, con Francisco Granados. Como Isabel nos desveló más adelante, Paco había negociado con nosotros, se comprometió a que no fuéramos un estorbo excesivo y a tenernos controlados, así hizo negocios con la otra gran trama de corrupción madrileña, la Púnica. Sus puntos neurálgicos en el noroeste de Madrid eran entonces Pozuelo, que tenía controlado, y Boadilla del Monte, donde empezaba a tener fisuras graves.

Las cosas se le habían complicado en Boadilla. Sentía que el alcalde se le había escapado y no lo podía consentir. Se vio obligado a hacer volver a Tomás a pesar de su odio contra él. Tuvo que extorsionar a Arturo el Albondiguilla con el vídeo en que contaba billetes en una mesa. Correa se justificaba, no le había quedado más remedio que actuar así, le habían obligado a ser malo.

El problema de Arturo, y por tanto de Paco, tenía nombre propio: Ángel Galindo. Este abogado había recogido el testigo de su padre, un concejal en Boadilla por muchos años, un hombre cabal, sincero, directo y sin pelos en la lengua. Ha sido un faro y un referente en mis años de lucha contra la trama Gürtel. Solo pronunciar su nombre hacía que el Albondiguilla temblase como una gelatina de colores. Y, sin duda, tenía motivos. En enero de 2002, Galindo padre acudió a uno de los plenos municipales de Boadilla. Al terminar la sesión, y cuando ya todos los asistentes se disponían a marcharse, Arturo, en un acto muy propio de él, le susurró a un asesor:

—Menudo hijoputa el cabrón de Galindo...

Por desgracia para el Albondiguilla, Galindo padre lo escuchó. Ciego de ira por el insulto procaz hacia su progenitora, cogió lo primero que tuvo a mano y se lo lanzó. Un cenicero voló por la sala. Era la época en que fumar, incluso en un pleno municipal, era de lo más normal. El pesado cenicero, según me contó su propio hijo, describió una perfecta parábola, no muy fuerte ya que la edad del lanzador no hacía prever un récord mundial. La pena es que no llegó a su destinatario. El asesor de Arturo se interpuso y fue alcanzado de refilón en la cabeza, apenas nada, pero suficiente para que presentara una denuncia.

Galindo padre tuvo que ir a juicio, defendido por su hijo. Era su primera vista. Recién salido de la universidad, Ángel hijo se vio en la tesitura de defender a su padre de una acusación por agresión.

—Bueno, papá, dile al juez que el insulto te hizo perder la cabeza, pero, vamos, que ahora, pensado con frialdad, te arrepientes —le recordaba su abogado.

Si el padre de Ángel tiene algo bueno o malo es que le pueden decir misa, como él tenga algo pensado, allá que va.

—Que sí, hijo, no te preocupes, ya sé lo que debo decir.

El juez le preguntó por los hechos y este, ni corto ni perezoso, respondió:

—Verá usted, señoría, es cierto que oír eso de mi madre de boca de alguien como ese alcalde hizo que me hirviera la sangre, pero también le digo que, hoy en día, si hubiese tenido un hacha en la sala, se la hubiera lanzado...

—¡Papá! Pero... Señoría, perdón, un descanso —solicitó el abogado, incapaz de alegar nada en defensa de su padre tras esta confesión.

Conocí a Ángel sin querer. Como muchas cosas que me han pasado en la vida, como meterme en política. En un máster de la escuela superior de gestión comercial y marketing ESIC conocí al alcalde de Majadahonda, Guillermo Ortega, y mi vida cambió. Pues lo mismo ocurrió en 2005, cuando Juanjo y yo comenzábamos con los problemas dentro del partido y recibí una llamada.

—¿José Luis Peñas, por favor?

—Sí, soy yo, dígame.

—Hola. Mira, soy Ángel Galindo, espero no molestarte, no sé si me conoces.

—Sí, claro, he oído hablar de ti.

—Bueno, además de ser concejal independiente en Boadilla, soy abogado y me gustaría hablar contigo sobre las circunstancias en que os han expulsado del Grupo Popular y cómo os han dejado sin voz ni voto en las comisiones. Creo que eso podemos recurrirlo y ganarlo, tengo algunas sentencias favorables... Bueno, mejor si nos viéramos. Estoy en Madrid, subo a las siete y paso por Majadahonda. Podríamos vernos, por ejemplo, en el Burger de la carretera del Plantío, ¿te parece?

—Sí, claro —dije después de un prolongado silencio—, a esa hora nos vemos.

Llamé inmediatamente a Juanjo y se lo conté. Estábamos sorprendidos, conocíamos la fama del padre de Ángel, pero de él apenas sabíamos nada.

—Bueno, me voy a acercar y ya te contaré.

Todos tenemos defectos y Ángel tiene uno que me saca de quicio: siempre llega tarde. Con el tiempo, aprendí a quedar en mi casa con él para que apareciera cuando quisiese.

—Ángel, ¿dónde estás? Te estoy esperando hace media hora.

—Sí, estoy saliendo, dame diez minutos.

Cuando llegó, veinte minutos tarde, yo ya estaba mosqueado. No soporto esperar ni hacer esperar, por eso llego siempre veinte minutos antes a las citas. Ángel me sorprendió. Una mirada intensa pero franca, manos delicadas y una prominente nariz. Me sorprendió aún más su voz, que, si bien un poco atiplada, era fuerte y segura.

Me convenció para que demandáramos al Ayuntamiento de Majadahonda, que estaba pisoteando nuestros derechos fundamentales. Así lo hicimos y, seis años después, el Tribunal Constitucional, muy a su pesar, tuvo que fallar a nuestro favor en más de cien juicios. Después de que decenas de jueces de lo Contencioso Administrativo nos lo negaran, el Constitucional les quitó la razón a todos.

Ángel trabajó a destajo. Llevaba a los tribunales correspondientes a cualquier comisión en la que no nos dejasen hablar ni votar. Cuando nos denegaban la razón, recurría a la instancia superior y de allí al Constitucional. Años de trabajo, miles de horas, decenas de miles de folios, pero en la brecha. Después de diez años defendiéndome en juicios, así como tras mi posterior inculpación en el caso Gürtel, a pesar de ser el denunciante, todavía no me ha cobrado ni un duro. No sé el dineral que le ha costado tener un amigo como yo.

Así, sin comerlo ni beberlo, Don Vito se vio en una atalaya privilegiada para controlar a Galindo hijo, el terror de Boadilla, la china que siempre tenían en los zapatos de su corrupción particular.

—Me ha dicho Tomás que es una tontería lo que ha hecho vuestro amigo Ángel, que lo va a perder.

Eso era lo que más me complacía, que Tomás dijera algo para que nosotros, al cabo de unos meses, pudiéramos reírnos de él.

—Oye, Paco, ¿te acuerdas de aquel recurso de Galindo que no iba a ninguna parte? Pues mira, lo ha ganado. Dile a Tomás que estudie un poco más.

Cuando Tomás ya no pudo más, superado por su propio ego, denunció a Ángel por injerencia en el honor. ¡Zasca! A pagar costas. Ángel paralizó incluso la concesión del palacio del infante don Luis, que se encuentra en Boadilla, a la SGAE para que instalara un ambicioso proyecto cultural y, finalmente, consiguió que retornara a todos los boadillenses. Como suele ocurrir, lo único que recibió a cambio fue una querella. Demasiados intereses y funcionarios demasiado bien remunerados (de hecho, Ángel incluso consiguió que se declarara ilegal una subida salarial). Como él siempre dice, «tranquilidad y método».

—Veréis, tengo un amigo, Ulibarri, que tiene un problemilla en Boadilla. Ha ganado un concurso sobre la compra de una parcela. Dice Tomás que todo legal. Y ahí está vuestro amiguito, el Galindo, tocando los cojones. No ha dado dinero al alcalde, hacedme caso. Dile a Ángel que no joda a Ulibarri. Es un buen empresario. ¡Si tenéis una relación de puta madre, va a hacer lo que digáis!

—Bueno —respondía yo a Correa—, si todo es legal, si no hay pago, pues nada, todo tranquilo, nada podrá demostrar Ángel.

—Pero sois gilipollas... —Correa no me aguantaba cuando le hablaba con displicencia—. Este señor es un hombre honrado, no ha dado ni una peseta a Arturo... ¡porque me lo ha dado a mí! Pero eso no se lo vas a decir, que se lo ha dado a un amigo tuyo —decía Paco entre carcajadas.

La oferta de José Luis Ulibarri era tres millones de euros menor que la segunda. Le dieron el concurso por condicionantes subjetivos y que en nada beneficiaban al municipio. Alegaba que construía más rápido, pero, al final, se le pasó el plazo. Tres millones que repartir no suponían unas pesetillas, como decía el propio Correa. Presionaba con todo, no quería que se le fuera la pieza, quería obligarnos a decirle que eso se cortaría, que hablaríamos con Ángel y sin problemas.

—Hablaré un poco por encima con él, pero debes saber que Ángel no es como los demás, es un francotirador, él se sitúa y dispara contra todo lo que tiene un atisbo de ilegalidad, y aquí lo ha visto claro.

—¡Pero qué coño, claro! —Correa no soportaba la contrariedad, igual que no soportaba determinados espacios cerrados—. Te estoy diciendo que ese es un negocio claro, que no ha dado nada al alcalde, pero que no joda al empresario, coño. Siempre contra los pobres empresarios, si ellos dan dinero es porque, si no, lo darían otros y no tendrían negocio.

El problema no es que sean cínicos o procaces, es que se lo creen. Piensan que se les debe, que tienen que quedarse con concursos, con rotondas, con parcelas, con puestos de trabajo porque se les debe y punto. Hablar con este tipo de personas mientras las estás grabando exige un control sobre uno mismo del que yo pensaba que carecía. ¿Pobre empresario? Es un esperpento oír determinadas cosas.

—Mira, Pepe, tu suegro es empresario y conoce a Ulibarri. Imagínate que lo que le pasa a Ulibarri le pasase a él, tienes que pensar en que no podemos joder al empresario. Pepe, tú tienes una coartada con tu suegro. En la vida hay que hacer favores a la gente. Le tienes que decir que no joda a un empresario que es amigo de tu suegro. ¡Eso es lo que tenéis que decir! Sabéis, las relaciones humanas existen. Dile: «Es un tío que se ha portado de puta madre con mi suegro y le quiero ayudar». La vida es así, igual él mañana te tiene que pedir ayuda por otra cosa.

—Sí, Paco, yo hablo con él. Pero Ángel no sospecha que haya habido dinero por medio, sino una irregularidad administrativa.

Una buena operación

Paco estaba intentando presionarme con mi familia. Mi suegro fue un empresario de la alimentación en Castilla y León y coincidió con Ulibarri como lo hizo con otros muchos a lo largo de su vida. En aquella comida, en el reservado del Sorolla, Juanjo estaba especialmente nervioso. Sabía que yo podía saltar. Paco seguía insistiendo en que debíamos parar a Ángel y que no denunciara al empresario. Ulibarri había puesto dinero en nuestra formación política y debíamos tratarle bien y hacerle ese favor.

—Le tenéis que ayudar —insistía una y otra vez—. Ha dado quince millones de pesetas para el partido por mí, porque a vosotros no os conoce de nada. En la vida hay que ser agradecido.

—Le ayudaríamos aunque no hubiese puesto nada, porque tú nos lo pides —le dijo Juanjo para zanjar el tema.

—Me sorprende que nos lo tengas que decir —indiqué.

—Si no lo paráis —nos dijo amenazante—, es que sois dos cabrones.

—Tú aprietas y aprietas, que ya te conozco. No te puedo asegurar que Ángel lo haga, pero se lo voy a decir.

—Pues le dices que si no se está quieto, tendrás que romper relaciones con él. Dile que es un buen tipo, que es amigo de tu suegro —insistía, erre que erre—, que es como tu padre...

—Ángel va a por el hijo de puta del alcalde de Boadilla —le dije.

—Os traigo a Ulibarri y se sienta con vosotros dos y os explica cómo van estos negocios, y que lo de Boadilla es un negocio limpio y que no existe nada de nada.

Menuda tentación. Grabar a Ulibarri sería un logro, difícil, pero muy beneficioso para la investigación. Podía decir cosas que harían que se tambaleara este país. Demasiados fuegos artificiales para no haber nada de nada. Era evidente y claro que Ulibarri le estaba presionando, y mucho. Correa ahora se me aparecía como lo que era delante de otros, delante de los señores a los que servía, un perrito faldero obediente y con el rabo entre las piernas. Seguro que Ulibarri le echó en cara el dinero que le había dado o el dinero invertido en un partido independiente que luego no servía para defenderle de su enemigo boadillense.

Lo más gracioso de todo era que Ángel no iba por el tema del dinero, eso ni se lo imaginaba. Él había descubierto que la empresa a la que habían concedido la parcela no tenía personal. Begar era una empresa fantasma que no había cotizado por ningún trabajador, y eso chocaba en cierta manera con los pliegos de condiciones. No estaba dada de alta en la Seguridad Social y, evidentemente, no podía demostrar su solvencia económica.

Hasta octubre de 2006, no había comentado nada a Ángel sobre lo que Juanjo y yo estábamos haciendo. Él ni siquiera sospechaba. Pero éramos ya muy buenos amigos y le gustaba contarme las corruptelas de Boadilla para que le aconsejara. Al fin y al cabo, como exmiembro del Partido Popular, yo podía darle una visión distinta.

—Han dado una parcela a una empresa fantasma, Pepe. No tiene ni un solo empleado, es un escándalo, una barbaridad.

—¿Y realmente crees que un tema de forma tan menor es importante para recurrir la concesión? —contestaba yo, conocedor de que la realidad era mucho más sencilla pero mucho más descarnada—. Seguro que dicen que es un grupo de empresas y que ya está.

Ángel se empeñaba en buscar los fallos administrativos, los errores en los pliegos o las prepotencias de los alcaldes. En ese momento, no era consciente de que tras cualquier contrato o acto de importancia del municipio había una red que lo controlaba todo y que se lucraba con el dinero público.

—Y os digo que Ulibarri se sienta incluso con Ángel —seguía Correa mientras se tomaba su manzanilla con anís.

—No creo que se atreva a sentarse con Ángel.

—Vaya, qué sonriente te veo hoy, Peñitasssss. —Dichoso siseo, sabía que me molestaba aunque yo hacía lo posible para que no se notase—. A vosotros dos, gilipollas, os digo que José Luis Ulibarri puso quince millones de pesetas para el proyecto del señor Peñas y del señor como te llames —concluyó refiriéndose a Juanjo con un tono algo despectivo.

—Moreno —contestó este rápidamente.

Correa presionaba con el dinero que Ulibarri donó a Corporación Majadahonda, pero nos estaba mintiendo. La memoria le había fallado. Un año antes, volviendo de un viaje a Valladolid, donde vivía Ulibarri, Paco paró a visitarnos.

—Que sepáis que esto marcha de cojones. Acabo de llegar de Valladolid, de hablar con Ulibarri, y me ha dado para el proyecto trescientos mil euros y se compromete a otros tantos el año que viene. Martínez Parra también se ha comprometido. Andrés [el chófer de Correa] se ha quedado abajo. Tengo en el maletero del Audi una cajita de zapatos... —Y soltó una de su risitas ridículas.

De repente, en un año habían desaparecido doscientos mil euros. Correa era patético y, en cuanto estuvieras un poco atento, se le cazaba rápido. Nos insistía una y otra vez para que pidiéramos a Ángel que parara el tema. Que fuera a por el alcalde, pero que dejase tranquilo a Ulibarri. Correa pensaba que era nuestro dueño y haríamos lo que él nos dijera. Decidí girar y cambiar de tema, el último «sois gilipollas» me había dejado de muy mala leche y prefería serenarme.

—Oye, Paco, sigue el lío ese de Bormujos. Han imputado a un montón, entre ellos a Calvo Soria.

—Sí, desde luego —contestó Correa con desgana, pero agradeciendo el paréntesis en la lucha—. Máximo lo manejó todo y la jodió. No sé cómo terminará. Menos mal que yo ahí no bajé, no me conoce nadie.

Paco, como siempre, volvió a hacerse el sueco. Al principio, nunca sabe de qué le hablas, hace como que no le suena nada el tema, para recuperar la memoria segundos después. De no saber dónde estaba el pueblo sevillano de Bormujos pasó, en una pirueta de las suyas, a un enigmático «menos mal que yo ahí no bajé, no me conoce nadie». Habíamos hablado de este tema dos o tres veces y jamás pensamos que Paco tuviese nada que ver hasta que él mismo se delató. Realmente, ya le había delatado Pablo en una de las últimas reuniones del verano de 2006, cuando nos comentó que ambos viajaron hasta allí y que Correa, disfrazado, salió del tren a dar un maletín mientras Crespo le cubría. Mortadelo y Filemón, Pepe Gotera y Otilio. ¿Pero de verdad estos dos impresentables tenían montada una red de corrupción en todo el territorio español? En ocasiones costaba creerlo. Todas estas confesiones sacadas a Correa no estaban premeditadas. Nunca quedaba con ellos con un guion preestablecido. No hacía falta, era incluso mejor que ellos fueran los que tomasen la iniciativa. En las más de diecisiete horas de grabaciones, jamás acudimos con la intención ni de sacar una cuestión, ni de tirar de la lengua. No hacía falta.

En ese tema, Correa no se encontraba muy cómodo. Debía estar cagado con la posibilidad de que una cámara hubiese grabado en la estación de Renfe su encuentro para el traspaso del maletín. Bueno, según él, eso no podía ser porque jamás había estado en Bormujos, pero me temo que eso no era cierto.

A continuación, Paco cambió a un tema más fácil para él, la trama Malaya. Con su suegro imputado y en libertad tras el pago de una fianza de medio millón de euros, tenía información de primera:

—Sigo con la venta del patrimonio de mi suegro, que sabéis que está imputado en Malaya. Me ha dicho que todo quedará en nada, se está investigando a gente demasiado poderosa. —Correa se explayó sobre los negocios con su suegro con detalles que ya conocíamos por la prensa. Juanjo y yo poníamos cara de asombro y de buenos alumnos, y así hasta que se cansara, pero sabíamos que Jacinto Rey, fundador del Grupo

San José, era amigo del suegro de Paco, Emilio Rodríguez, por ser ambos constructores y gallegos—. Pues sí, chicos, lo compró en julio por mil millones de euros, y le he dicho que se quede con todo, pero que a Emilio le dé cuatro o cinco mil millones de pesetas, para que pueda ir viviendo hasta que vayan sacando todas las operaciones. Estoy convencido de que Jacinto se lo va a quedar, y que le va a pagar en acciones, en papeles de Parquesol. Es una buena operación.

Que no te vean

—Sí, sí, a la hora vale, pero mira unos veinte minutos..., date una vuelta y entras que no te vean, cuarto izquierda.

Nos quedamos mirando a Correa, mientras él sopesaba. No sabía si entrar ya a matar con el tema de Ulibarri o esperar. Había quedado con alguien para hablar de negocios, pero quería dejar este tema cerrado. Seguro que tenía que llamar a Ulibarri para darle novedades.

—Era Guillermo Pariente, quiere hacer negocios conmigo. Ahora está en Ciudad Real, en la empresa del suelo. Ahora le veré.

Cuando entregué las grabaciones a la Fiscalía y la policía, la traducción literal que hicieron de las escuchas dejaba, a veces, mucho que desear. En el sumario se puede leer: «Cuando Correa le cuelga, les dice a Peñas y a Juanjo que es un pariente suyo y que hace negocios con él». ¡¿Un pariente?!

—¿Este no era amigo de Martinsa o de quién? —pregunté.

—No, leches, este es íntimo de Sigfrido Herráez, el concejal de Madrid, que es también muy amigo de mi suegro —apuntó Paco—. Ah, oye, no os conté cómo se portó Martinsa conmigo. Le quedaba un pago de lo de Arganda, tardó seis meses... —Correa golpeó la mesa mientras se acordaba de lo sucedido—. Febrero, abril, mayo jodido y junio liquidado —desgranó, dando otro golpazo en la mesa—. Me debe aún un millón de euros.... Es un tipo peligroso.

Estas palabras de Correa, acompañadas con esos golpes en la mesa, fueron de lo mejor que grabé. Tenía los ojos llenos de codicia, mientras esperaba mes tras mes y golpe tras golpe sin cobrar, hasta que, al final, tuvo que dar un gran golpe en la mesa y cobró. Veinticinco millones de euros por esa parcela en Arganda del Rey, parcela de la que les hablaron a Rajoy y Aguirre, aunque ninguno de los dos hizo nada al respecto.

Cuando saltó el escándalo Gürtel, quien fuera alcalde de Madrid, Alberto Ruiz-Gallardón, fulminó a Pariente de su puesto. ¿Adivinan dónde estaba el muchacho? Era director general de Producción de la Empresa Municipal de Vivienda y Suelo (EMVS). Guillermo ya había estado en la concejalía de Vivienda con Sigfrido Herráez entre 2002 y 2005, y allí sucedió uno de los casos más deleznables y menos conocidos de la trama. En esa época, la concejalía amañó un concurso público para favorecer a Special Events, una de las empresas de Francisco Correa, tal y como se recoge en el macrosumario de la Gürtel. Los documentos de puntuación fueron manipulados para que la empresa de Correa pasara de ser la quinta clasificada a la segunda y pudiera obtener así el contrato de 153.000 euros tras la descalificación de la primera. La manipulación consistió, llanamente, en cambiar las plicas por la noche. Esto significa que un funcionario tuvo que hacer una entrada ilegal y realizar el cambio.

—La verdad es que algunos de estos tíos —decía Correa refiriéndose a los empresarios— son complicados. Uno tiene que tener mucho cuidado, pero es cierto que hay algunos que son la polla y yo haría cualquier cosa por alguno de ellos, como Ulibarri.

Antes de que acabara nuestro encuentro de aquel día, Correa necesitaba dejar solucionado lo de Galindo con este empresario:

—Como Ulibarri y Martínez Parra, mira que ellos se llevan a matar. Ulibarri empezó con el padre de Martínez Parra, pero este dejó la empresa de su padre y acabaron enfrentándose. Se llegaron a incendiar las oficinas y camiones, una barbaridad —esta palabra la decía como Alvarito, arrastrando mucho la erre y entonando hacia arriba la última sílaba—, pero, mira, yo me llevo de puta madre con los dos.

—Bueno, a Ulibarri le vendiste el barco —quise terciar para que viera que ya habíamos hablado del tema.

—Sí, y en la primera travesía le metí en el barco a Mari Carmen, y eso que iba con toda la familia, la leche. Sí, los dos se odian, pero, ya veis, amigos míos y los dos nos apoyan, y ante eso no hay nada más que ser como se debe ser. Tenéis que decirle a Ángel que mi amigo es honrado, es empresario, él no ha hecho nada, y además está dispuesto a meter más dinero en el proyecto, otros veinte kilitos.

De pronto, se abrió la puerta del reservado del restaurante y, justo en el momento de más tensión, el camarero entró con la segunda ronda de infusiones que había pedido, la de Correa con anís. El latido que dio mi corazón se debió oír en la calle Génova. Un poco más y hubiese disparado la grabadora por el frente de la americana. Todos los días tenía que pasar algo así, cuando no era una llamada que me acojonaba, era un gesto de Paco o de Álvaro, o aparecía un desconocido, o, como ese día, entraba de sopetón el camarero. Lo mejor vino después, cuando este se fue.

—¿Os imagináis —nos susurró Correa refiriéndose al camarero— que nos graba y se coge a la Cadena Ser o a un periodista de por ahí...? ¿Sabéis que cuando tuve el lío de la prensa vinieron al restaurante los cabrones y, además, un hijo de puta de camarero me quiso vender? —Cerré los ojos y pensé que, en ese momento, me diría: «Venga, Pepe, saca la grabadora y baja con estos señores, te van a dar una vuelta». Casi lloro.

—Pero, entonces, ¿este también te puede meter en un lío? —preguntó Juanjo, ajeno a lo que todo aquello podría suponer.

—Es un pollo del copón, pero saben...

Esta última frase la dejó sin terminar, aunque la sonrisa de satisfacción que asomó a su faz no me dejó precisamente tranquilo. Sudaba, pero por suerte culpé a la infusión que estaba ardiendo. Pude dominar el temblor de las manos o, por lo menos, eso creía yo.

—Mira, Pepe, tú verás. Debes hacerlo, por el dinero, por tu suegro y porque es un negocio limpio y te lo he dicho —insistía, incansable—. Dile a Galindo que joda al Albondiguilla, que no toque al empresario. ¡Le paso la cinta que tengo y se pone a parir! —se regocijaba entre carcajadas.

—Pues dásela —le animé.

—El problema —reconocía entre risas— es que voy yo al trullo detrás.

—Pues bórrate, como cuando salen los niños en los vídeos —le dije siguiéndole la gracia—. O si no, manda un fotograma, una imagen del vídeo con el Albondiguilla contando la pasta.

—¡No seas gilipollas! A mí lo que me interesa es hacer negocios otros cuatro años más en Boadilla.

—Bueno —intenté no ser duro—, al final te ha servido y lo has utilizado, así que todo OK. De todas formas, si me das un fotograma, vale de sobra. Pones en *pause* el vídeo, sacas una foto y ya está entregado con lacito a Ángel, y Ulibarri tranquilo. Pero, claro, es verdad que, como dices, sin Arturo puede entrar cualquiera de alcalde.

—Estoy seguro de que vais a poder parar esto; si no lo hacéis, sois dos cabrones. —Un especial fulgor emanaba de sus ojos, su perfecta barba parecía más agresiva que de costumbre; algo nuevo en Correa me cogió de sorpresa, no sé qué era, era una nueva seguridad, como un seguro por el que estaba convencido de conseguir las cosas—. Doy por hecho que eso lo vais a parar.

Soberbia esta última frase. No sé si estaba premeditada o preparada, pero reconozco que surtió un efecto casi hipnótico. Casi me pareció que el cobarde de Correa había cambiado, estaba ahí, pero con un algo más que no sabría decir. El viaje de vuelta a casa se hizo largo, Juanjo no hablaba y yo menos, no quería sacar a relucir todo lo que me había parecido esa reunión. Fue una encerrona auténtica y Correa tenía nuevas armas, que no enseñaba y a saber dónde había conseguido. Tal vez en esos viajes a Colombia o a Panamá. Salí muy desazonado esa tarde. El enemigo estaba creciendo y nosotros solo éramos una pobre hoja frente al temporal. Estábamos solos, únicamente con una grabadora, nadie nos apoyaba, nadie sabía qué pasaba. Tenía que proteger lo conseguido. Tenía que ser más fuerte frente a Correa.

Era el momento de que más gente conociese lo que estábamos haciendo. Y sabía quién iba a ser ese alguien.

9

ME JODERÁN, PERO ESTOY DISPUESTO A TODO

(15 de noviembre de 2006)

La vida se resume en algo sencillo pero muy difícil de llevar a cabo: tomar decisiones. Mi suegro, hombre de gran influencia sobre mí en los últimos años, siempre dice que no tenemos un problema, sino una decisión que tomar. Ya desde pequeños decidimos colores, sabores, juegos, compañías e incluso si querer más a mamá o a papá. Luego, decides entre moto o coche, disfrutar del juego o verlo en la televisión, mujeres u hombres como parejas —o ambos, o incluso explorar otras posibilidades—, universidad o trabajo... Existen casos en los que no puedes decidir. Yo no pude decidir si quería hacer el servicio militar o no, aunque podría haber decidido saltarme la ley, así que tuve que cumplirlo.

El problema viene cuando no decides, o no tomas la decisión, o te quedas entre Pinto y Valdemoro. En esos momentos, tu vida se resquebraja, no avanzas, sueles cometer este error por falta de decisión. En algunos momentos de mi juventud, lo cometí. Primero, una carrera universitaria mal elegida, que abandoné por otra, también equivocada, pero que tuve que afrontar. Una carrera interminable fue el justo castigo a mi indolencia. Fallé continuamente respecto a las personas, no era capaz de enfrentarme, prefería un mal acuerdo, no era capaz de cerrar las heridas, de hablar las cosas, de ir de frente. No era amigo de enfrentamientos. Esto ha cambiado con el tiempo. Llegó el cambio con la responsabilidad, especialmente la laboral y la familiar. La descendencia y la necesidad de cuidar de ella hizo que me replantease bastantes cosas que hasta ese momento tenía como inamovibles.

El caso Gürtel me pilló ya maduro y con muchas cosas claras, en especial en cuanto a personas y actitudes. Se dice con cierta facilidad eso de que todos tenemos un precio. En especial se dice de los políticos, como si en los demás aspectos de la vida tanto privada como laboral no existiese la compraventa de personas. Reflexionando sobre ello al principio de mi carrera política, decidí ponerme un precio por si acaso se presentaba alguien ofreciéndolo. Puede parecer frívolo, pero tengo que reconocer que a mí me ayudó. No podía decir «yo nunca seré comprado». Es fácil de decir, pero luego vienen las circunstancias y nunca se sabe qué situaciones se van a presentar en la vida. Mi precio era veinte mil millones de euros. Hice una firme promesa interior, apelando a mi dignidad y a mi honor, de que solo bajo ese número reflejado en un talón al portador sería proclive a un acto de corrupción.

Las ofertas que he recibido durante estos años para comprarme han sido siempre por debajo de ese precio, lo que indudablemente me ha obligado a rechazarlas. Las había de distinto cariz: unas escritas, ofreciendo un millón de euros y un puesto de trabajo en una universidad, otras de cinco cifras, otras basadas en una oferta laboral para mi mujer... y luego estaban las peores, las ofertas negativas, esto es, las amenazas para realizar ciertas acciones. Estas últimas se han repetido en los últimos años y son las más difíciles de rechazar, sobre todo cuando tienes familia y niños pequeños.

Venderse es algo habitual y no solo en el entorno político, por eso tenía que elegir bien a la persona a quien confiar lo que Juanjo y yo estábamos haciendo. Pensé en varios perfiles. Se me ocurrió algún periodista, pero era demasiado pedir a alguien que tiene como profesión divulgar lo oculto que estuviese callado durante dos años con una noticia de este calibre. También se me pasó por la cabeza la policía y la Fiscalía, pero la experiencia —y la amistad de Correa con policías de todo tipo— me hizo desechar esta opción. Un acta secreta ante notario que se hiciese pública si me pasaba algo era una salida posible, pero demasiado novelesca. Tenía que ser una persona y Ángel Galindo tenía el perfil que buscaba. Es de esas pocas personas que sabes positivamente que jamás van a ser tentadas por la corrupción, de esas que no defraudan. Solo tenía que buscar el momento idóneo para contárselo.

Estas son cosas de los partidos

A finales de octubre de 2006 estuvimos en una reunión de partidos independientes en Almansa. En esta población albaceteña nos reunimos un buen puñado de personas —unas, vinculadas a partidos conocidos; otras, situadas siempre en los arrabales de la organización política al uso y que luchaban por la independencia de ideas y de actos— procedentes de todos los puntos de España. Ángel y yo acudimos con Juanjo y con Florentino Serrano, actual alcalde de Quijorna, en Madrid, una persona de valía y como las de antes.

Nos reunimos partidos únicamente locales, otros autonómicos y algunos estatales sin ninguna relación. Cada responsable político lucharía por sus propuestas y no por medrar dentro de la estructura política que te pone y te quita. Así, se evitarían escenas como la del entonces gerente y posteriormente tesorero del PP, Luis Bárcenas, mandando faxes a las alcaldías para recomendar «que determinadas empresas fueran especialmente tratadas a la hora de contratar, ya que habían sido espléndidas para con el partido en una u otra elecciones», como yo mismo viví en 2003, después de las autonómicas celebradas en mayo de ese año.

—Guillermo, tú le deberás muchas cosas al partido, yo nada, solo te debo agradecimiento a ti por haber confiado en mí, pero yo no pienso dar contratos a nadie solo porque el gerente mande un fax. Que venga él y firme los contratos, y así el delito lo comete él, no te jode —le espeté al alcalde de Majadahonda cuando me hizo llegar el mensaje de Bárcenas.

Aquel día, salí del despacho de Ortega bufando. Estuve cuatro días sin aparecer por allí, tenía la renuncia escrita, pero nunca llegué a presentarla. No sé si me equivoqué.

—Pepe, no te preocupes, estas son cosas de los partidos, siempre han funcionado así. Yo jamás te voy a obligar a realizar algo ilícito. Parece mentira, Pepe... —me decía Willy.

A la vuelta del encuentro de independientes, los cuatro íbamos en el coche más que alborotados; éramos un buen grupo, nutrido, con ideas y con ganas. Podíamos hacer daño a los partido clásicos, sobre todo en el ámbito local donde la persona es más importante en ocasiones que las siglas. Llegamos a Madrid y dejamos a Juanjo. Floren y Ángel se quedaron en mi casa y tomamos un refresco.

—Te digo, Pepe —exponía Ángel con excitación—, que la empresa Begar no tiene nada en Hacienda, luego no puede demostrar solvencia económica.

—Esas cosas, Ángel, terminan arreglándolas —terciaba Floren—, basta un informe del secretario o uno del asesor jurídico de turno, incluso si tienen que pagar una millonada a un bufete externo para que les haga un informe a su gusto. Por ahí, Ángel, no creo que puedas...

—Vale, ¿tú quieres de verdad luchar contra la corrupción? —le dije a Ángel—. Yo te daré las armas necesarias, pero debemos esperar un tiempo a que acabe lo que he comenzado hace un año y necesito que alguien comparta conmigo. —Ya no podía más y en esa conversación necesitaba decírselo.

Por la intensidad de cómo lo dije, Floren entendió que era la hora de ausentarse, y tras saludarme con su habitual efusión, se despidió. Una vez solos, pude contemplar el fulgor que yo quería en Ángel, estaba ansioso, yo había hablado con tanta contundencia que no quiso decir nada para que tomase la iniciativa.

—Vas a oír algo, unos pequeños cortes de una conversación que tuve este mismo mes. Es sobre la parcela que se ha quedado Ulibarri.

Ángel no podía abrir más los ojos, un fuego inmenso asomaba a ellos, las comisuras de sus labios no paraban y sus manos se movían sin cesar para no estar ociosas. Preparé el corte de audio, acoplé los auriculares al ordenador y se los pasé. «Que no le ha dado nada al alcalde, me lo ha dado a mí —Correa manipulaba el ambiente con su voz—. Si le das a Ángel la cinta con el Albondiguilla, se cae redondo.»

—Otra vez, por favor —exclamó Ángel con un hililllo de voz.

La palidez que invadió su rosto me apesadumbró algo, su tenue voz hacía todo un poco lúgubre, sus miembros se paralizaron, solo un poco de sudor en su sien le hacía humano. Yo sabía perfectamente lo que pasaba por su mente. Sin duda, Ángel pensaba en los años de lucha de su padre, clamando en el desierto, en sus años de luchar contra la corrupción pero desde un ángulo equivocado, que lo único que hacía era dificultar o retrasar lo que la corrupción ya había descontado. Años de leer los pliegos, las actas, años de patear el pueblo, años de que se riesen de él y de su familia, años en los que los empresarios, los políticos y también desgraciadamente los funcionarios no hacían otra cosa más que llamarle loco, pesado, lanzarle exabruptos, aunque todos sabían lo que estaba pasando en ese pueblo. Se estaba produciendo un asalto a mano armada de los bienes y derechos de los boadillenses, y tenían a Don Vito, tenían al propio Partido Popular, que uno tras otro ponía a alcaldes que lo único que hacían era perpetuar el estado de latrocinio.

—Otra vez —pedía Ángel.

Diez o quince veces le puse el corte, alguna más quizá. Finalmente, se quitó los auriculares poco a poco, mirándome con fijeza, se levantó y salió al jardín. La noche era cálida a pesar de ser octubre. Le tendí el refresco y estuvimos un buen rato mirando las estrellas, era un momento de gran tensión para él, estaba descubriendo que se podría llegar a las entrañas del dragón. Había oído cómo se hacían las cosas. Ahora sabía que no era un problema de si la empresa tenía trabajadores o si habían cotizado o no, de si el pliego beneficiaba a una u otra. Eso era la forma, lo insustancial. Ángel acababa de estar virtualmente en aquel reservado de restaurante escuchando a un corrupto de verdad, había sabido a quién se lo daban para luego repartir, había entendido algo de un vídeo que enseguida comprendió que era un elemento de extorsión, y además lo había oído, de alguien a quien él estaba ayudando desde hacía más de un año. Un amigo le proporcionaba una herramienta letal, alguien cercano le abría su corazón y le daba la luz que necesitaba, la guía que nunca había conseguido.

—Lo estaréis pasando mal, Rebeca y tú —susurró Ángel.

—Sé que eres inteligente, imagínatelo.

Pasamos al despacho y nos sentamos. Durante un buen rato hablaron los ojos, pues Ángel no pudo contener un llanto de emoción.

—¿Cómo puedo ayudarte y cuánto debemos esperar para trabajar con esto? Lo primero, Pepe, es tu seguridad, espero que esto lo hayas tenido en mente.

—La única seguridad que conozco hasta el momento es la locura de hacer lo que hago y la esperanza de que no sospechen de nosotros. Juanjo también está en esto.

Ángel no se sorprendió.

—Verás, Pepe, uno persigue esto y cree que lo que pasa es que se dan las parcelas, o los contratos, pero uno no se imagina que haya esa cantidad de dinero de por medio, no sé, es como una cortina que uno no quiere abrir. Sabes que dentro hay algo más, pero tienes mucho miedo de entrar, y hoy de repente, sin saber cómo, me abres la cortina y me enseñas la realidad, que está mucho más prostituida de lo que nunca pensé. ¡Y veo que de repente existe gente luchando contra ellos desde dentro! No sé qué decirte, Pepe.

—Creo que lo mejor ahora es que tú tengas una copia con las conversaciones que llevo grabadas desde enero de este año, algunas se han perdido pero hay un material increíble. Y más adelante, en enero o así, debes contactar con algún periodista que sepa guardar el secreto, y darle el disco encriptado, que solo se pueda abrir bajo clave y que se comprometa a no divulgarlo a cambio de tenerle informado de todo.

Ángel recogía la información, pero apenas la procesaba. En esa conversación grabada estaban todos los elementos de al menos tres o cuatro actos ilícitos, y eso solo en dos frases. Le hablé del vídeo, de Correa, de los actores que él ya conocía, Tomás, Alfonso Bosch, y de cómo era posible que nosotros estuviésemos tan cerca de la organización.

—Tienes que guardar todos los gastos del partido para justificar las cantidades que os dona. Pepe... —Ángel empezó a carburar—, no debes traspasar ciertas líneas, no puedes entrar en ninguna de sus empresas, no puedes hacer nada ilegal, de otra forma al final pueden volverlo contra ti.

—Tengo todo el cuidado del mundo, los justificantes los tengo desde casi el primer día y lo único que tengo con Correa es un Mini suyo que me pidió que pusiera a mi nombre.

Acepté para demostrar que Correa tiene cosas con nombres o testaferros interpuestos.

Ángel asentía.

—Gracias, Pepe, no sabes lo que te agradezco que hayas confiado en mí.

Esa noche, dormí algo más tranquilo. Ángel tenía las pruebas por si me pasaba algo, ahora teníamos a alguien en quien confiar y con quien poder hablar, y teníamos una línea que seguir para poder llegar a buen fin. Dormí algo mejor, aunque Correa me preocupaba últimamente más de lo habitual, había cambiado, estaba cambiando.

—Han sacado todo el organigrama de mi empresa en el puto *Interviú*, he podido detenerlo y quitar mi nombre. —Correa había estallado durante la cena, en el restaurante La Giralda—. Han sido de dentro de Génova, me lo han dicho Pepe Oneto y Román Cendoya.

Cendoya era un periodista de confianza de Génova y Correa lo tenía muy cerca, tanto que le pasaba información perfecta sobre su situación en los mentideros peperos y los movimientos contra él. Una noche, acudí junto a Juanjo a Serrano 40. Era una reunión sobre la CMA. Cuando llegamos, pasadas las doce de la noche, nos abrió el propio Correa. Nos condujo a la sala de reuniones y allí estaba Cendoya. La reunión, más bien sosa y aburrida, se centró en la tipografía, los colores, los eslóganes y un poco la política de comunicación del partido. Al ser un tema que no me interesaba lo más mínimo, hice como que ponía atención y asentí a todo, mientras Román se explayaba en una charla de conocimientos genéricos sobre todo lo anteriormente comentado, y así, dos horas después de empezar la perorata, cerró con un «puede resultar una aventura exitosa si la hacéis creíble, suerte».

Crespo le llamaba «el topo de Génova» y su opinión sobre Román no era muy favorable. Pensaba que se estaba aprovechando de Correa y que hacía un doble juego. De vez en cuando, Pablo emitía algunos análisis no carentes de enjundia. En todo caso, de ello se deducía lo peligroso de todo este juego, todo el mundo quería información y traficaba con ella, así que debíamos ser lo más transparentes posible para no atraer la avidez informativa de nadie sobre nosotros.

Hace unos años, en mi blog *La verdad sobre Gürtel*, escribí sobre este individuo:

> Don Román era una especie de topo en el Partido Popular y le informaba a Francisco Correa de los movimientos en su contra y de todo aquello que pudiera serle de utilidad. Su nombre salpica el sumario. Evidentemente, no quiero decir que cometiese ningún delito (ni siquiera está imputado y no lo estará), pero sí que tenía una relación, digamos en palabras del señor Correa, de *business*.

Incluso en el sumario se puede observar un supuesto pago de doce mil euros y algunas entradas de regalo para el máster de tenis de Madrid de 2007. Además de las intervenciones telefónicas judiciales, tenemos esta transcripción: «Ambos hablan del negocio de la ampliación del canal de Panamá y Correa le dice que él conoce a los *lobbies* que deciden. Concretamente, [que conoce] a Luis del Rivero. Román le comenta que está intermediando para una empresa constructora española con el fin de obtener la adjudicación de obras, y para ello está actuando a través de un intermediario dominicano que contribuyó económicamente a la candidatura del actual presidente panameño».

En 2013, Cendoya se explayaba en televisión sobre su amigo Paco. Efectivamente, el 16 de marzo, Román —entonces periodista de Intereconomía— realizó una férrea defensa de

Francisco Correa, el cabecilla del caso Gürtel. Cendoya admitió sentir «toda la pena» por un empresario al que se le habían «violado sus derechos» y que «estuvo en la cárcel injustamente». Asimismo, no tuvo empacho en asegurar que la trama de corrupción se había «instruido mal» y que, por tanto, «si hay justicia, todos los delitos deberían acabar anulados por un error de procedimiento».

Ese miércoles, 15 de noviembre de 2006, Correa estaba realmente cabreado. Se había sentado a mi izquierda, gran error, pues en ese lado tenía la grabadora, en el bolsillo interno de la americana, muy cerca, muy cerca. Me di cuenta tarde, justo cuando en medio de su cabreo empezó a agarrarme el antebrazo. «Coño, coño, no puedo sudar, no puedo dudar», pensaba. Esa noche, Paco estaba hecho un basilisco.

—Pero te digo una cosa —nuevo apretón en el antebrazo—, estos a mí me van a comer todo, porque, te digo, a mí me joderán, pero estoy dispuesto a todo; me joderán el negocio aquí en España, pero yo ya estoy fuera, ya estoy llevando la cosa a otros sitios.

Rechinaba los dientes, un poco de odio asomaba a su mirada, estaba reteniendo algunas cosas, pero a la vez quería dejarlas claras: se había ido a Colombia o Panamá y, en un momento dado, estaba dispuesto a morir matando, pero desde lejos, más o menos.

—Me denuncian a Hacienda para empezar por ahí y terminar con delito fiscal y, lo peor, blanqueo. —De repente, me propinó un golpe seco con el dorso de la mano en todo el frontal de la americana, justo encima de la grabadora, y me quedé tan quieto y tieso que no pude reaccionar—. Perdona, coño, ni que te hubiese roto una costilla... Ya sé que estoy yendo al *gym* y a lo mejor te he dado un poco fuerte, pero pensé que un gordito como tú lo soportaría.

Menos mal que a Correa le dio por sus chanzas y bromas y no reparó en el objeto que acababa de golpear con su superfuerza de supervillano. Por supuesto que el gordito sintió mucho el golpe de aquellas manos con una manicura perfecta y que lo más que han trabajado ha sido para contar los millones de euros que los empresarios le daban por sus contratos manufacturados al efecto. Reaccioné como pude y me interesé por la situación de Correa, que realmente no pintaba bien.

—Acojonado sí, pero que tengan mucho cuidado. Se han permitido el lujo de escribirme una carta amenazándome, todo el PP, panda de hijos de puta. La ha escrito Paloma Adrados, confirmado —protestó Correa, refiriéndose a una de las amigas más íntimas de Cristina Cifuentes y que, años después, sería alcaldesa de Pozuelo de Alarcón y presidenta de la Asamblea de Madrid.

Correa estaba aquella noche muy excitado. Antes de ir a La Giralda habíamos quedado en el Hotel Fénix. Paco había estado viviendo allí durante dos meses tras separarse de su mujer. Era muy decadente pasar tus noches en la barra del bar de un hotel. Paco nunca había conseguido crear un hogar.

—Paco, ¿dónde estás? Llevamos media hora esperándote.

—Ya voy, estoy en la oficina, ahora voy para allá, que estoy muy liado.

A los diez minutos, aparecieron Pablo y él. Paco venía realmente alterado. Algo grave le debía haber pasado para venir despeinado, algo totalmente impropio en él.

—Necesito comer algo, vamos a picar algo a La Giralda. Pero que vaya uno de avanzadilla para comprobar que no hay moros en la costa, que no me pueden ver con vosotros.

Salimos del hotel y nos fuimos los cuatro en el coche de Juanjo, que tuvo que quitar la silla de su niña pequeña para que cupiéramos. Pablo y Paco miraban la silla con curiosidad, parecía que no hubiesen visto una en su vida. Durante el trayecto al restaurante, Correa se interesó por nuestras rutinas. Le sorprendía que nos levantáramos a las siete de la mañana para llevar a nuestros hijos al colegio, todos los días.

A los pocos minutos, llegamos a La Giralda, una taberna andaluza en pleno barrio de Salamanca. Una vez sentados, y después de pedir «un vino blanco de esos caros gallegos», Paco se descargó:

—Vengo de un lío de cojones.

—Debe ser, porque vienes hasta despeinado —me burlé— y eso no es normal en ti.

—Si me denuncian a Hacienda, me voy al trullo.

—¿Pero por qué dices eso? —le pregunté.

—Tengo que tener cuidado. No me pueden ver con vosotros. Si viene Hacienda a investigarme, o me voy del país o me voy al trullo. Que me pillan, tío. Estoy muy preocupado. Y no creo que queráis un mal para mí, porque solo os estoy haciendo el bien. Y no me pueden ver con vosotros.

A Correa le habían llegado rumores de que empezaba a circular que él era el empresario que estaba detrás de nuestro partido. Como vivía en la idea de que íbamos a revolucionar el panorama político e íbamos a desbancar el bipartidismo PP-PSOE, temía que le mandaran una inspección para intentar pararle.

—El movimiento ciudadano se está expandiendo por toda España. Si esto sigue así, en dos legislaturas se cargan el sistema PP y PSOE. Y entre ellos han pactado, igual que pactaron joder a Mario Conde y se lo folló el sistema para que no ganara las elecciones generales. Ahora están pactando para joder a estos movimientos nuevos.

Pobre del que quiera joderme

Visto lo visto, al final Correa no iba tan desencaminado en sus predicciones políticas. En aquella cena nos contó que había mantenido conversaciones con el partido Ciutadans, que acababa de presentarse en Cataluña y, al parecer, concurriría a las elecciones municipales del año siguiente en varios puntos de España. Sin embargo, las negociaciones no fueron fructíferas porque, finalmente, decidieron no presentarse.

—Estoy avanzando, y vosotros esto no lo sabéis, con Ciutadans para intentar ir unidos bajo su paraguas. Pero al final no se presentan. Tienen mucho miedo, tienen muchas amenazas, así que han decidido consolidarse solo en Cataluña y no lo van a hacer en el resto de España.

—Tienen miedo porque les estuvieron dando caña con de dónde habían sacado la pasta para la campaña —apunté.

—PP y PSOE van a por ellos porque, si no les paran, el bipartidismo va a desaparecer. Toda la maquinaría que tienen desaparece —se exaltó Correa.

Aquella noche le había llamado su amigo el periodista Pepe Oneto, a su vez amigo de Cendoya, ambos muy vinculados al PP, para advertirle:

—Me han dicho, Paco, que como se confirme que vas tú en el tema de Majadahonda, van a por ti y van a denunciarte a Hacienda.

Correa, nervioso, nos confesó sus temores:

—Lo saben los dos. Van a por mí.

Las maniobras de Ramón Blanco en la prensa le habían salvado de una debacle total, y la información que recibía por los periodistas amigos del interior de la caverna de Génova le daba una ventaja táctica. Conocía a quién dirigirse y de quién venía la voladura controlada que le estaban haciendo.

Inesperadamente, Paco cambió de tercio y sacó el caso Bormujos. Le preocupaba porque él había bajado a entregar dinero y tenía la mosca tras la oreja, básicamente porque sabía que aquel era un tema complicado y en el que sus colaboradores y presuntos amigos le estaban engañando. Le comentamos a Correa, que ya había recibido por nosotros la noticia de que Jesús Calvo estuvo declarando como imputado, que Tomás Martín también había declarado.

—Tomás no ha estado —nos contradijo muy contrariado y enfadado.

Las gambas sirvieron de trinchera, nos parapetamos en ellas durante un momento para que la tensión bajara. Paco había estado inusitadamente agresivo con el asunto de Génova y su posible denuncia, pero ahora estaba sombrío con el tema de Tomás. Había sido este quien le había convencido para grabar el vídeo del alcalde de Boadilla y usarlo contra él.

—Ha ido a declarar Máximo, que me lo dijo, Tomás no. —Paco había hablado con este último, que le había mentido. Mala racha.

—Vale, como quieras, vengo a cenar contigo y lo que se me ocurre es decirte una trola, me lo invento y ya está. Escucha, lo hemos visto en la prensa.

—¡Hablo con Tomás todos los días, coño! ¡Este tío es la polla, es gilipollas! ¡Qué ser, qué asco, es que no le soporto! Ya sabéis que fue él el que ideó lo del vídeo del Albondiguilla. Pepe, te juro que yo no quería, me opuse, pero él insistió. —Aquello parecía una confesión para pedir la absolución—. Lo hicimos y estuve malo durante días, malo de verdad, no pude ni salir de casa. Tomás es peligroso, avaricioso y desagradecido.

—Hombre, Paco, pero lo tienes en Boadilla y lo has tenido en Arganda para controlar las cosas, por algo será.

—Te digo yo, Paco Correa, que este tío es mala persona, avaricioso y desagradecido. Le pusimos ahí y está subidito. Se le ha olvidado que ha estado en la mierda. El tema del vídeo es cosa suya, yo estuve malo y enfermo, y él: «Hazlo, hazlo, es la manera de rehabilitarme». Solo era eso, para él, para volver a ser quien manda en Boadilla.

—Bueno, con él también se lo habéis hecho llegar a Arturo y se ha tenido que tragar todo.

—Y ahora el cabrón viene llorando, que quiere que yo sea el padrino de su hijo. Mira, sabéis cómo soy, le ayudé con el niño todo lo que pude, le mandé a médicos y estuve en lo que pude. Pero ser padrino, este quiere cogerme por los huevos como la Rata, como Guillermo. Pero qué errores he cometido con estos políticos. Pero ya le he dicho que no, que no pienso ser padrino de nadie más. Ya está.

Otra vez ese rictus de seguridad tan ajeno a Correa. Se terminaba la cena, estaba deseando ir a mi casa, quitarme la sudada americana y parar la puñetera grabadora. Necesitaba un bien merecido descanso.

—Pero van a saber quién soy yo. Yo desaparezco, y va a venir alguien a sustituirme... Y pobre del que quiera joderme, a ver si se atreven con este que vendrá.

La afirmación fue tan de repente, y en cierto aspecto tan peregrina, que apenas pudimos balbucear algo.

—Quiere que sea su padrino cuando sabe que no me llevo bien con él. ¡Qué cojones! Pero esto se va a acabar —dijo de corrido—. Vamos a tomar una copita a mi casa.

No nos pudimos negar a acompañarle. Otras tres horas de charleta. Mientras nos levantábamos, pensaba dónde dejar la americana y que quizá fuese preferible meter la grabadora en el bolsillo del pantalón, por delante, pero lo descarté porque se notaría la forma.

—Mañana quiero una copia de la noticia de que Tomás ha ido a Bormujos a declarar. —No teníamos ninguna opción, Paco ya estaba en la calle dirigiéndose hacia el coche de Juanjo. Nos íbamos a La Finca, en Pozuelo, a pesar otro rato con Don Vito en su guarida.

Puede ser la repolla

La casa de La Finca no era propiamente suya, puesto que pertenecía a la empresa de su suegro, Emilio Rodríguez, quien materialmente se la había regalado a Mari Carmen, la mujer de Paco. Creo recordar que compró una para cada hijo, pero los otros dos las habían vendido hacía tiempo. El padre de Mari Carmen hizo grandes negocios en Madrid, pero sobre todo en Marbella, donde levantó bloques enteros de casas millonarias y locales de ocio y diversión, hizo una incursión en la fiesta nacional con una plaza de toros en Puerto Banús y adquirió incluso un diario. El suegro de Paco nunca tuvo buena relación con él, y su cuñado menos aún. Paco y este último habían vivido en el mismo bloque y parece ser que incluso durante una época fueron amigos, es decir, se conocían el uno al otro perfectamente, y posiblemente de ese conocimiento vino su oposición a la boda con su hermana.

La hermana mayor de Mari Carmen fue colocada por Correa en el gabinete de la alcaldía de Pozuelo. Se cerraban así los círculos: Mari Carmen, en Majadahonda; su hermana Marimar, en Pozuelo, y él... en todas partes. Pero con su cuñada no había tampoco buena relación. Paco la llamaba «cerebro de mosquito» o «cerebro plano». Siempre intentaba ser directo con los motes, nada de florituras. Evidentes por otra parte, a Juanjo y a mí nos llamó «los gorditos» por nuestro más que claro sobrepeso. Lo dicho, motes no muy singulares ni trabajados.

Esto de enchufar en los gabinetes es una práctica muy pepera. Por ejemplo, para meter a los hermanos, lo que se hacía era un cambio de cromos. Así, Jesús Sepúlveda, alcalde de Pozuelo, contrató al hermano de Guillermo Ortega, alcalde de Majadahonda, y este, a su vez, hizo lo propio con el hermano de Jesús. Así todo quedaba en casa.

Lo cierto es que la familia de Mari Carmen veía a Correa como un advenedizo. Realmente poseían una fortuna que era incalculable, al menos antes de la crisis urbanística. Cuando se casó la hermana pequeña de Mari Carmen, esta nos invitó a la boda. Estuvimos Juanjo, Guillermo y yo con nuestras respectivas mujeres. La boda se celebró en Los Jerónimos y la fiesta tuvo lugar en Los Castillejos, una finca y coto de caza, propiedad del padre de la novia, con más de dos millones y medio de metros cuadrados y valorada a la baja en doce millones de euros. Al final, esta finca la compró un grupo en el que invertía Pau Gasol y que, además, tuvo al alcalde del municipio como intermediario.

En Los Castillejos había de todo, incluida una casa tan enorme que compraron un cochecito eléctrica para recorrer el perímetro de la terraza. Con ascensores y con *suites* suficientes para albergar a una cohorte de amigos y allegados, disponía de un lago artificial propio con todo tipo de barcas, caballerizas, apriscos para el ganado y una plaza de toros. La fastuosa boda terminó con el colofón de la actuación musical de las Azúcar Moreno. Incluso los baños instalados al efecto eran de lujo real.

Tuve la oportunidad de asistir otro día a una fiesta campera en la misma finca. A media tarde, después de un ágape, todos nos movimos a la siguiente atracción, el tiro al plato. Habían instalado la máquina lanzadora en el coso taurino y, desde las gradas, todo aquel que quiso pudo probar puntería. Lo mejor de todo fue ver que los agentes de la Guardia Civil que habían protegido la boda y controlado la fiesta eran también los encargados de manipular la máquina que servía de diversión a los invitados.

La Finca, como cualquier exclusiva urbanización privada, funciona como un gueto. Al llegar, te topas con una garita de seguridad y una puerta blindada difícil de abrir incluso con el empellón de un vehículo a toda velocidad. Si vas con el dueño, puedes pasar, pero si pretendes entrar como visita, tienes que esperar a que llamen y confirmen el vehículo y el número de personas. Allí no puede pasar la policía a patrullar, no pasan a recoger la basura municipal, todo lo realizan ellos. Recorre toda la urbanización un pasillo perimetral, bien iluminado y con cámaras que lo cubren por completo. En esa urbanización vivían varios concejales de Pozuelo, así como el alcalde, Jesús Sepúlveda, tras su separación con Ana Mato. Resultaba increíble que, con su sueldo de alcalde, Sepúlveda pudiese mantener la casa conyugal, los hijos, la casa nueva en La Finca —con un alquiler prohibitivo para el noventa y nueve por ciento de la población mundial— y varios coches de lujo. Esta zona, probablemente la más cara de España por metro cuadrado, da cobijo no solo a los futbolistas más cotizados, como Cristiano Ronaldo, Karim Benzema, Sergio Ramos, Ángel Di María, Zinedine Zidane o Gareth Bale, sino también a directivos de Bankia y a chinos multimillonarios. Las casas en sí son modernas, varias alturas dentro de un mismo piso, volúmenes asimétricos, pasarelas encima del salón, pequeño jardín y mínima piscina. Lo mejor, la trampa urbanística del sótano. Cada casa tiene cuatro plazas de garaje que con un sencillo cerramiento se convierten, de repente, en otros trescientos metros cuadrados más de vivienda, que, al ser el sótano, casi todos dedican a trastero, vestidores y zona para el servicio. Me pregunto cuántas inspecciones habrá realizado el Ayuntamiento de Pozuelo a estas casitas.

Aparcamos en la puerta principal y nos acomodamos, no en el amplio salón, sino en uno más pequeño que Paco utilizaba como despacho y que daba a la calle principal, con una ventana que ocupaba casi toda la fachada. La mesa de centro, baja, era inconfundible. En ella, un alcalde del PP se dedicó en cierto momento a contar fajos obscenamente gruesos de billetes. Al entrar, detecté que había que tener cuidado. Probablemente tuviera cámaras para grabar a todo el que pasase por allí e incluso podía tener detectores de aparatos que me delataran. Otra noche complicada se avecinaba.

—Bueno, chico, quítate eso, te vas a asar de calor.

La americana. No había decidido aún qué hacer con ella, y no había cambiado la grabadora de lugar. Decidí quitármela y dejarla encima del respaldo del sofá en el que nos sentaríamos. Yo lo haría delante de la americana y así la cubriría en cierta medida.

—Trae el hielo, que me lo he dejado en la encimera.

No pude casi reaccionar. Juanjo se había sentado en el sillón solitario a la izquierda del sofá y Paco, que entraba con los refrescos, se dirigió directamente al sitio delante de la americana. Fui a la cocina, recogí el hielo y, al volver al saloncito, vi a Paco a más de medio metro de la americana. Ya no podía hacer nada, solo esperar que no la golpease o, peor, que no se cayese del bolsillo.

Cuando Paco se relajaba, era una máquina de soltar mierda: que si estoy a tope en Valencia, que si...

—Tengo cerrado casi todo lo de mi suegro, cincuenta mil millones de pesetas. Le he tenido que decir: ¿cuánto vale lo que he hecho por ti en estos meses? En cualquier sitio es un tres por ciento, así que ponle un dos y para rematar un uno... Y en cuanto a lo que yo le dejé, me lo paga en pisos del Embrujo Marbella. —Con el dinero y los *business*, Correa se venía siempre arriba, se sentía en la cumbre—. Le he dejado trescientos kilos en primera instancia, en un aval que cumple mañana, día 16, y me da cinco pisos del Embrujo. Le dejé quinientos, pero bueno... Áticos de tres dormitorios y el bajo donde vivía Marimar, la cerebro plano, y me los deja en sesenta kilos, está bien porque se están vendiendo en cien, ciento veinte kilos. Me da un chollo, pero tengo que pagar los trescientos millones.

Una vez iniciada la operación, la policía incautó un documento en el que se relacionaba el número y valor de las fincas, locales y solares del suegro de Correa que tenía que vender Correa, treinta propiedades cuyo valor ascendía a la nada desdeñable cifra de 635 millones de euros.

—Me estoy matando por él, y va el tío y me pide un contrato por los pisos... Pero, bueno, ¿es que acaso yo he hecho contrato por los trescientos millones? Yo no he hecho ningún contrato. ¿Cuánto te cobraría Ramón Blanco? Ve y pregúntaselo. Y, además, ¿cuánto, coño, cuesta mi trabajo?

En estos interminables monólogos de autosatisfacción, tanto Juanjo como yo nos limitábamos a asentir cortésmente, sonreír cuando procedía o hacer un mohín cuando se prestaba. Por suerte, sonó el teléfono, era ya más de la una de la madrugada, pero parecía que aquel antro de corrupción no paraba en ningún momento. Pedro, Álvaro, Mari Carmen, las llamadas se sucedieron. Correa se levantó y pude colocarme de inmediato delante de la americana. Se sentó en la silla delante del escritorio, una mesa ultramoderna de cristal con patas y adornos de acero. Justo detrás, la estantería, con cubículos iguales, un modelo muy extendido de Ikea, y allí se almacenaba tanto la corrupción en curso como la cerrada. Carpetas de todo tipo, abiertas, cerradas, de cartón, de plástico, folios y maletines en los que, pese a ser más estancos, se podía ver que había escrituras, de estos había seis o siete. Sin contar las cintas de vídeo, un buen número de ellas que le proporcionaban el control de la situación y los personajes de la obra. Las vi ese día por primera vez. Hipnotizado, me levanté del sofá y me planté delante de la mesa de cristal, mientras Correa, repantigado en la cómoda silla de despacho, hilvanaba una conversación sobre Sanidad con alguien que estaba muy lejos. Yo miraba directamente a las cintas. Correa me vio, apuntó su mirada en la misma dirección que la mía y vio el objeto que llamaba mi atención. De inmediato y sonriendo abiertamente pero manteniendo la conversación, me dedicó un guiño desmesurado y apuntó con su índice a una de las cintas, para, a continuación, añadir un pulgar alzado a modo de victoria y de asentimiento. Efectivamente, era la cinta. Pude contenerme y no avanzar más, e hice como que cogía un bolígrafo y un folio y me dirigí al sofá para aparentar que Juanjo y yo estábamos diseñando o planificando estrategias para el partido independiente.

—Sí, el hijo de puta de Máximo ahora me deja colgado. Habíamos quedado con Pedro Pérez para exponerle lo de la Ciudad de la Salud, y ahora dice que no puede venir cuando

Pedro viene desde Los Ángeles. Estoy hasta el gorro de toda esta gente.

El proyecto de la Ciudad de la Salud llevaba años manejándolo Paco. Era una idea de Máximo Antonio González Jurado. Primero intentó edificarla en Majadahonda. Es más, Ortega lo llevaba como promesa electoral. Al no fructificar allí, Correa intentó meterlo en Boadilla. La Ciudad de la Salud debía constar de una universidad de enfermería, pionera en Europa, junto a hoteles, alojamientos y un hospital. Un *business* que supondría mucho dinero.

Máximo está en el sumario de la Gürtel en al menos dos informes de la Unidad de Delincuencia Económica y Fiscal (UDEF), adscrita a la Comisaría General de Policía. Uno de estos documentos, fechado en 2013, fue enviado al juez de la Audiencia Nacional encargado del caso, Pablo Ruz, después de haber registrado la sede de Special Events. El informe recoge que Máximo González Jurado «utiliza fondos de la institución para costearse viajes de placer que nada tienen que ver con su cargo» en el Consejo de Enfermería. Se hace referencia a dos viajes personales a cargo de la institución. Uno a Suiza, por valor de 2.877,87 euros, donde permaneció junto a su esposa en una estancia que incluyó *suite*, *full credit* —es decir, con todos los gastos pagados—, *champagne*, flores y cena de aniversario. Otro a Cuba, por valor de 4.578 euros.

El otro informe de la UDEF, redactado dos años antes, en 2011, está referido a la actuación policial en el despacho de Ramón Blanco Balín, inspector fiscal en excedencia y blanqueador oficial de la trama Gürtel. Gracias a ese registro, la policía pudo concluir que Máximo fue «socio» de Francisco Correa en una operación de blanqueo de capitales vinculada a una promoción inmobiliaria en la localidad granadina de Salobreña. González Jurado participó entonces con su empresa Bratelk, ya extinguida, cuyo administrador único era él. A su vez, el Consejo de Enfermería del que era presidente Máximo facturó más de cien mil euros con Pasadera, la agencia de viajes de Correa.

—Por cierto, no os he dicho —Correa estaba inflamado, unas cosas no salían pero otras sí— que lo de Valencia puede salir, y con lo de la Mutua nos vamos a hacer de oro. Estoy haciendo la campaña a Paco Camps y la presentamos el miércoles. Al vicepresidente, al director de campaña y al secretario general del partido se les presenta mañana. Álvaro tiene una reunión con el tema de Fitur que le van a adjudicar, pero antes de llevarlo a aprobación definitiva debe decirme cómo, cuándo y dónde.

De manera atropellada, Correa acababa de hablar de posiblemente diez o doce millones de euros al año en solo tres proyectos. Dos públicos y uno privado. El privado era conseguir la cuenta de la Mutua, que a la sazón era patrocinador del piloto de Fórmula 1 Fernando Alonso. Flavio Briatore era el jefe de equipo de Alonso, y amigo de amigos de Correa, como Alejandro Agag. No sé si consiguió toda la cuenta, pero lo que sí nos dijo es que había preparado o preparaba un viaje por todo lo alto a Shanghái para treinta o cuarenta personas de la Mutua.

—Si sale eso, nos veo a los tres en todos los circuitos del Mundial. ¿Os imagináis? Puede ser la repolla.

Los otros contratos eran algo más serios. Si bien un partido político no es una Administración pública, es cierto que vive en gran parte de ayudas públicas y su contratación debería ser, si no abierta, sí más clara y publicable. Álvaro llevaba ya unos años en Valencia y estaba creciendo con su empresa Orange Market. Su nivel había llegado tan alto que estaban haciendo la campaña a Paco Camps, «le hacemos todo» —recordaba Correa—. En Valencia, cuando se celebró el juicio de los trajes pagados por la trama al presidente valenciano, en el que se declaró culpables a dos personas, una de ellas el vicepresidente de la Comunidad Valenciana, y se absolvió a otras, las fiscales cometieron varios fallos, y uno de ellos fue el no presentar todas las grabaciones. Expusieron las famosas del «amiguito del alma» entre Camps y el Bigotes, pero se dejaron otras más relevantes:

—Yo, Paco Correa, le estoy haciendo la campaña a Camps... le estamos haciendo todo.

La relación entre los Pacos, Correa y Camps, era mucho más estrecha de lo que se dejó entrever en el juicio. De todas maneras, aunque las fiscales hubiesen presentado un vídeo o una declaración del propio Camps autoinculpándose, el resultado hubiese sido el mismo. Un juicio con jurado en una Comunidad Autónoma contra el presidente de esa misma Comunidad dará siempre, por pura lógica, una mayoría absoluta de jurados que hayan votado al político al que se juzga. Veo muy difícil para una persona normal condenar a alguien a quien haya votado.

Correa no tenía freno esa noche. También hizo otro pase por el tema Fitur. Se lo iban a otorgar desde la Comunidad, pero él mismo iba a revisar antes el cómo y el cuándo. ¿Algo más, alguna prueba más de la calaña que ha gobernado Valencia durante años? No solo se lo daban por ser ellos, sino que lo hacían a su medida. Invitaban a empresas del grupo, hacían los pliegos como el grupo de empresas decía, y luego decidían, además, cuándo, cómo y dónde lo otorgaban. Y era Correa quien hablaba libremente, sin coacciones, sin sonsacarle nada, y de *motu proprio* decidía compartir con nosotros los meollos de la corrupción. Nos contaba lo que para él era un simple *business* y lo hacía con el pleno convencimiento de que estaba todo bien. Él consideraba que merecía todas aquellas dádivas que recibía del PP. El caballero sentado en una mesa de despacho donde ondeaba una bandera del PP y otra de España se convertía en el hombre de confianza de Camps, alias el Curita, puesto que él, Paco Correa, le hacía todo. Hasta los trajes.

—¿Sí? Hola, Mari Carmen. Aquí en casa, temas de Valencia y de la Ciudad de la Salud. No, no creo que pueda bajar a Marbella.

Le llamaba su mujer, pero como Mari Carmen había decidido que nos odiaba, porque pensaba que la habíamos olvidado y traicionado y nos habíamos puesto del lado de su marido, Correa no podía decirle que estaba con nosotros. Paco perdió la partida con ella el día en que volvió a casa. Unas semanas le duró la diversión al Correíta. Mientras estuvo alojado en el Fénix, fue realmente feliz. Recibía a quien quería o venían a visitarlo desde Barcelona amigas entrañables, y lo mejor de todo era que «no tenía que ver el gepeto de esta tía», y reproduzco sus palabras literales para decir que se ahorraba el contemplar la cara de su mujer.

Es increíble el odio que puede acumular una persona por alguien tan cercano y luego disimular ante ella. Creo que Correa acabó odiando a su mujer por el chantaje al que lo sometió.

—Y dile a Paco —Mari Carmen hablaba con Ginés, el alcalde de Arganda— que si no vuelve a casa en una semana, voy a la prensa y os denuncio a todos. Cuento todos vuestros negocios. ¡Los de todos!

Estaba fuera de sí y no veía que esos negocios la incluían a ella. Estaba dolida y lo único que quería era cubrir las apariencias; ni siquiera quería a Correa, pero este no quería estar solo y, por su parte, desgraciadamente, Mari Carmen había convertido su corazón en una roca solidificada incapaz de generar calor de ningún tipo.

Sus amenazas generaron en Paco un miedo atroz, pero también hicieron crecer el odio de este hacia su mujer. Un odio que germinó en el desencuentro continuo con su familia. El padre y el hermano de Mari Carmen hicieron todo lo posible por hacerle la vida marital imposible. Soy incapaz de reproducir las verdaderas palabras que salían de la boca de

Correa cuando hablaba de su suegro, o cómo hablaba y se reía de la enfermedad que le acosaba, o el desprecio total con el que contaba su relación con su esposa. Las terribles palabras cuando recordaba cómo perdieron el hijo que esperaban o las más terribles aún de cuando concibieron a su hija. Pero Correa es así.

Mientras hablaba con ella por teléfono, casi tumbado en su silla de lujo, en su despacho de lujo, se llevaba el dedo a la boca en gesto claro de que no hiciésemos ningún ruido que lo delatara.

—Nada, cené con Pablo y me vine a casa, y desde hace dos horas estoy hablando por teléfono. Solo me queda lo de Antoine, estoy a ver a quién mando. Ulibarri se ha lavado las manos y no quiere saber nada. Bueno, ya te contaré.

Más de las dos de la madrugada y Correa quería seguir desahogándose. Dejó el móvil encima de la mesa de cristal y vino a sentarse a mi lado en el sofá. La grabadora ya no estaba cerca de él. Disfrutó del refresco durante uno de sus escasos momentos de silencio, que Juanjo y yo respetábamos al máximo.

El primo Antoine

—¿Conocéis a Antoine, mi primo? —dijo Correa con aire cansado—. Es un absoluto gilipollas, pero me toca sacarle de todos sus pufos. Mi madre siempre pregunta por él y bueno... Ha estado hasta el cuello en innumerables ocasiones y siempre viene a mí, a proponerme negocios, y yo le presento a la mejor gente y él lo jode todo. En Cuba y ahora en Senegal. Bueno, lo de ahora en Senegal... —bufaba, desplazando la cabeza de un lado a otro con ojos de incredulidad.

Correa se tomó su tiempo para contarnos con pelos y señales la movida senegalesa de su primo. Había trabajado en Senegal muchos años para compañías de telefonía francesas y tenía múltiples contactos en la Administración. De uno de ellos le llegó la posibilidad de construir miles de viviendas patrocinadas por la ONU y de las que se podrían sacar miles de millones. Le presentó el proyecto, pero a Correa eso de Senegal no le gustaba demasiado porque, según decía, ya había tenido suficiente África en sus años de infancia en Casablanca. Así que presentó a Antoine a José Luis Ulibarri.

Habíamos coincidido con Antoine en dos ocasiones. En una de ellas le acercamos a unos apartamentos en Recoletos donde se alojaba cuando estaba en Madrid. Antoine no tenía muchas luces, según su primo, pero a pesar de ello, o quizá por ello, en 2008 lo convirtió en una pieza clave de su opacidad.

Correa había pensado en el primo calavera como pieza clave en la estrategia que había montado para desvincularse de las sociedades gestionadas desde el despacho de Ramón Blanco Balín. Al igual que sucedió con Luis de Miguel, Ramón cayó en las redes de investigación de la Fiscalía Anticorrupción y entraron en sus oficinas. Cuando supo esto, Correa corrió en busca de su viejo amigo Manuel Delgado para que le ayudara. Aquí hicieron titular a Antoine de un porcentaje del capital de las sociedades patrimoniales, las domiciliadas en España. Este capital debía estar dividido en acciones que reflejaban el propietario y, a la vez, le hicieron titular de las acciones al portador de las sociedades ubicadas en paraísos fiscales. Esto significa algo sencillo: en España existe un control del accionariado, mientras que en los paraísos fiscales los títulos pueden ser al portador, así el poseedor de la acción se convierte en el dueño de un imperio. Un bufete de abogados del paraíso correspondiente te presta el servicio y si, desde España, una investigación judicial pregunta quién es el titular de la empresa, envían a uno de sus empleados con la acción al portador que te hace dueño de una sociedad que a la vez es propietaria de otras muchas en España... y se acabó la investigación. Correa pretendía lo de siempre, no ser responsable de nada.

Todo iba medianamente bien hasta que, el día de Navidad de 2008, la Policía Nacional detuvo a Antoine en la Comisaría de Marbella por un presunto delito de malos tratos en el ámbito familiar. Crespo se puso en contacto con Correa el mismo día de Nochebuena para hablar sobre la detención de su primo. Me puedo imaginar a Correa, menudo trago en una jornada tan señalada. Me lo puedo imaginar con el grito en el cielo, creyendo que su primo se iba a ir de la lengua y le iba a dejar vendido. En varios informes que constan en el sumario, se recoge la «gran preocupación» que tiene Correa, no por la detención en sí, «sino por los problemas que les podría acarrear las declaraciones que pudieran efectuar» tanto el primo como su novia. Por ello y fuera de sí, Correa le indicó a Crespo en varias ocasiones que se fuera al extranjero «porque no te quiero en España». Estas grabaciones de conversaciones telefónicas son muy interesantes, si bien ellos tenían el temor de que sus aparatos estuviesen pinchados, y la verdad es que complementan las que yo registré. Correa gritó por el teléfono: «¡Que se largue de mi vida!». Y hablando con su nuevo abogado, le pidió que así fuese, «porque me va a arruinar la vida y no me fío de él». De hecho, en un momento de la conversación, le dijo que estaba convencido de que le podía «delatar».

Hablando sobre Antoine en aquellos días, Correa le comentó a Pablo que le entraban «ganas de matarlo». Crespo le insistía en que no les interesaba en ese momento tener «mal rollo» con su primo porque era un «instrumento» que les ayudaba a mantener desvinculado a Correa de todo el asunto de Blanco Balín. «A ver si se vuelve loco, se le cruza un cable, se va a convertir en un *boomerang* y se vuelve contra mí», temía Paco. Pablo optó por la decisión más inteligente, que fue enviarle un abogado suyo para que le asistiera, pero básicamente para que pudiera enterarse de sus declaraciones. Para cerrar el círculo del control, siguieron pasándole pequeñas cantidades de dinero. En una de las últimas grabaciones de la policía, Correa comentó que «este tío no tiene adónde ir, no tiene casa y es un pozo sin fondo».

—¿Cómo te quedas, Pepe? —Los ojos de Correa brillaban por lo increíble de la situación y con un matiz de desprecio—. En la cárcel. En la puta cárcel. Este tío es gilipollas. Ulibarri dice que no quiere saber nada. Algo tendré que hacer por este loco.

Antoine dio con sus huesos en la cárcel de Senegal, donde imagino que los centros penitenciarios nada se asemejan a los de aquí. Al parecer, lo que el primo de Paco llevaba haciendo años, untar a funcionarios públicos en el país para conseguir contratos, en esa ocasión se consideró que era irregular y fue a parar a una celda. El negocio en el que quería entrar era demasiado grande para él y los demás tiburones decidieron eliminar a un competidor pequeño. Así que allí estuvo una buena temporada.

Aquella noche, ya del jueves 16 de noviembre, Correa estaba insoportable. Gritaba con aguda irascibilidad mientras nosotros le aguantábamos el sermón. Cómo no, para nosotros también había nuestra ración. De repente, se dirigió a Juanjo y empezó a increparle:

—¡¿Juanjo, estás haciendo lo que te mandé?! Te dije que tenías que ir calle por calle, negocio por negocio presentándote en Majadahonda. ¡Y no lo estás haciendo! Te llevo diciendo que lo hagas dos años. Dime que no lo has hecho. Debes decirme por qué no lo haces. Dime «no lo hago porque no valgo».

—No te digo nada porque no es cierto. Sí que lo estoy haciendo —respondió nervioso mi compañero—. Así como tú dices no lo hacemos, pero sí nos conoce mucha gente. Estamos todo el santo día en la calle, hablando con la gente —se defendió Juanjo.

—Este cabrón me miente. No haces lo que te pedí de llevar un *planning* cada día.

—Hablamos todos los días en la calle con la gente. Eso lo hacemos, con la gente de los bares, la gente de las tiendas. No estoy mintiendo —respondió Juanjo, cada vez más alterado.

—¡Me estás mintiendo! —gritó Correa—. Te tienes que planificar, no ir a lo que te tercie. Tienes que batir tu pueblo como hace Rosa en Estepona.

—Paco, Majadahonda no es Estepona. En Majadahonda son cuatro calles. Por eso te digo que no lo hacemos como tú dijiste, porque eso no sirve en nuestro pueblo. Pero Juanjo lo hace, no como un *planning* de fijar sitios cada día, pero está todo el día en negocios —intenté defender a mi amigo—. Le conoce todo el mundo.

—¡Estoy hasta los cojones, siempre con el mismo rollo! —explotó Juanjo.

—El que está hasta los cojones soy yo —replicó Paco—. No has hecho lo que te he dicho. La única manera de conseguir concejales es hacer la calle.

—Lo hacemos, y es precisamente lo que la gente dice que es un error garrafal. Nos lo ha dicho gente del PSOE. Lo de ir puerta a puerta es un error. Afianzas el voto que no es tuyo y al votante que te puede votar lo encabronas para que no te vote.

De repente, Correa se tranquilizó. Era como un niño caprichoso. Gritaba cuando se le antojaba y se calmaba sin más explicación. Volvió a un trato de complicidad con nosotros en cuestión de segundos.

—Chicos, necesitaríamos a un empresario que os apoyara públicamente.

—Nadie va a querer enfrentarse al PP —apunté.

—Cuando salga la bomba del tríptico, y Narciso se lo lleve a Granados, y a Esperanza, y a Acebes, y a Maroto, y al de la moto... ¿Qué van a decir todos en Génova? Este es el hijoputa de Correa. Si hay una cobertura, de unos empresarios, puedo cubrirme, porque como digan «a este nos lo follamos», y como sea lo que me ha dicho Pepe Oneto, me van a follar.

Y lo único que me pueden hacer es una cosa: mandarme a Hacienda. Y me joden mi vida.

—Aunque consiguiéramos a un empresario que dé la cara, creo que te van a identificar con nosotros siempre en esas instancias del poder. Todos sabrán más o menos qué pensar. ¿Esta gentuza se pueden tragar que son otros? —pregunté.

—Se van a acojonar. El tríptico va a ser una bomba —insistió Correa.

—Pues igual lo mejor es no sacarlo. Eso lo tienes que ver tú. No queremos que te pase nada —dije—. Para eso, cerramos ya el chiringuito inmediatamente.

—En cuanto haya un mínimo de dudas, deberíamos dejarlo —añadió Juanjo.

—Lo que hay que hacer es intentar conseguir un paraguas. Lo ideal era Ciutadans —señaló Correa—. Les ha encantado la idea, pero hay una orden de que no se presenten. Se han acojonado.

Aquella larga noche, Correa nos tuvo un buen rato más. Repitiendo y reiterando que si el padre de Mari Carmen, que si el solar de Majadahonda, que si la primera vez que se arruinó, que si otra vez el *Interviú* y sus empresas... Afortunadamente, Juanjo dio un cabezazo. Los tres nos reímos y nos despedimos.

—Bueno, hasta otra, Paco —dije—. Llama a los macarras de seguridad para decir que no hemos robado ninguna de estas maravillosas y pijas casas.

10

A NADIE LE INTERESABA LA VERDAD

(19 de diciembre de 2006)

—Es el hijoputa de Esteban Pons quien tiene la llave —nos contaba Paco en una nueva reunión en el Hotel Fénix—. Le han hecho *conselleiro* de Obras Públicas. Y este me lo arregla si bloquean el tema por un asunto medioambiental. No saben que soy yo quien lo desbloqueo porque me lo hace Pons. Os acordáis de él, ¿verdad?

Francisco Correa creía controlarlo todo. Estaba pendiente de hacer un amaño en un plan de actuación integrada (PAI) en Valencia, es decir, convertir suelo rural en urbano y dotarlo de infraestructuras y edificaciones. Una operación de cuarenta y dos millones de euros en la que iban a ganar setenta y dos millones de euros.

—Estoy en un tema gordo en Valencia, con un PAI, prácticamente cerrado —decía Paco, quien estaba tan inusitadamente alegre que incluso estaba pidiendo más gotas de escocés de lo normal—. El tío del PAI nos pide mil kilos de más, compramos a diez mil y vendemos a veinte mil, ganamos doce mil kilos. He metido a un montón de gente, Ulibarri pone la pasta y vamos al cincuenta por ciento. De mi cincuenta por ciento reparto con Ramón Blanco, Álvaro, Pablo y el alcalde. Estos tíos nos meten más metros, que en el PAI no computan. Nos hemos plantado hoy y no vende el tío. Un tema medioambiental que lo desbloqueo yo con el contacto.

Negocio redondo. Correa tiene la llave medioambiental con Esteban González Pons, consejero de Territorio y Vivienda de la Generalitat Valenciana, y al que Correa, confundiendo Valencia con Galicia, llama «*conselleiro*». Un negocio para ganar doce mil millones de pesetas rápido y limpio. Setenta y dos millones de euros a mitades con José Luis Ulibarri, a quien hoy incluso las autoridades civiles y policiales en León siguen haciendo reverencias y que, desde distintos medios de comunicación, intenta seguir influyendo en la sociedad. Eso sí, de ahí Correa repartía con colaboradores. El vendedor estaba vendido a pesar de que presionaba para conseguir más dinero. El PAI era inviable medioambientalmente, por eso Correa era la clave en la negociación porque podía eliminar esa traba administrativa. A pesar de las evidencias de las palabras de Correa, la Fiscalía Anticorrupción se negó a tomar declaración como testigo a González Pons para preguntarle si benefició a Correa. Aparecen tantos cargos nombrados en el sumario en circunstancias anómalas por los cabecillas de la Gürtel que uno no entiende el porqué de no llamarles a declarar.

—El presidente Aznar me llamó, quería que diese trabajo a un asesor suyo de Moncloa, Antonio Cámara —declaró Correa ante el juez.

Antonio Cámara también es un protagonista del caso de las tarjetas *black*. Como miembro de la Fundación Obra Social y Monte de Piedad de Madrid, gastó 175.000 euros con la tarjeta corporativa para gastos personales cuyos movimientos pudieron ocultarse a Hacienda, tal y como investiga la Audiencia Nacional. Cámara era amigo personal de Aznar, lo mismo que el expresidente de Caja Madrid, Miguel Blesa, y llegó a ser el secretario personal del expresidente popular.

En la contabilidad de Correa aparece una entrega de ochenta mil euros a este trabajador de la trama... y ni una pregunta se le ha hecho. Cuando Cámara dejó a Correa, debió cobrar los servicios prestados y dijo adiós para irse a Caja Madrid. Lo recogió Esperanza Aguirre, la salsa de todos los platos.

El exministro de Fomento y ex secretario general del PP, Francisco Álvarez Cascos, es otro de los cargos del PP nombrado que ha conseguido salirse con la suya.

Aquel martes por la noche, 19 de diciembre, desde el Hotel Fénix nos fuimos a cenar. Paco estaba dándole vueltas al tema del PAI:

—Pons, chiquitos, era *conselleiro* antes de Presidencia. —No era precisamente de esa área, lo fue de Relaciones Institucionales, pero Correa no solía ir muy acertado en estos temas protocolarios—. ¿Os acordáis de él?

—Coño, claro que sí, Paco. —A veces no sabías si te tomaba por tonto o lo era él.

Todo claro, solo había un pequeño problema: el propietario pedía ahora mil millones más. Según Correa, él habría cerrado, pero José Luis Ulibarri se había negado. Así que estaban a la espera del día siguiente.

—Qué más da ganar diez mil que nueve mil millones, esa es mi mentalidad.

—Claro, Paco, por eso eres un indigente... —terció con sorna y las risas apagaron incluso el sonido del piano.

Ese piano del Hotel Fénix nos acompañaba siempre que nos reuníamos en su bar. Sentados en esos grandes y mullidos sillones, me parecía transportarme al siglo XIX, a esa decadencia perpetua en la que se sumió España desde entonces. Yo prefería siempre una de las sillitas bajas con el respaldo y apoyabrazos de madera pero rematados en terciopelo que acompañan a las mesas y a los sofás. El piano era un poco irreal. Todos los días al llegar a casa oía lo grabado y buscaba de fondo el piano a ver si reconocía alguna pieza, pero nada, era como un fantasma que pululaba por la gran araña de cristal, por la barra de madera y por las copas del mejor cristal de Bohemia. El sonido del piano amortiguaba muchas veces las procaces chanzas de los grupos allí reunidos.

—No llega a las reuniones del Palace —reconocía Correa—, pero aquí se está más escondido, en el Palace está todo el mundo.

—Y además el piano cuenta mucho —apuntaba yo sardónicamente.

Hablaba de Ulibarri y no mentaba a Ángel Galindo. Eso era buena señal, debía pensar que habíamos hablado con él para que dejara de presionar en Boadilla, alma cándida. El buen humor de Correa hizo que se diluyese la conversación del negocio del PAI y empezó la historia que realmente quería compartir ese día.

—Me he hecho muy amigo del alcalde de La Nucía, donde los premios de Luis del Olmo.

Todos los años en La Nucía, un precioso pueblo alicantino, Correa montaba los Premios a la Libertad Luis del Olmo, por cierto, íntimo amigo de Ulibarri. Correa solía acercarse a La Nucía. No sé si para controlar el acto o para reunirse con Alvarito y hacer alguna de sus correrías. Se acercaba en coche, un potente Mercedes 500 que hacía las delicias de un desaforado Correa al volante.

—Un gilipollas allí a ciento veinte, y yo venga largas, venga largas —contaba Correa, emocionado—, así que me cansé y, «plic», golpe en la parte trasera con el mío, me acercaba y «plic», hasta que se apartó, ¡no te jode! Bernabé, el alcalde, y gente de allí, gente fenomenal y sana muy sana, no como los de Madrid, nos montó un fiestón en un *txoko* que tiene allí.

Por los gestos de Correa sabíamos perfectamente lo que vendría, putas, buen rollo con los de allí, gente sana, y seguro que saldría alguna historia del benéfico Correa.

—¿Tú sabes lo que es un *txoko*?

Juanjo le miró con sorpresa, dudó un momento: si le decía que perfectamente, le desilusionaba y, si le decía que no con su cara de no haber roto un plato en su vida, le daba la oportunidad de lucirse, pero a la vez lo cabreaba. A Juanjo le gustaba cabrearlo.

—No, ¿un chocho? Hombre, un chocho sí, pero no sé qué dices... —En esos momentos, Juanjo era grande.

—¡Un chocho, un chocho! ¡Eres gilipollas, un chocho! ¡Un *txoko*! Es como un reservado en una casa, donde se reúnen los amigos para hacer paellas, beber, jugar a las cartas y para fiestas con más gente. ¡Un *txoko*! Pues estos constructores de la zona, sanos de la hostia, tienen eso allí, un *jacuzzi*, una sauna, una pantalla gigante...

—Ah, vale, haberlo dicho antes: un puticlub —dijo Juanjo con verdadera dificultad para no reírse a mandíbula batiente—. Ya sabes que esos sitios a nosotros no nos van.

—Tú... ¡tú eres gilipollas! Esto es privado, es un lugar privado de ellos, que son como una sociedad de esas del País Vasco, porque muchos de ellos son vascos. Muy sanos y campechanos.

—Ya, no como lo que hay por aquí.

Los negocios en Valencia los cerraban siempre de la misma manera. La semana anterior habían estado todos allí y, después de cerrar negocios con los constructores más importantes de la zona, decidieron cerrar el restaurante para ellos y para unas señoritas que pudieron unirse a la fiesta a última hora. Era el restaurante de la hazaña de Alvarito. El alcalde de La Nucía decidió devolverles el agasajo después de cerrar el pacto y preparó una reunión en el *txoko*.

—Total, que, terminado de cenar, aparecen unas tías impresionantes que te cagas. —Correa parecía estar reviviendo la noche—. Mira, tío, la mía era rusa, un primor, una princesa de tía. Veinticinco añitos, muy discreta, educada, calladita. Allí estuvo también Pedrito, el de Canal Nou, y Jacobo, este se llevó a una guapísima a la habitación y los demás allí en pelotas con las tías y eso que eran algo frías.

Paco no se acostaba con ninguna mujer hasta no tener los análisis de sangre de esta. Pero de la chica rusa se encariñó. Conoció su triste historia. Que tenía los padres lejos y hacía mucho que no los veía, que ella no quería volver al club. Correa sacó la billetera —bueno, la sacaría luego, que en ese momento estaba en pelotas— y le dijo que dejase la prostitución y que no volviera. Al día siguiente, Paco le hizo llegar un billete de avión y dinero. El problema fue que si ella salía del país no podía volver, pero allí estaba la trama para ayudarse en casos como este que realmente requieren que la Administración se salte todas las leyes. Paco llamó a Carlos Clemente y le pidió el favor de regularizar los papeles a su amiga.

—Pero, hombre, Paco, eso no es un favor, eso es un placer —le respondió Clemente, eufórico de poder hacer un favor a Don Vito.

Hecho este inciso, volvamos a esa noche. El alcalde había montado una auténtica orgía, tal y como nos contaba Correa aquella noche:

—Esta chica de la que os hablo es guapa, guapa. No tiene nada que ver con las otras, unos putones. Cada uno estaba pillando con una, pero ninguno le entraba porque esta era seria. El resto eran unos putones.

La narración de la noche no tenía desperdicio:

—Invitamos al presidente de Canal Nou y en dos minutos se puso en pelotas a chuparse ahí todo. El único que se fue fue Jacobo, que se llevó a la tía a la habitación. Los demás, en pelotas en la habitación. —Se reía al recordarlo.

La rusa no paraba de mirar a Paco. Ninguno de los invitados a la fiesta fueron a hablar con ella porque era hermética, según la versión de este. Varias de las chicas se acercaron a Correa a tocarle, a quitarle la camisa, pero él solo se fijaba en la joven rusa.

—Le dije: «¿Quieres tomar algo?». Me pongo a hablar con ella. Alvarito en pelotas, el Pedro se la chupa a la otra, el otro follándose a la otra. Y mientras tanto, yo en la barra hablando con la chica.

Se abrazaron, se dieron besos. Tal y como lo contaba, parecía que Correa acababa de ver *Pretty woman* y él fuese Richard Gere charlando con Julia Roberts.

—Cada vez que la abrazaba, la tía cerraba los ojos. Y las demás se empezaron a mosquear. Una de sus amigas le dijo a Álvaro que a esta chica le gustaba mucho. No estaba forzando. Habla muy poco español. Le pregunté qué pintaba ahí. «¿Qué coño haces aquí?», le dije. Y todo esto mientras le chupaban la polla a Pedrito, todos en un salón diáfano.

Paco estaba convencido de que enamoraba a todas las prostitutas que se cruzaban en su camino. Había dejado el curro, dejó el club y recogió sus cosas, así que no pensaba dejarla. Como el propio Gere, había pedido a la rusa que dejara de trabajar en el club. Ese no era su sitio, se veía que ella no era una puta. Justo entonces, sonó el móvil de Correa:

—Nata, yo no me olvido de ti. No digas eso porque me enfado. Has visto que esta tarde me he ido enfadado porque tu amiga ha dicho que me río de ti. Me he ido sin darte un beso. ¿Por qué dices que me río de ti? ¿Has dejado el trabajo por mí? Habla con tu jefe y no vuelvas más. Luego te llamo. No trabajes, no me engañes. No me mientas. No trabajes, ¿vale? Un beso.

La chica se había creído que había encontrado a su príncipe azul, el hombre que iba a sacarla de la calle. Lo que no sabía Nata es que Correa estaba lejos de ser su Richard Gere. Eso sí, le había dado dinero para que no volviera al club a trabajar.

—Estar con ella es una sensación muy agradable, tan bonita que es la hostia. Esa tía no es una puta. Te lo digo yo que no es una puta. Me acaba de llamar y me ha dicho que le tomo el pelo. Su compañera de piso le ha dicho que no es normal que un tío que acaba de conocer haga eso por ella.

Paco tenía pensado ir al día siguiente a verla, solo había un pequeño inconveniente: su mujer Mari Carmen.

—Ahora no puedo dejarla tirada. A ver si Mari Carmen no toca los cojones y no vuelve de Sotogrande.

—Es que es normal que piense que le estás tomando el pelo, si eso no le pasa a nadie —apuntó Juanjo.

—La respeté, no la toqué. Solo la besé cuando surgió. Si una tía cierra los ojos es que le mola. Tocándome los labios, se quedaba embobada mientras que las otras estaban en pelotas.

—Yo fui a lo seguro —se reía a carcajadas Álvaro.

—¡Ya veo —añadí— que Alvarito lo pasó fatal!

—Esta tía me va a llamar para volver a verme, y a ver qué hago yo con Mari Carmen...

—¡Joder, como siempre! —dije sin contenerme.

—No os riais, que es un problema.

—Pero, para ser francos —señalé—, esos problemas te gustan.

Paco estaba realmente emocionado contando su esporádica historia de ese momento. La chica, por lo visto bailarina en Rusia, le dijo que solo había estado con tres hombres, el padre de su hijo de cinco años, otro hombre ruso y él. Y Paco se lo creía.

Volvió a sonar su teléfono.

—Yo he dejado de hablar con mi suegro. Llevo quince días sin hablar con él y le he dicho a Mario que lo deje, que se joda y que se muera debajo de un puente.

El negocio de la venta de las propiedades del suegro se torcía, y él se retiró al parecer, pero Correa pensaba que su suegro no era claro, ni trigo limpio. Lo usó para levantar el mercado y, mientras tanto, el padre de su mujer ofrecía las propiedades a otros.

Antes de ir a cenar a La Giralda, Correa nos contó cómo adquirió una de las propiedades en Cartagena de Indias, por teléfono. Envió el dinero a Panamá y allí pagó el terreno. Tenía pensado ir a verlo en fin de año y luego a Nueva York con su amigo Pepe Oneto.

—Pasaré por Miami, a ver cómo van los edificios. Estoy contento, me han dicho que va todo bien, menos uno, pero, bueno, voy a sacar un dinero. Hace casi un año que no voy desde que tuve el problema con la hija puta —dijo refiriéndose a su mujer.

Cuando estaba Álvaro, la conversación solía ser un mar de confusión. Se saltaba de un tema a otro y, sobre todo, se superponían constantemente su voz o los vídeos que enseñaba en su móvil, siempre gracietas y chistes o sobre mujeres. Esa noche, la conversación discurrió normalmente hasta su llegada. Paco había hablado de Esteban González Pons y su negocio del PAI y de la noche de putas en el *txoko*, pero al entrar Álvaro la charla tomó otros derroteros más inesperados. Se habló del barquito de la Copa América, de más aventuras sexuales por Valencia, chistes en el móvil sobre la Oficina de Atención del Santander que terminó instalando y gestionando la trama en las oficinas centrales de Boadilla. Panamá, Cartagena de Indias, Nueva York, Miami, la venta de las propiedades del suegro de Correa y, ya en la cena, decenas de temas que iban y venían, afortunadamente nada trascendentes, incluidas las pullas habituales de Álvaro.

—¿Los huevos con chorizo y patatas? —preguntó el camarero.

—Para quién va a ser, para los gorditos...

Nada que objetar, Juanjo y yo estábamos pasados de peso y eso a él le encantaba restregárnoslo por las narices. A mí me gustaba ser más irónico.

—Gracias, Álvaro, siempre tan atento... Por cierto, ¿necesitas un cojín para llegar bien a la mesa?

Terminamos de cenar y volvimos al Hotel Fénix. Una vez allí, Álvaro nos pidió que le acercáramos a «la oficina», el eufemismo que usaba para designar un club de alterne, el Michelangelo, donde hacía sus mejores conquistas.

Cuando llegamos, Paco y Álvaro nos pidieron a Juanjo y a mí que les acompañáramos a tomar una copa.

—Paco...

—Cojones, Pepe, que no hay lío de ningún tipo, tomamos una copa y ya está. De verdad, Pepe, ya sé que no te gusta.

—Paso de entrar.

—Pero, Pepe, ¿por qué te da mal rollo? —insistía Correa.

—Porque no me gusta estar en esos sitios.

—¿Tienes prejuicios?

—Claro que los tengo.

—¡¿Qué pasa, que no te has depilado los huevos?! —soltó soez el Bigotes—. Sin compromiso, a mí me hacen una paja y ya. Además, aquí puedes hacer campaña para Majadahonda —dijo sin pestañear—. Si te viene una lumiasca, le dices «chatina».

—Me molesta la parte guarrindonga.

—Pues yo me lo paso muy bien —contestó Álvaro.

Al final entramos, pero por suerte estaba prácticamente vacío. Nos sentamos en una mesa y pedimos una copa. Enseguida vino una chica a saludar a uno de sus clientes. Mientras tanto, Correa seguía dándole vueltas una y otra vez a su *affaire* con la rusa.

—Esta tía no me coge el teléfono.

—¡Pero si esa tía no merece la pena! —le espetó Alvarito.

—El dueño del local le ha dicho que no coja el teléfono.

—A ver —le dijo su hombre en Valencia—, igual no lo lleva encima.

—O igual la han raptado —me burlé.

—Que no, estoy convencido de que el dueño del local le ha comido el coco, es pura psicología. Mañana hay que ir para allá echando hostias.

—La *sicoloyí* es una *ciencetí* —reía pletórico Álvaro, mientras imitaba el acento francés.

Una de las chicas se acercó a Álvaro para ver si conseguía hacer un cliente esa noche. Después de quitársela de en medio, el Bigotes soltó:

—Esta debía ser amiga de mi abuela, por eso me conoce. Tengo un amigo andaluz que le diría a esta: «Hija, a ti te han cogido la cara con un chupón, ¿no?». Un chupón es un desatascador. Debe tener tres años menos que mi abuela. La que está buena —proclamó apuntando a otra chica— es la alta morena de allí.

—Te quedas de pie y le chupas el pezoncillo, pi-pi-pi. Como baje al pilón, te ducha entero —le dijo pletórico Correa.

A diferencia del resto, Paco me tenía un respeto que no guardaba a nadie de su entorno. Visitaba mi casa muchos viernes. Subía la cena de Portonovo, siempre buen marisco y un pulpo de un grosor que ya no se veía en cualquier parte. No traía vino porque le gustaba el que mi mujer y yo teníamos en casa.

—Vamos a ver a tu hija. —Le encantaba subir a su habitación, ver la casa siempre recogida, limpia, con todos los detalles que a mi mujer le gustan—. Un hogar, Pepe, esto es un hogar. Yo tengo muchas casas, pero tú... Tú tienes suerte y eres afortunado: una hija preciosa, una mujer fuerte que te adora...

Un día, Paco se sentó en el borde de la cama de mi hija. Miró detenidamente la habitación, completamente decorada en tonos rosas, sus peluches, sus pinturas y cuadros, la lámpara, las sábanas, cortinas, distintos tonos que hacían de la habitación un lugar encantador. Le separó el pelo que caía sobre su rostro de niña risueña, casi angelical, y se encogió un poco. Estoy seguro de que a Correa se le escaparon unas lágrimas. La información posterior sobre Paco, que leí en un libro donde se hacía referencia a su primer matrimonio y la muerte de su primer hijo, me dieron las claves de su fascinación por mi familia. La única familia normal de su entorno. Todo lo que deseaba, que nunca tuvo y que ansiaba tener. No supe verlo en ese momento, pero en el fondo era un corruptor de todo lo que él deseaba y no tenía. Yo era tan simple con cuarenta años que no supe ver el verdadero monstruo que albergaba Correa en su interior. Por eso no perdía ocasión de ponerme al límite. Había quedado en llevarle a casa y, por otro lado, quería conocer de primera mano cómo se desenvolvía en ese ambiente.

—¿Ves, Pepe? Es lo que digo. —Álvaro quería vender las bondades del Michelangelo—. Viene esta tía, me dice jiji-jaja, yo que tal y cual, y se va, que no están encima de ti ahí a ver si... El sitio es agradable. Por cierto: ¿cómo voy a la Ciudad del Santander? Me reúno con la mano derecha de Botín, Enrique García Candela.

Entre Juanjo y yo se lo explicamos como pudimos, justo antes de que otra señorita del local desviase su atención. Afortunadamente, en menos de veinte minutos habíamos salido. Debo decir que no tengo nada en contra ni de prostitutas ni de clientes, salvo si existen delitos por medio. No soy juez. Pero no soporto que los hombres puedan irse de putas y, si les preguntas qué harían si sus mujeres fuesen con gigolós, te responden que matarlas.

Al salir del club, pasamos por un edificio en la calle Velázquez.

—Ahí empezó todo, empezó FCS —recordaba Paco, remontándose a los orígenes de su grupo empresarial—. Y ahí, el día que fuimos a ver la oficina, le dije al portero que nos dejara solos. Y en ese despacho le eché un polvo a mi directora general. A mí es que lo normal no me pone, lo anómalo y lo raro sí.

Esa noche le hubiese tirado la grabadora a la cara.

El paso para formar parte de la trama

Las decisiones son nuestras. Tomarlas es lo difícil; no hacerlo, un desastre. Pero llega un momento en el que uno cree que es el capitán del barco de su vida. Error, mil veces equivocado. Cuando tienes suficiente seso en la mollera como para criticarte desde primera hora de la mañana, cuando te ríes a mansalva de ti más que de todo lo demás, cuando comprendes que tu vida debe caber en una maleta para poder salir, correr, huir o cambiar o lo que es mejor transformarte, en ese momento te das cuenta del error. Transformarse es lo único que nos salva. Siempre me apasionó la física. Imagino nuestras pobres vidas como partículas diminutas que poseen sus propias leyes, las de la mecánica cuántica, y que al formar parte de un todo mayor nos convertimos en algo sin importancia frente a ese gran mundo al que pertenecemos y que se rige por otra física, la clásica.

En definitiva, libre albedrío o no, todo lo que nos rodea tiene una forma de pensar autónoma e independiente de nosotros, así que por mucho que creamos que vamos a favor o en contra de la corriente, la realidad es que no depende de nosotros. No creo que la mayoría de los miembros de la trama Gürtel eligieran conscientemente ser miembros de una organización criminal. Uno no se levanta y dice «voy a delinquir» o «voy a ser Don Vito». Es nuestra prepotencia la que nos lleva por un frágil camino y, en cuanto tomas una decisión equivocada, no yerras el camino, sino la dirección, y a partir de ahí desviarse solo es posible con muchísimo esfuerzo.

Estoy seguro de que Guillermo Ortega, colaborador del Partido Popular desde su primera juventud, no pensó en ese momento corromperse, ni prevaricar, ni defraudar a Hacienda... Pensó en hacer algo en la vida por propia decisión. Su decisión.

—Pepe, dejé todo por el partido —decía alicaído Ortega. Era el día de su marcha del Ayuntamiento de Majadahonda, ese negro febrero de 2005—. Con apenas doce años, no estudié, no es que me gustara, pero lo dejé y ayudaba a montar los mítines de Alianza Popular, entonces en clara minoría en Majadahonda. Pintaba las líneas de cal de los campos donde jugábamos partidos de fútbol, iba y venía mientras ayudaba al estanquero a sacar los cartones de su estanco...

Ortega tomó su decisión, pero desde ese mismo momento muchas otras, totalmente ajenas a él, jugaron en su favor o en su contra y, finalmente, hicieron que conociese a Correa.

—Soy el secretario de Organización. —Su media sonrisa le hacía especialmente patético ese día—. He realizado miles de actos, miles, Pepe, he hecho cosas mal hechas y todo por el partido. Le he financiado cuando no tenía ni para alquilar una planta en ningún edificio, y a Majadahonda han venido empresas que habían ayudado al partido y aquí se les ha ayudado y devuelto con creces los favores.

Me estaba traicionando, y a Juanjo también. Él lo sabía, decidí no juzgarle, pero no le permitiría mentir, no al menos aquel día.

—No me digas que estás enfermo. La verdad, hostias, siempre la puta verdad y ya está.

—Esperanza, la presidenta, me ha dado un puestazo, Pepe: dirigir el Mercado Puerta de Toledo. Casi me dobla el sueldo, y tendré chófer y un buen presupuesto. Igual, dentro de unos meses, te puedo recoger allí.

—¿Me estás tomando el pelo? Te repito: si quieres mentirme a mí, vale, pero hazte el favor de no hacerlo contigo mismo, no es ético, Guillermo. —Ya ni me acordaba desde cuándo no le llamaba Willy.

—No puedo más, Pepe, el corazón no me aguanta, los niños, Gema... No resisto... —balbució, y rompió a llorar mientras yo me preguntaba si habría pensado en los hijos de Juanjo y en la mía.

Ortega se marchó, «dimitió», el viernes 4 de febrero de 2005. El día anterior, Francisco Granados, secretario general del partido en Madrid, se reunió con los concejales:

—Bueno, señores, Ortega está mal físicamente y se marcha.

—Perdóname, Paco; si empiezas a mentir, me levanto y me voy. Seamos serios, no sé por qué os cargáis a Guillermo, pero estáis obligados a dar una explicación. Si cambias a Ortega por Narciso de Foxá, ¿qué cambia? Son dos tiburones que llevan casi veinte años en este ayuntamiento. Si tan malo está Ortega, que se vaya a casa y no al Mercado Puerta de Toledo. Elegid a un concejal joven, aquí hay al menos cinco o seis de menos de treinta años, hombres y mujeres elegidos por Ortega y el partido, y ahora, con tal de seguir cobrando como mierdas, se callan lo que realmente piensan y saben.

Paco Granados no dijo nada más, enrocándose en el estado de salud. No quería sacar nada a relucir. No quería hablar de las parcelas que ansiaban tantas familias vinculadas al PP, no quería hablar de la parcela que hacía dos meses escasos habíamos denegado para construir un colegio concertado. Expulsado Ortega, y con Juanjo y yo reducidos a concejales no adscritos sin derecho a voto en las comisiones, la parcela se adjudicó de inmediato a la empresa Alfedel, propiedad de Alfonso Ferrón del Río. Es decir, a la Púnica. Las parcelas se otorgaron a quien decidió Génova, nacional o regional lo mismo da. Nadie hablaba claro. Pero el silencio era evidente y clarificador, querían hacer recaer las culpas sobre Juanjo y sobre mí.

Visto lo visto, anuncié mi intención de desconvocar el pleno de toma de posesión y, como alcalde provisional, llamar a la Fiscalía Anticorrupción. Cinco minutos después, venía a mi despacho el secretario general del ayuntamiento para entregarme una notificación. El alcalde me cesaba como primer teniente de alcalde y tenía otro decreto para Juanjo. Nombraba a Juan Carlos Díaz como mi sustituto.

Fui al despacho de Ortega:

—¿Estás seguro? —Allí estaban Ortega; su esposa, Gema; Bárbara Fernández, la concejal de Sanidad; y Juan Carlos Díaz, que al ver mi gesto salió disparado—. Al menos sé valiente y en tu discurso de despedida di la verdad o por lo menos algo parecido. Te lo pido por favor, creo que Juanjo y yo no nos merecemos quedar como los malos de nada porque no hemos hecho nada. ¡Coño, Willy!

—Tengo el discurso desde ayer: «Quien tenga cualquier duda sobre las contrataciones o adjudicaciones que se hayan realizado en este ayuntamiento desde el año 2000, lo único que le pido es que salga en este mismo momento corriendo hacia el juzgado más cercano, pero que no vaya con simples comentarios, sino con todas las pruebas que tenga —declamaba con un hilillo de voz, avergonzado de las estupideces que había puesto en aquel folio arrugado—. Majadahonda, pueblo que me vio crecer y disfrutar de mi juventud y de momentos inolvidables, me hace anteponer los intereses municipales por encima de los personales, es por ello por lo que vengo a presentar mi dimisión como alcalde y mi renuncia al acta de concejal» —finalizó sin poder siquiera mirarnos a la cara.

—¿En serio, «corriendo al juzgado», «momentos inolvidables»? Cojones, Guillermo, te he escrito cosas mejores dormido y con resaca. Dejas el pueblo a la merced de los de siempre, del arquitecto, de Narciso, de Ricardo y de los nuevos tigres de Génova... ¿Por qué? Eras tú el que nos dijo que teníamos que devolver la dignidad al pueblo, gente nueva y no contaminada con la política, me hiciste entrar en política con casi cuarenta años y mi vida resuelta para regenerar tu pueblo. Coño, si tienes que devolver la dignidad es porque se la habíais quitado. Lleváis veinte años aquí y a nosotros, que llevamos ahora año y medio, nos quieren hacer pasar por no sé qué. Y tú, que tantas veces nos has pedido ayuda y siempre hemos estado ahí, ahora eres incapaz de nada.

—Bueno, sí, te quiero pedir un último favor... —lo dijo con un tono tan lánguido y desprotegido que apenas pude contestar.

—Te vas, nos dejas tirados y, lo que es peor, manchas nuestra reputación —al fin terció Juanjo— y todavía quieres pedir un favor a Pepe. De verdad, Guillermo, como un niño chico.

El acento extremeño de Juanjo me hizo sonreír. En ocasiones, pensaba que el único realmente cuerdo era él, despreocupado, que vivía la vida al día, que solo le quitaba el sueño un buen día de campo. Un niño chico, sí, eso fue Ortega desde aquel día en que decidió dejar de estudiar. Era un niño chico cuando coincidí con él en la ESIC, cuando me apunté al máster y allí estaba él, orondo y risueño. Venía conmigo otro compañero del Ayuntamiento de Madrid y se conocían. Fue ahí cuando nos conocimos, allá por el año 1999.

—Mira, Pepe, te presento a Guillermo Ortega, Willy. Es el secretario de Organización en Madrid.

—Encantado, espero que este máster sea bueno; con lo que cuesta y el sacrificio que tendremos que hacer va a parecer muy largo.

Guillermo sonrió. En el máster no nos separamos, por eso nos pidió que le ayudásemos en la campaña de 1999, colaborando con él, y así lo hicimos. En Génova, mi primer encargo fue el de llevar la campaña de Alberto Ruiz-Gallardón para la Comunidad de Madrid. Nadie quería estar con él ni con su equipo: Marisa, Paloma, José Manuel Berzal y, cómo no, Manolo Cobo. El día de la victoria, coincidí con Cobo en Génova y, en la mediática salida al balcón, se me acercó y, parco, me dijo:

—Pepe, gracias, muchas gracias, buena parte de este éxito es tuyo, muy tuyo. Cuando necesites algo, no dudes en llamarme.

Berzal también me abrazó, pues yo era el único en Génova que no se apartaba de ellos.

Willy me había metido en la lista de Parla, pero cuando me enteré le dije que tenía un problema:

—Guillermo, oye, yo es que de esto no sé, no conozco mucho... pero es que no estoy afiliado.

La cara de póquer de Ortega fue épica. Al no estar vinculado al partido, debía ir en las listas como independiente. Así que Guillermo llamó a un amigo de un distrito y me afilió esa misma noche. En 2001, Ortega me reclutó como administrativo en el grupo municipal del Partido Popular de Majadahonda y, cuando consiguió la alcaldía al año siguiente, me nombró su asesor. En junio de 2003, conseguí el acta de concejal en el ayuntamiento majariego. Recuerdo a Ortega feliz, muy feliz, mientras leía mis discursos con ardor y convencimiento. Yo me convencí de que Ortega era un buen hombre que suplía su falta de formación con la experiencia adquirida desde muy joven y con tesón.

¿Cuándo una decisión o un movimiento del entorno lo arrojó en brazos de Correa? A Paco lo conoció por el partido. Al haberse hecho con los actos del presidente, todas las regionales no tardaron en encomendarle sus actos y de este modo ambos contactaron. Posiblemente fue así como Correa empezó a endulzarle los oídos a Willy hasta que este llegó a creerse algo que no era. Empezó a gastar de una manera desaforada: plumas, relojes, coches, motos, casas... Compró una casa enfrente de la mía sin vender la anterior y, durante los dos meses que duraron las obras, él y su mujer estuvieron en un hotel mientras yo alojaba y cuidaba a sus hijos. Ortega tenía un buen sueldo de alcalde, además de diversos ingresos por asistir a distintas empresas municipales y autonómicas. Su mujer era concejal de Las Rozas —el pueblo de al lado— con dedicación exclusiva y, además, daba clase en una universidad privada. Entraba mucho dinero en la casa, pero haciendo cuentas, salía más de lo que entraba.

Correa fue el padrino de su niño y cuando Paco tuvo a su hija en Miami —para que tuviera la doble nacionalidad—, Ortega y su mujer hicieron un viaje relámpago para verles y felicitarles. Todo era un dispendio excesivo. Estuvimos en Sotogrande unos días. Fuimos con Ortega, pues nosotros teníamos una reunión con concejales de la zona y él con algunas personas más. Nos enseñó un chalet que, según decía, había alquilado su padre para vacaciones. En fin, posiblemente opté por mirar a otro sitio o no creer lo que cada día era más evidente.

—¿Y qué coño de favor quieres que te haga?

—Quiero... necesito, por favor, que, en diez minutos que empieza el pleno, estés a mi lado y luego me acompañes a despedirme de los trabajadores y funcionarios —me rogaba desde lo más profundo de su alma que le acompañara en su momento más amargo, en su viacrucis. Se iba de Majadahonda, no por la puerta de atrás, sino por la del humilladero.

Miré a Gema, quien rogaba igualmente con la mirada, mientras que Bárbara dio un paso atrás. Juanjo, como siempre a mi lado, permanecía ligeramente aparte, con la boca abierta hasta la náusea. Quise gritarle a Guillermo, decirle mil cosas, ¿para qué? Puesto que, al fin y al cabo, me lo pedía alguien necesitado, yo no era quién para rechazarle. Con Ortega descubrí un lado muy amargo de la vida.

Imaginaba al resto de los compañeros que habían traicionado a Ortega solo con el fin de procurarse un medio para comer. Narciso les prometió prebendas a todos y un mandato más a todos los que estuvieran con él.

—Vamos...

Entramos al pleno los primeros. No asistieron más que dos funcionarios, y eso que todos habían trabajado con Ortega veinte años y muchos le debían el puesto de trabajo. También estaba presente la oposición incrédula, el secretario y el interventor. Finalmente, haciéndose esperar, Narciso llegó. Lectura de las palabras de Ortega y adiós. Estampida.

—Vamos, Willy, Juanjo y yo estaremos contigo.

Pateamos todo el ayuntamiento. Guillermo entraba en los despachos y estancias y nosotros detrás, sin decir nada. Al llegar al despacho del arquitecto, este se quedó perplejo. El ya exalcalde entró y le agradeció su trabajo. Por lo menos, estuvo irónico. Cuando terminó su recorrido, nos despedimos. Hasta hoy no he vuelto a hablar con Ortega. Los vi a él y a su mujer en el juzgado.

—Aunque tú no te acerques —le dijo, tan patán y bocachancla como siempre, a Juanjo—, yo sigo siendo tu amigo.

El pobre Juanjo, de la indignación que sintió, estuvo el resto de la mañana casi sin poder articular palabra. Los momentos más duros de la vida son los que se recuerdan más vívidamente, y aquellos días fueron muy aleccionadores, pero un dolor enorme me asalta cada vez que los evoco. Todo fue injusto, todo fue irreal, y al final lo que más sufrió, como siempre, fue la verdad. A nadie le interesaba la verdad.

11

REUNIÓN CON ISABEL

(12 de enero de 2007)

Traidor, sin catadura moral, despechado y una infinidad de sinónimos: falaz, embustero, engañoso, artero, mentiroso, traicionero, falsario, hipócrita, impostor, desleal... Todas esas cosas me han llamado, normalmente los más críticos, gente que ni siquiera ha hablado conmigo, gente del Partido Popular, personas que, en el ámbito del mundo de la comunicación, tienen evidentes intereses en que la formación popular no sufra desgastes porque dependen económicamente de ella o bien han recibido información de terceros supuestamente bien informados. Alguno me ha llegado a calificar de despechado. Como si en la Gürtel hubiese habido una historia de amor. Amén de las informaciones falsas, los insultos son algunas de las cosas que más han hecho que perseverara en mantenerme firme y en que, siempre que se me pide hablar, declarar o acudir a cualquier sitio donde quieren oír mi verdad, no dude en hacerlo.

En cuanto a las cosas graves que me han imputado, he querido recapacitar en especial sobre una: la traición. ¿He sido un traidor? No es que me importe en demasía, pero me gusta tener conciencia de aquello que hago. Debo decir que nunca me he sentido como tal. Traición es, según el *Diccionario* de la Real Academia Española, la «falta que se comete quebrantando la fidelidad o lealtad que se debe guardar o tener». Entonces, la traición se produce cuando uno rompe algo, cuando se quiebra un deber, en definitiva. El deber puede venir de un convenio oral o escrito, de un acto debido bien natural (hacia la familia, por ejemplo) o adquirido (el juramento de defender la nación). Si lo pienso con detenimiento, yo no me encontraba en ninguna de esas situaciones. No había elementos sanguíneos o mercantiles, ni deberes morales superiores. Entonces, ¿de dónde sale ese epíteto? Del mismo sitio que cuando te llaman «chivato». Aquel que te llama una cosa u otra, traidor o chivato, suele ser quien quiere hacer pasar por honorable una actuación deleznable, cuando no delictiva como en este caso. ¿Dónde está mal visto un chivato? En la cárcel.

El PP hubiera querido un silencio total por mi parte, que me metiese en la nevera como me aconsejó Cristina Cifuentes, ahora presidenta de la Comunidad de Madrid, que pensara que quien se mueve no sale en la foto. Los partidos exigen un silencio total incluso ante actos delictivos graves. Por ello, frente a aquel que es libre, que permanece con su pensamiento incólume, no hacen sino enviar legiones de sicarios pagados para arruinar su vida y reputación de una forma u otra.

El traidor no pone su vida y la de los suyos en peligro, sino que se activa por el deseo de conseguir lo que el traicionado posee o disfruta. El traidor no va de frente a la policía con una denuncia, con pruebas y con su testimonio. El traidor es el que calla, es el que se somete a la ilegalidad, el que deja un país peor que lo encontró. El traidor sí que es un chivato: se chiva de los buenos. Si me hubiese callado al saber toda la podredumbre que se ocultaba en Génova, sí hubiese sido un traidor. Grabé a Francisco Correa y a toda la trama Gürtel, y lo volvería a hacer una y mil veces.

Ya era enero de 2007 y llevaba casi un año grabando a la trama. Había cogido mucha confianza con Isabel Jordán, y esta tenía cada vez menos cuidado al contarme los tejemanejes que se traía con las empresas de Correa, de quien quería desvincularse para tomar ella el mando.

—Yo, por mi parte, ya tengo montada una empresa...

Isabel nos comentó que tenía en mente hablar con su amiga Esperanza Aguirre para convencerla de que ella ya no estaba con la trama, en ninguna empresa de Correa. Por tanto, en ese primer mes de 2007, Jordán ya tenía programado cómo hacer la competencia a la trama desde dentro y salirse de su ámbito para contratar sin que su nombre apareciese. Había organizado su propia empresa y quería empezar poco a poco. De hecho, ya había trabajado a espaldas de Correa con otras empresas de la competencia.

—Todo eso —nos aclaraba Isabel durante una reunión que mantuvimos el viernes 12 de enero— lo lleva Alberto López Viejo.

López Viejo, el edecán de la presidenta madrileña, tenía claro para qué estaba en la Comunidad de Madrid: para hacer lo que hiciese falta por su jefa y, además, cobrar por esos actos. A pesar de que la mayoría se los seguía otorgando a Correa, la Comunidad es un monstruo tan grande que tenía capacidad para dar a otras empresas, como la de Isabel, partes más o menos sabrosas del pastel.

—Yo os digo, además... Eso sí, discreción total. —Isabel se iba a soltar el pelo—. Yo ya he entregado sobres. Así que ya puedo decir la verdad de esta gente. —Juanjo y yo, por debajo de nuestras risas, no podíamos creer lo que oíamos—. Así que me compré una maleta, muy mona, de viaje. Me pareció muy cutre y, al ser la primera vez que entregaba un sobre, me pareció buena idea meterlo en una maleta. Oye, chicos, así, de verdad... Lo juro incluso delante de un juez y le describo los movimientos de cuentas, de un sitio a otro. Además, es que tengo testigos. Sí, mi hermana estaba enfrente viendo cómo yo entregaba la maleta, pero es que, además, su novio estaba allí. El novio de mi hermana, que encima es escolta de Gallardón...

Antes de llegar a esta confesión, Isabel nos contó su labor de investigación sobre Guillermo Ortega, a la sazón instalado cómodamente en el Mercado Puerta de Toledo. Al parecer, Ortega había dejado a deber dinero a la trama de actos del partido, aunque no pudimos saber si de Majadahonda, de Madrid o de la nacional. Isabel intentó hablar por teléfono con él y Ortega, famoso por muchas cosas pero no por su valentía, no respondía. Con las mismas, Isabel decidió ir a su puesto de trabajo y hacer de investigadora privada. Entró en varias tiendas del mercado para sonsacar a la gente y, al parecer, en todas ellas conocían al nuevo director como un tipo que había levantado dinero de todos en Majadahonda.

—Me vio la secretaria, bajó hasta tres veces para controlar que estaba en el bar, y al final la invité a un café.

Posteriormente, Isabel se hizo la encontradiza con Ortega, que ante el apuro no pudo por menos que cerrar una cita con ella para una fecha posterior a la de nuestra reunión.

—Si no me recibe, soy capaz de ir a su casa. Me debe cinco millones y pienso decirle que me pague lo que debe del partido. Si quiere me lo puede compensar con trabajo, con campañas o con lo que sea, pero pienso cobrar.

Ese día, Isabel estaba habladora:

—Me llamó Correa el día de mi cumpleaños, lo hizo como coartada, creo. Es la primera vez que lo hace. Me preguntó, Juanjo, si tú me habías pedido que contratase a Lucía.

—¡Qué hijo de puta y cobarde! —Juanjo no pudo reprimir el exabrupto.

En nuestro último encuentro, habíamos hablado de Lucía con Correa y Álvaro. Era una de las secretarias del partido independiente, pero lo había dejado y se fue a trabajar a otra empresa; más tarde, acudió a una oferta de trabajo para la Oficina de Atención del Santander, y allí se encontró con Isabel, que la contrató. Correa se indignó el día que se lo dijimos.

—Isabel debería habérmelo comentado. Hay que mandar a tomar por culo a esta Isabel, porque si Álvaro contratase por ejemplo a Pedro Fuster no tendría que decirme nada, pero Isabel...

De nuevo ese amor por el sexo contrario, era superior a sus fuerzas, y de nuevo su cobardía, no preguntó directamente a Juanjo si él había intercedido, se lo guardó para preguntárselo a Isabel. Siempre por detrás, en todo. Lo que yo no entendía bien en ese momento era por qué no lo hacía y la despedía. En la conversación de este día lo comprendería.

Intenté evitar el tema, que era doloroso para Juanjo, y cambié la conversación hacia las quejas que teníamos sobre el partido. Correa no llegaba a arrancar el proyecto. A nosotros ya nos daba lo mismo, evidentemente, pero teníamos que hacer el paripé delante de Isabel y de Pedro. Yo le había reprochado a Paco que el proyecto no avanzaba y las elecciones eran esa primavera.

—Bueno, imagino que sabréis que él lo que ha hecho ha sido negociar con vosotros —nos contó Isabel mientras comíamos aquel 12 de enero—. El poco dinero invertido en Corporación Majadahonda ha sido para que estuvierais ahí, controlados, y negociar con unos y con otros, y esto me lo ha dicho Ramón.

Algo intuíamos, pero no éramos muy conscientes. Nuestros objetivos eran muy distintos.

—Tenéis que plantaros antes de las elecciones y negociar con él. Hablarle claro. Yo, por ejemplo, lo he negociado y bien. Yo no soy simplemente una trabajadora de Paco Correa —un golpe de orgullo hizo que se irguiera un poco en la silla—, yo soy socia de Paco Correa.

Vaya, ahí está el porqué de no despedirla, así que socia...

—Ya sé que no le caigo muy bien, pero eso le pasa con todas las mujeres, salvo las que dependen de él totalmente. Mira hasta qué punto se tiene que fiar de mí que estuvo enrollado con una paraguaya —Isabel nos hablaba de una de las mujeres de Paco, a la que Juanjo y yo conocimos en una cena— y me llamó para pedirme que fuera a comprar con esta chica unos bolsos y ropa para que fuera algo mona. ¡Era horrorosa! ¡Pero qué gusto más horrible el de Paco! Bueno, el caso es que le dije que sí, que no tenía ningún problema, pero que yo no era un perrito faldero, así que le dije que si ella se gastaba un millón, a mí me diera otro para gastarlo también. ¡Y tragó! Así que fuimos a comprarnos unos bolsos. La verdad es que la chica era muy agradable, muy maja... ¡pero vaya el gusto del Correa!

Algo más de un mes después de esta conversación, en marzo de 2007, nos llamó José Luis Izquierdo, contable de Paco. Nos pidió que, por favor, pasáramos por Serrano 40 lo antes posible para un asunto que le había encargado el señor Correa. Ese día me asusté, temí lo peor porque era algo inusual que José Luis nos llamase. Correa es muy cobarde y le encanta que otros afronten las situaciones delicadas o las discusiones que él normalmente no se atreve a tener. Sabía positivamente que conmigo jamás se atrevería a nada, a ningún enfrentamiento directo, por eso las personas que actúan así son bastante peligrosas.

No estaba seguro de nada, las elecciones se acercaban, pero la verdad es que ese año apenas nos vimos con Correa, que estaba continuamente en Colombia, Panamá u otros destinos que muchas veces evitaba determinar. Nosotros continuábamos con el partido, preparando la campaña, y esa llamada realmente me desconcertó. Le di unas rápidas instrucciones a mi mujer:

—Si no te llamo en diez minutos, llama a la policía y denuncia que he desaparecido y diles que, por lo que sabes, el último lugar donde he estado es la calle Serrano 40.

¿Me estaba convirtiendo en un neurótico? Todo lo que había grabado era aterrador e iba a meter en serios problemas a mucha gente, además de salpicar directamente al partido, que en ese momento ya presidía Mariano Rajoy.

—Ah, hola, Pepe. Pasa, pasa. Tengo un encargo del señor Correa para vosotros.

Llevaba la camisa pegajosa de sudor desde que habíamos aparcado. «Lo saben, nos han descubierto», decía en mi interior. Afortunadamente, Juanjo estaba a mi lado, como siempre esos dos años, lo que hacía que pudiese llevar todo aquello con algo de cordura, de tranquilidad.

—Sí, José Luis, ahora te atiendo, necesito ir al baño.

Era el primer día que flaqueaba, que literalmente no podía mirar a ningún miembro de la trama sin que un pánico atroz asomara en mi mirada. Intenté asimilar el terror, pero salí corriendo por el pasillo interminable de aquella oficina hacia uno de los baños disponibles. Vomité posiblemente todo el miedo que se había acumulado en mi interior desde diciembre de 2005, junto a todo lo que había ingerido esa mañana. Más de un cuarto de hora me llevó serenarme, limpiarme e intentar poner los ojos y la mirada en una posición más o menos neutra para enfrentarme al «encargo del señor Correa».

—Cariño, soy yo, por ahora va todo bien. Espera quince minutos y, si no te he llamado, haz lo que te dije. Un beso. —No sé ni cómo acerté a dar al contacto de mi mujer, desde aquel aseo y con los ojos inundados de sudor y algo de llanto.

Pálido, pero ya con confianza, volví al despacho de Izquierdo. En el pasillo oía las risas de Juanjo. Eso me dio más moral e intensificó la determinación que nunca me había abandonado hasta ese día.

—Bueno, si eso es todo, José Luis, no te preocupes, esta tarde te envío un fax con los comprobantes y ya está. Dile a Correa que el regalo para su amiga estará en marcha dentro de media hora. Bueno, Pepe... —Juanjo se volvió hacia mí justo cuando entraba en el despacho—. ¡Vaya cara! Venga, vámonos, ya tengo todo, lo he hablado con Izquierdo. Hasta luego, José Luis, hasta otro día.

Salí de allí trastabillando un poco, mientras la fuerte mano de Juanjo me asía por el codo.

—¿Estás bien, Pepe?

—Sí, Juanjo, sí, gracias. Algo he tomado que me ha sentado mal. ¿Qué te ha contado Izquierdo?

Correa seguía en contacto con la amiguita a la que Isabel ayudó en sus compras. De vuelta a Paraguay, la chica quería montar un negocio y Correa la estaba ayudando, así que, a través de todos sus satélites, decidió enviarle una buena cantidad de dinero. Juanjo y yo enviamos desde un locutorio más de cuatro mil dólares. José Luis nos dio la cantidad en euros y, además, los documentos de identificación de las personas a las que se enviaba el dinero. La entrega era inmediata. Así que Shirley Lorena recibió por nuestra parte el capital enviado por su querido Correa.

—Pues sí —explicaba Isabel durante la reunión—, me necesitan para seguir ganando dinero en las empresas. Es cierto que lo que ellos ganan de estas empresas es para pagar empleados, para el súper y poco más. Ellos, el grueso de su ganancia lo obtienen de otra manera, no en el circuito normal de las empresas. Y yo, bueno, desde que está Ramón, soy socia de un cinco por ciento de las empresas. Es un entramado en el que estoy yo de primera escritura, y luego está Paco y, por medio, Ramón. Yo pensaba que estaba Pablo, pero no.

No está mal, un cinco por ciento de empresas que facturan millones de euros. No es poca cosa, aunque para algunos sirva solo para comprar las latas de caviar del súper. Isabel era inteligente, sabía aguantar. Se unió a Ramón Blanco Balín, y gracias a él la pusieron como pantalla de las empresas activas en la Comunidad y el Ayuntamiento de Madrid. Siempre vi a Isabel como una persona con aspiraciones, no quería ser solo una mandada. Y por eso ya había montado su propia sociedad, imagino que con Ramón, para empezar a actuar.

—Pero ahora que la cosa va bien —la satisfacción en Isabel era evidente y quería compartirla con nosotros— no me conformo con un cinco por ciento, quiero un cuarenta por ciento.

Oír a Isabel me dejó perplejo. Era ambiciosa, pero nunca la creí capaz de enfrentarse de un modo tan directo con Correa y en esos términos. Pasar de un cinco a un cuarenta por ciento era un salto enorme. Cualitativamente, Isabel se estaba poniendo ya a la altura de su aún jefe. Estaba claro que solo con el apoyo de Ramón había llegado a esa conclusión, y si así era, Isabel había firmado su sentencia. Si creía que Blanco Balín iba a abandonar a Paco para irse con ella o enfrentarse a este para apoyarla, estaba más ciega de lo que imaginaba. Ramón y Correa estaban fabricados de la misma materia, la insensibilidad y el abuso constante sobre los demás. Si no me equivoco, lo que hicieron ambos fue interpretar al poli bueno y al poli malo o, lo que es peor, todo fue un puro engaño de Ramón para conseguir sus deseos espurios.

—Ramón me está ayudando mucho, se está portando muy bien conmigo.

Isabel creía controlar a Correa. Ahora que iba a luchar por ese cuarenta por ciento, se sentía con capacidad para aconsejarnos cómo enfrentarnos a Correa.

—Tenéis que hacerlo ahora, antes de las elecciones, y que tenga claro que no sois tontos. Mirad, él es capaz de manteneros así toda la vida. Preguntadle a Paco cuánto le han dado para el partido político y, sin que os diga la cantidad, pedidle un cuarenta por ciento. Con eso no tendréis que preocuparos por nada en un buen tiempo.

Decía tener información de que Correa había pedido financiación a varios empresarios para nuestro partido y, sin embargo, la mayoría del dinero se lo había quedado él. Además, insinuaba que el hecho de ayudarnos a crear la plataforma independiente era una mera estrategia teledirigida por el PP de Majadahonda para tenernos bloqueados y apartados.

—Tenéis que presionarle. Ya veis, yo cobré en B mis beneficios, pero no estoy dispuesta a hacerlo todo el rato, así con el cuarenta por ciento se acabó el negro y la negra. Preguntad a Correa cuánto dinero les queda de lo que pidieron para el proyecto del partido independiente, cuánto tienen y cuánto tienen previsto que va a sobrar, y si lo van a repartir. Vamos, chicos, tenéis que cubriros las espaldas.

Es muy gracioso ver a Jordán en los juicios, después de que se destapara toda la trama, declarando con carita de buena: «No, eso no es así, se tergiversó lo que oyeron, yo no era socia de nadie, era una pobre empleada». Eso sí que es traicionarse a uno mismo.

Juanjo la animó. Le dijo que estábamos pagando mucho dinero en costas en los juicios que habíamos presentado contra el consistorio y era algo que nos preocupaba.

—Yo te digo, Juanjo, que la firma de las empresas la tengo yo y, cuando un día pase algo, dejo las cuentas a cero, lo tengo muy claro —dijo una Isabel repleta de ego.

Su idea de robar al ladrón estaba bien planteada si no fuera porque no resultaba tan fácil colársela al diablo e irse de rositas. Para mí, Isabel se estaba equivocando. De todas formas, estaba compartiendo una información muy delicada.

—Tengo una baza muy importante. Estoy siendo leal y obediente dentro de un límite. No he hablado mal de Correa y no le he robado nada.

Debería haber añadido «por ahora» y sin contar los trapicheos que hacía. Isabel estaba menospreciando a Correa.

Pretendía sustituirle, convertirse en él. Para ello, tenía que ser muy cuidadosa, como ella misma reconocía. Cada vez se fiaba menos de la gente que tenía cerca. Un ejemplo era Javier Nombela. Pablo siempre decía que era el perro de Isabel, pero ella no acababa de confiar en él. Nombela había trabajado para Correa y para el Partido Popular de forma alternativa y, al estallar el caso Gürtel, era asesor del concejal de Moncloa-Aravaca Álvaro Ballarín, amigo a su vez de Cristina Cifuentes, pero a la que le ocultó su imputación por otro asunto. Finalmente, fue cesado por Ruiz-Gallardón, en ese momento alcalde de Madrid. Al parecer, aparte de trabajar para varias empresas de Correa, Nombela puso en contacto a la trama con algunas empresas que le proporcionaron cobertura fiscal.

Sin duda, Javier Nombela tenía una labor básica en el universo de Correa. Era el encargado de traer directamente de Estados Unidos, en concreto de Miami, palés enteros de una leche especial para la hija de Correa que solo se hacía allí y que este le encargaba porque estaba libre de bacterias y libre de químicos, como nos contaba. Su hija no podía tomar cualquier leche de supermercado como el común de los niños, solo podía beber esa específica. De paso, el dilecto padre aprovechaba, al parecer, el envío y encargaba su ropa interior y su colonia, que tenía que venir de aquel país para darle distinción.

Nombela era un buen trabajador de Isabel, pero su lealtad estaba del lado de aquel a quien servía desde hacía ya muchos años, y ella lo intuía.

—No me fío de Nombela, es muy perro. Será mi perro para Pablo, pero creo que es su propio perro y todo lo que hace lo hace por él. Por eso os digo, cubríos las espaldas, plantaos antes de las elecciones, decidle que el cuarenta por ciento y me quedo corta. Y ya está, que cierren el chiringuito, pero que sepan que sabéis que os están utilizando. Y os digo, porque esto lo sé de verdad, ya sabéis por quién, que lo primero que hicieron fue pactar con el grupo Dico. Y a partir de ahí han hecho obras con ellos y venden que os tienen controlados, así que, por favor, no hagáis el tonto y plantaos.

Isabel adquirió velocidad de crucero, insistía de una manera que no era normal en ella, siempre pausada y serena.

—No podéis esperar. Mirad con Guillermo, le salió mal la jugada y todo le está saliendo mal. Afortunadamente la Comunidad la tengo yo controlada, y de veras que el que hace un negocio con él no repite, así que no esperéis al final.

Un poco desconcertados, Juanjo y yo repetimos que eso era lo que teníamos pensado, plantearle que la situación era insostenible. La insistencia de Isabel tenía un destino claro, ponernos en pie de guerra para que ella pudiese llevar a cabo su plan. Tenía que distraer a Correa para desenfocar sobre ella la vigilancia que solía tener. Isabel subía la apuesta para convencernos.

—Creo que les va a pasar algo muy gordo. A su mujer, de enfermedad, que no tiene buena salud, y estoy convencida de que él morirá de un infarto de la mala leche que tiene. Os soy sincera, hace dos años que no le aguanto, es insufrible, y todo por sus complejos, es una persona que tiene muchos problemas de infancia y de juventud. Creo que él está convencido de que su familia es la equivocada. Se cree que su familia debería haber sido millonaria, con muchos negocios y poder, y le gustaría ser una persona muy inteligente. Él sabe que es una persona muy avispada, lista, pero no inteligente. Que además no tiene una profesión, una carrera, que se ha equivocado muchas veces.

Correa nos había contado en diversas ocasiones algunos de sus reveses empresariales y equivocaciones. Eso le había hecho ser más cauteloso de lo normal, con la familia o con los amigos y conocidos. El mayor error lo llevó en una ocasión, hacía años, a la ruina económica, aunque nunca quiso dar muchos detalles. En 1992, con un boyante negocio de viajes de empresa en marcha y habiendo aprendido todo sobre la materia en Wagon Lits, de repente se arruinó. Demasiados créditos y pólizas y, aunque él no lo decía, demasiada buena vida. Posiblemente para conseguir una mayor facturación, ya entonces tenía que recurrir al lado oscuro de quienes lo contrataban. Al menos, aquella vez se trataba de dinero privado.

—Dejé a deber mucho dinero, en especial a tres bancos —comentó Paco en alguna ocasión, con especial orgullo— y me embargaron todo, hasta las camisas. Pero, fíjate cómo soy, cómo es Paco Correa: luego, cuando me recuperé, les pagué todo, todo, a los tres putos bancos, la Kutxa, Bankinter y Crédit Lyonnais, y eso que me decía mi abogado: «No seas tonto, para qué les pagas, si eres insolvente».

Le embargaron todo, hasta las oficinas que tenía. Sin embargo, resultó que el piso donde vivía con su exmujer no estaba a su nombre a pesar de haberlo comprado, sino que siempre siguió a nombre de la constructora, Ivedisa, lo que impidió al banco quedárselo. Paco no hablaba ni de su familia, era un tema tabú, ni de su exmujer, ni por supuesto de su hijo fallecido. Como anécdota, cuando el banco buscaba todas sus propiedades, encontraron a una persona con su mismo nombre y apellidos en Castellón y, por error, le embargaron la casa al confundirlo con Paco.

Isabel seguía insistiendo. Nos advertía de que Correa tenía las espaldas cubiertas. Nunca le pasaría nada porque tenía su dinero a buen recaudo en las islas Caimán.

—Mirad, Benjamín buscó su momento: había un negocio gordo y él pidió su tajada y desapareció de allí. Ahora está en la Asamblea como un señor. Le dieron mucho dinero y ahora le dan todos los años un poco, de vez en cuando, por lo que pueda pasar. Nunca se sabe a dónde llegará Benjamín y en qué le pueden ayudar. Lo que os digo, tenían negocios pendientes, Benjamín tenía que firmar y escogió el momento, y así pudo imponer sus condiciones.

—Yo juego con ventaja. He visto lo que han hecho con vosotros, cómo os utilizan, y cómo ganan dinero con vosotros, por eso me he adelantado a ellos. Y cuando a mí el tonto de Pablo con toda su cara me dice que él se podría jubilar, que lo que ha sacado le da más que de sobra, sabiendo de dónde sacan el dinero, es que yo me rebelo.

—Es que sabido esto, querida Isabel, nosotros en 2005 habríamos pedido el reingreso en el Ayuntamiento de Madrid, donde teníamos plaza fija, y le habrían dado por el culo a todo lo que estamos haciendo. —Juanjo titubeó al darse cuenta de que intentaba decir más de lo que podía decir—. Que si sube, que si baja, que si ahora no sigo, que si ahora sí, que cenamos, que no...

—Por eso, como los conozco y sé lo que hacen con las personas, cómo las utilizan, soy consciente de que solo hago negocios con ellos y punto. Ellos me pagan y, a partir de ahora, van a pagar cuando yo quiera y como yo quiera, cuando necesite. Es más, ahora me viene todo mejor, antes me pagaban beneficios en nómina, ahora lo hacen en B, con lo que gano mucho más, y hasta ahora no me han pagado ni una cuarta parte. Pero, vamos, porque ahora no lo necesito, cuando me hagan falta pediré dos millones. No es como antes que venía Paco y me decía «toma, doscientas mil, cuatrocientas mil», como si lo regalase, y no, ahora tengo mis derechos escritos y exigiré lo que me corresponda. Ellos además están muy, muy confiados, ven que yo no gasto mucho; por ejemplo, de ropa el año pasado solo compré por la empresa un bolso de novecientos euros. Yo, la verdad, no soy de gastarme el dinero en trajes de Bulgari. También te digo, si necesito el dinero por una enfermedad, no es que lo pida, es que lo cojo y punto.

—La verdad, Isabel, es que a nosotros estos dos años nos han perjudicado más que beneficiado. Hubiésemos estado mucho mejor en nuestros puestos de Madrid y nos hubiésemos olvidado de esta panda de gentuza, así te lo digo —lo afirmaba sinceramente—. Así que, si nuestro ejemplo te ha ayudado, doy por buenos estos años de verdadero calvario.

Acabamos la comida y nos dirigimos al aparcamiento donde Isabel tenía su coche. Comenté que, en una de sus últimas llamadas, Paco me cogió entrando en la universidad y me dijo que sacarse el título era fundamental.

—Sí —intervino Isabel—, como su título comprado y su carnet de conducir igual.

La carcajada al unísono se oyó en todo el distrito. Es la segunda opción de todo aquel que es como Paco: si no consigo algo, lo compro. Y algo que se había callado Isabel lo sacó a relucir, ya casi en la rampa del aparcamiento.

—Bueno, yo me voy a meter en Boadilla con la gestión de la grúa y, en Arganda, ayer me dijo Ginés que iba a sacar un pliego para la retirada de vehículos y las zonas de aparcamiento y que me presentara. Así que le dije que no se preocupara, que yo me organizo, me informo bien y me presento y punto. Y otra cosa que he hablado con Ginés es sobre la Oficina de Atención al Ciudadano, que al parecer no le funciona nada bien, y le he dicho que por favor me la dé, que se la pongo en marcha y a tope, y me ha dicho que antes de las elecciones hablaríamos.

de los fondos. Además, hacía creer a sus amigos, como Ulibarri, que tenía controlado a Ángel Galindo para que dejara de denunciar contratos irregulares del ayuntamiento boadillense.

12

TODO CABE EN UN MALETÍN

(22 de febrero de 2007)

—Oye, y óyeme bien, que estoy hasta los huevos: el cabrón del Galindo ha vuelto a denunciar a Ulibarri.

Todo en aquellos años fue verdaderamente una cosa de locos, un caos. Lo primero, mi vida. Vivía, como se dice, a salto de mata, con sobresaltos constantes, a la deriva de los caprichos de Correa y de si quería o no quería verme, de si quería o no jugar un poco más conmigo. En febrero de 2007 era muy evidente que Correa nos utilizaba, que continuaba con el proyecto del partido independiente porque le estaba saliendo muy bien económicamente. Por un lado, ganaba dinero, pudo negociar con la trama Púnica para poder seguir haciendo negocios en Majadahonda. Por otro, ganó mucho más con las donaciones que consiguió para el partido, quedándose él una buena parte de los fondos. Además, hacía creer a sus amigos, como Ulibarri, que tenía controlado a Ángel Galindo para que dejara de denunciar contratos irregulares del ayuntamiento boadillense.

Correa nos había presionado muy fuerte en octubre de 2006, con la parcela de Ulibarri en Boadilla del Monte. Quería que forzáramos a Galindo para que retirara la denuncia, pero, en cambio, yo opté por contar mis planes a Ángel, lo que me dio la tranquilidad de hablar con él libremente, sobre todo de las presiones indirectas de Ulibarri.

Pero el desastre parecía que se extendía por todo en lo que nos vimos envueltos. La propia política madrileña era un descontrol. Bajo el pretendido mando de Esperanza Aguirre, subyacía una realidad en la que las distintas familias económicas de Madrid peleaban a muerte por un urbanismo sobredimensionado y caníbal y que solo podía abocar a una corrección drástica. Esperanza solo quería y aspiraba al poder total, la presidencia del Gobierno.

La trama, según la iba conociendo, era la esencia del caos. Correa, Pablo, Álvaro, Isabel podían controlar o dirigir una empresa de pequeñas dimensiones, pero cuando aquello creció se les fue de las manos. La organización estaba en un camino sin retorno a ninguna parte. En Valencia, Álvaro campaba a sus anchas y así acabó la Comunidad. En Madrid, Isabel estaba al frente, pero creyó que ella merecía una multinacional y terminó pidiendo árnica. Pablo, que se autodenominaba banquero y no pasó de mediocre bancario, se limitaba a contar sus hazañas sexuales. Y luego Correa, con sus proyectos internacionales en Senegal, Colombia o Panamá, lugares donde no impera precisamente la ley, que dejaron en evidencia su incompetencia.

Todo estaba alineándose, como los planetas. Enfilábamos la recta final y todo podía estallar. El universo de Correa amenazaba con hacerse pedazos en cualquier momento. Pero él no se daba cuenta de nada, solo se entretenía con su distracción preferida, jugar a su antojo con las personas. Estaba tan absorto en su juego que no se dio cuenta de la grabadora que yo llevaba encima desde hacía muchos meses y que sería la razón de su ruina, el objeto definitivo de la justicia. Si tengo que ser veraz, debo decir que le dije a Correa en distintas ocasiones que por qué no lo dejaba todo, que había reunido millones suficientes como para no tener que trabajar en siete u ocho vidas, y eso gastando sin ton ni son. Pero sus ansias de poder y de querer cada vez más eran irrefrenables, el no saber cuándo parar es lo que a todos nos hace perder el juicio. Correa gozó de oportunidades, de varias oportunidades. Una de ellas fue cuando le conté que en Ponferrada también iban a por su amigo Ulibarri. Varios partidos habían denunciado al alcalde por conceder contratos de manera fraudulenta al empresario leonés. El PP pensó que podía cambiar la economía basada en la minería de esa zona de España por urbanismo. Así, construyeron La Rosaleda, un barrio levantado sobre millones de metros cuadrados recalificados, con los gerifaltes de la obra y el ladrillo de la zona. Ulibarri se llevó una parte del pastel construyendo, como si no hubiera un mañana, la torre más alta de Castilla y León, hoy símbolo de la burbuja inmobiliaria en la zona. Edificios de quince y veinte alturas, y sobre todo un centro comercial, El Rosal —que era su finalidad última—, frente al espléndido El Toralín, el estadio de fútbol de la Ponferradina, única fábrica de alegrías últimamente para esa querida tierra.

Todo ese desarrollo brutal tuvo un colofón lógico. En Ponferrada pueden comprarse los pisos más baratos de España, y toda la actividad urbanística está paralizada y hundida. Decenas, cientos, miles de pisos vacíos han convertido la zona en un megabarrio fantasma. La torre más alta entró en concurso de acreedores, después de que tres de los cuatro ascensores y las bombas para elevar el agua a los últimos pisos dejasen de funcionar, sin que sus escasos ocupantes hayan conseguido solucionarlo.

Correa pensaba que Galindo estaba detrás de la denuncia de Ponferrada, algo totalmente falso. Había hablado en varias ocasiones del tema con Paco, pero Ulibarri le presionaba porque le preocupaba el abogado que le perseguía por todo el territorio. Correa sabía perfectamente que no había ninguna posibilidad de que Ángel cambiara de opinión, pero me presionaba, metiendo a mi familia de por medio, para que le hiciera desistir.

—Tienes buena amistad con Ángel, lleváis dos años viéndoos, dile que es un tío que os está ayudando. Si tú hubieras insistido y hubieras estado encima de ese tío, diciéndole que hay un nivel de amistad importante con este señor por mi suegro, que él no se mete con nadie. Joder, dile: «¡Coño, Galindo, no le metas más plomo!».

Decirle a Correa que estaba hablando de una persona incorruptible hubiese sido vano, así que intenté persuadirlo por otra vía.

—Paco, pides cosas muy personales. A Ángel, pedirle algo así es como si yo te pido que pidas a Ulibarri que mate a otro por mí; es que somos muy amigos, entiéndelo, por favor. Yo hablo con Ángel y sé que él no quiere entrar a discutir, se calla, no dice ni sí ni no, pero yo sé que en su fuero interno le duele que le pida algo sobre alguien del que él está convencido de que es un corrupto.

—José Luis no se mete con nadie, ha ido a Boadilla y le han dado el concurso.

—Sí, y pagando tres millones menos que las demás ofertas, algo extraño para Ángel.

Las conversaciones sobre corrupción eran sutiles. Correa sabía y nos había dicho que Ulibarri pagó por la adjudicación de la parcela y a él, pero en otras ocasiones todo era más sibilino. No quería ser brusco, pero me estaba violentando. Correa presionaba y lo único que podía rebajar su presión era hacerle frente, bajarle sus armas y hacerle ver que conocía sus trucos de tahúr del Oeste.

—¿Por qué coño crees que no he hecho esa gestión? —le espeté—. ¿En qué coño te basas? Pues te digo, aunque sé que ya lo sabes, que he hecho la gestión, y varias veces. Y apunta, para que no lo olvides, que no lo hago por la ayuda al partido del fulano, ni por sus putos millones, lo hago porque me lo pides tú; de lo contrario, jamás, jamás le diría nada parecido a Galindo. Te digo una cosa —no subí la voz, pero el tono fue lo más grueso posible—: me indigna que pienses que no hice esa gestión y me indigna cuando te pones así de bruto porque sé, lo sé positivamente, que te haces el tonto.

Le insistí, pero ya rebajando el tono, que lo podría pedir las veces que quisiera y que podría pensar que tanto Juanjo como yo no hacíamos lo que decíamos. Pero, por muchas veces que dijera una mentira, esta no se iba a convertir en verdad.

—El nivel de relación es indiferente, nos estás pidiendo un imposible y lo sabes perfectamente. Ángel siempre pensará que detrás de la operación de Ulibarri existe un delito y esa es la realidad.

—Pero es que vosotros podéis decirle que lo haga por vuestras familias.

—Vale, si quieres, volvemos a salir y entramos y tenemos esta conversación de besugos cien veces. No vayas por ese lado, Paco. Yo te insisto y tú te vas por los cerros de Úbeda; te estoy diciendo que lo que me duele es que pienses que nosotros no estamos respondiendo. Ahora quien no responde eres tú.

—Te insisto porque las primeras veces que te hablé de esto tú estabas «bu-bu-bu» —me dijo—, que no lo veías claro y te tuve que insistir.

Paco, fiel a su papel, siguió un rato. Estábamos reunidos en el despacho de Serrano 40, concretamente en la sala de reuniones, que tenía un balcón a la calle, una gran mesa central y ocho sillas alrededor, un televisor y un montón de aparatos destinados a realizar grabaciones de las reuniones de importancia que allí se llevaban a cabo. Estábamos en los laterales, ninguno había cogido el sitio de presidencia de la mesa, eso quería decir que Correa nos quería hablar de amigo a amigo. Los refrescos se acumulaban en la mesa y la grabadora estaba en su lugar habitual, en la americana.

Correa era testarudo, era una de sus señas de identidad, pero además era una de sus tácticas preferidas, ganar al adversario por agotamiento, de modo que ese día nos repitió unas doscientas veces que había que hacerlo, por pasiva y por activa. Se hacía el tonto durante la conversación para ver si nos acababa cansando.

No sé por qué en ese momento me acordé de su esposa, Mari Carmen, con quien tuve una buena relación en nuestro paso por el ayuntamiento y de la que recuerdo algunas anécdotas graciosas. Nos llevábamos muy bien con ella cuando trabajábamos juntos, pero había cambiado mucho y en esos momentos ya no manteníamos el contacto. Sin embargo, un día, me llamó inesperadamente:

—Me gustaría hablar contigo, Pepe.

Correa había vuelto a casa después de que su mujer le amenazara con soltarlo todo en la prensa. Paco era listo, se tragó su orgullo y decidió volver. No solo regresó, sino que traicionó a Pablo, haciéndole quedar como el culpable de su huida de casa y de su querencia por las mujeres de mala vida.

—¡Si me cuesta el matrimonio, te juro, Pepe —gritaba Pablo congestionado totalmente—, que le doy una hostia que la reviento a esta hija de puta! Pues no llama a mi mujer y le cuenta que soy un putero y que tengo a otras mujeres mantenidas con pisos y todo. Le contó todo, todo lo que le había dicho Correa. También este cabrón...

Parecía una película de Almodóvar. Correa, al llegar a casa y para pedir perdón, no se le ocurrió otra cosa que poner a los pies de los caballos a Pablo, y a nosotros en parte.

—Si te viene bien, hoy en el Vips de las Dos Castillas a las doce.

—Muy bien, allí estaré, Mari Carmen, chao.

No me apetecía nada. Mari Carmen había pasado de ser la jovial y risueña compañera de trabajo a convertirse en una bruja que haría cualquier cosa por retener a un hombre al que odiaba y que la odiaba. Pero en ese momento no quería estar sola con su hija. Había fracasado en todo, pero no estaba dispuesta a que su matrimonio fracasase, al menos no de cara al exterior.

Su matrimonio era lo único que dependía de ella y estaba dispuesta a dejar a quienquiera que fuese en el camino. Y ahora venía a por mí. No sabía qué quería, nada bueno seguro.

—Cuánto tiempo.

—Sí —respondí lacónico, no quería malgastar muchas palabras con alguien que me pareció fuera de sí, como si hubiese perdido el juicio. Tenía la mirada torva y venía desaliñada, pintada como una muñeca. Desde luego, no era la Mari Carmen que yo recordaba, una hortera que siempre intentaba ir impecable.

—Te preguntarás por qué te llamo. Quiero que sepas que os echo de menos a ti y a Juanjo. Me gustaría que de vez en cuando nos viéramos y habláramos, como antes, como en el ayuntamiento.

—Mari Carmen, puedes ir al grano, y no te andes con rodeos. Veo que has cambiado desde la época del ayuntamiento, yo también. Tengo menos paciencia.

—Vaya, me había dicho Paco que habías crecido de verdad, pero no imaginé nunca que tanto. Fuimos muy amigos.

—Fuimos.

—Ahora lo eres de mi marido, de Paco. Estoy un poco mal, disgustada con Paco por lo que me hizo.

—Hay muchas personas —le interrumpí— disgustadas contigo por lo que hiciste.

—Solo defendí a mi hija y mi matrimonio.

—Existen formas para hacerlo sin dañar a nadie y menos a inocentes.

—Quiero que hagas algo para mí.

—No puedes exigirme nada, ni siquiera pedirme nada.

—Por nuestra amistad, sé que adoras a mi hija, te lo pido por ella.

—Mal camino, vas por muy mal camino, Mari Carmen.

—Solo quiero que me digas cuándo sale de Madrid o de España, con quién se va.

—No sigas, Mari Carmen, déjalo. No lo voy a hacer, no soy un espía y menos de ti.

—Me lo debes —el tono de su voz se elevó casi en un grito histérico.

—No, me voy, Mari Carmen. ¿Qué te debo yo? Has perdido el juicio y no me vas a arrastrar, estimada examiga —le advertí mientras pagaba al camarero. Me levanté como un resorte.

—Sé que hoy ha salido.

Me picó la curiosidad, era verdad que Correa había realizado un viaje ese día.

—¿Y?

—Si no eres tú, será otra persona.

—Que lo sea —le hablaba desde dos metros de distancia. Por una vez, el cerebro trabajó rápido. Correa no fue a dormir a casa y recogió los billetes en Serrano 40—. De todas maneras, debes tener cuidado, a Rocío podría costarle el empleo.

Rocío trabajaba limpiando la casa de Paco y la oficina, de modo que tuvo que ser ella quien avisara a Mari Carmen. Fue una relación que me surgió de repente. Y acerté. Cuando vi la cara de sorpresa de Mari Carmen, lo supe.

Salí de allí asqueado. A ese juego era a lo que se dedicaban los ricos, a ser infelices y a hacer infelices a los demás.

Os necesito

Después de darse cuenta de que no había nada más que hacer con el tema de Galindo, Paco se acurrucó en la silla, puso ojos melancólicos y esbozó un mohín de disgusto. Estuvo un minuto así. Cuando se daba cuenta de que era débil, se rebelaba cabreándose hasta mostrar incluso odio. Paco tenía animadversión a muchas cosas. Odiaba las enfermedades, era hipocondríaco, y la manera en que la enfermedad se cebó con su familia lo había vuelto excesivamente irascible con estos temas. Si le preguntabas siquiera por la salud de su padre, se enfurecía. Paco también odiaba la playa, le recordaba a cuando iba de pequeño con su madre como pobres, con una toalla para todos, y algo de merienda en una cesta. El barco le daba el estatus que él merecía, muy por encima de la mayoría de los mortales.

—Pepe, este fin de semana os necesito, por favor. He vendido la casa de mis padres y les he comprado una buena casa, en el barrio donde vivían, para que no lo echen de menos. La he vendido bien y tengo que ir a coger todas las cosas personales. Os espero el domingo.

No pedía, ordenaba. No quería que le ayudásemos, eso lo podría haber hecho cualquiera. Quería estar ese día con alguien que le comprendiese, que le ayudase anímicamente, alguien que no se fuera a reír de él, de la casa donde vivió. En definitiva, alguien humilde.

Siempre que necesitaba algo duro y difícil, algo de verdad, no acudía a sus socios, ni a gente que habitualmente compraba sus servicios, ni a empleados; acudía a gente que sabía que estaría a la altura y no le pediría nada a cambio. Fuimos a Ibiza a cuidar a su hija, lo que más quería del mundo. Jamás la habría dejado al cuidado de Tomás, Pablo o Ramón o cualquiera de aquellos que buscaban su dinero, como Isabel, por no hablar de ningún político. Cuidamos a la niña un fin de semana junto a la misma niñera que había trabajado para Julio Iglesias, Paco solo quería lo mejor. No entendió nunca lo que significa lo mejor para un niño.

Recogimos a Paco el domingo después de comer y nos encaminamos a la zona de General Ricardos, un barrio humilde de trabajadores en la capital. Una calle muy estrecha y una casa típica de unos cincuenta o sesenta años, sin ascensor y con una escalera más bien oscura y un poco desvencijada. La casa, con olor a cerrado, le provocó rechazo a Correa. Dio un paso atrás.

—Perdón, Pepe, es que no puedo, huele a enfermedad... Por favor, entrad y abrid todo. Aquí está el salón, que da a la calle con dos balconcitos, y luego las habitaciones; son interiores pero alguna tiene ventana, abridlas, por favor.

Lo hicimos lo más rápido posible, ventilamos. Era un día fresco pero luminoso, aunque ya caía la tarde. Un día de esos de otoño de Madrid. Salí al descansillo y allí estaba sentado en los escalones. Se incorporó y me miró directamente a los ojos, estaba buscando en mí algún sentimiento de sorna o de desprecio hacia él. Pensaba que todo el mundo era tan despreciable como él. Intenté serenarle con la mirada, y fui lo más afable y diáfano posible.

—Es solo un poco de humedad, Paco, de estar cerrada la casa, no te preocupes. He visto un bar abajo, podemos tomar una tónica y Juanjo se ocupa de esto.

Agachó la cabeza y bajamos. Tomamos la tónica en silencio.

—Yo corrí por esta calle. Empecé a trabajar muy joven y todo lo hacía corriendo. Me gustaba el turno de noche, las propinas eran mucho más importantes que de día, y la gente, más interesante. Allí aprendí. Iba corriendo, desde Norte a Cuatro Caminos, no me importaba y así me ahorraba el dinero del metro. Salí de aquí en cuanto pude. Lo odiaba.

—Bueno, algunos recuerdos son más dolorosos de lo que realmente eran —traté de aliviarle.

—¡Qué coño sabes tú! Trabajar de tan joven es una putada, no tener nada es una putada, ver trabajar a tu madre limpiando es una putada, ver a tu padre trabajando en lo que podía es una putada...

Preferí callar. Su carga de indignación y odio hacia la familia era demasiado. Paco pensaba que habría merecido otra vida. Él era superior a todo lo que había tenido cerca, y era indigno que él, con lo que era, no hubiese tenido las oportunidades de tantos otros, inferiores a él, que pudieron estudiar, aquellos que él siempre pensaba que le miraban por encima del hombro. Todo su resquemor se hacía patente en esos momentos, y lo hacía débil porque hacía aflorar una parte de su vida que él no deseaba haber vivido. Casi se transformaba. Era como si ese odio interior se hiciera corpóreo, se materializaba e incluso llegaba a cambiarle el aspecto. Al darse cuenta, Paco lo revestía de furia y la hacía restallar contra el primero que estuviese a su lado.

Salimos y nos dirigimos a la casa. Con el cuello completamente hundido entre los hombros, miraba hacia el piso de sus padres como si fuese una espada de Damocles dispuesta a caer sobre él.

—Lo hubiese regalado.

Mentía, una cosa era lo mal que lo había pasado allí y otra muy distinta era perder un solo euro. Ante eso no había drama pasado ni complejos. Lo vendió y no creo que contemplase ninguna otra opción para el piso. Entramos finalmente en la casa, la recorrió sin mirar. Veía escenas de su pasado odiado y recóndito, la habitación de sus padres se le hizo demasiado cuesta arriba, salió y se dirigió al salón. Allí, en una típica estantería de esas que hemos vistos todos en casas de nuestros padres, estaban las fotos. Se paró, cogió la de su hermana en el día de su boda. Jamás nos había hablado de ella. Se volvió hacia nosotros, que estábamos respetuosamente alejados.

—Murió.

Por el vestido y el blanco y negro de la foto, la boda debió de celebrarse siendo Correa un adolescente. Recogió las fotos y empezó a guardar las cosas personales. En la casa había cajas de cartón y algunas maletas, sin duda el chófer de Correa las había llevado allí por la mañana. Nos dijo que esperásemos, y con una bolsa de marca recorrió la casa entera recogiendo todas aquellas pertenencias que su madre le había encargado. Luego, sacamos toda la ropa de los armarios. Trajes, chaquetas, de todo. Lo arrojó al suelo casi todo, salvando apenas unas pocas prendas que metimos en maletas. Los desechos, a las cajas de cartón. Las bajamos en varias tandas a los contenedores de enfrente; la ropa de cama, de cocina, todo quedaba allí. En cuanto nos dábamos la vuelta, las cajas desaparecían, o quedaban abiertas con todo revuelto. Ambos nos miramos con un ademán cómplice.

—En mi pueblo, de chico —recordó Juanjo en el portal—, me encantaba ir a las casas de las que la gente se mudaba, y allí en el campo, siempre se encuentra algo útil en lo que los demás desechan.

—A todos nos fascinaba de pequeños una buena montonera de cosas desconocidas —coincidí—, siempre puede haber algo de valor, o algo para la cabaña que te construyes, o simplemente por un buen rato revolviendo.

Nuestra impresión era que aquella ropa iba a tener un nuevo poseedor que pretendía darle un buen uso.

—Estas son las últimas, ahora ya bajamos los tres. Toma, Pepe...

Me tendió una pequeña caja con unos gemelos, decidí aceptarla y se lo agradecí. Aún hoy en día los conservo y no los he utilizado. Ya había cerrado toda la casa menos los balconcitos de la sala. Se nos había hecho de noche cerrada, llevábamos unas cuantas horas, y cuando se dirigía a cerrar el resto, algo le llamó la atención. Era un recorte de algo enmarcado, pero era un marco bastante pequeño y hasta ese momento había pasado desapercibido, además estaba tapado por un jarrón antiguo.

La mirada de Paco se perdió en el marco, estaba rememorando algo y nosotros simplemente esperamos. Seguro que una historia de las de Paco se escucharía en breve. Sus historias siempre tenían un sustrato verídico, pero con el tiempo las adornaba de tal forma que parecía que te contaba la *Odisea*.

—Esto, chavales, es el recorte del BOE en el que nombran capitán del Ejército rojo a mi padre.

En el coche, desarrolló aquel episodio. Su padre marchó desterrado a Casablanca al finalizar la Guerra Civil. Y ese estigma de rojo pesó cuando pudieron volver a la Península. Con la democracia, los miembros subsistentes del Ejército rojo tuvieron la posibilidad de acceder a una pensión. Para poder pedirla, debía probarse el haber pertenecido de manera oficial al mismo y, por ello, lo mejor era poder presentar el *Boletín Oficial del Estado* (BOE) que recogía el nombramiento en cuestión.

Correa nos contó que el Ayuntamiento de Madrid puso a disposición de los interesados las copias de los BOE de aquellos años. Por la descripción que nos dio, debió ser en el edificio pegado a la Torre de los Lujanes, del siglo XV, en la plaza de la Villa. Al parecer, Correa estuvo allí durante una buena temporada hasta que localizó el BOE en cuestión y su padre pudo gozar de una pensión merecida.

No hay dinero para el Albondiguilla

Aquel día en que Paco nos pidió que le acompañáramos a casa de sus padres, estábamos en su despacho. Tras finalizar nuestra conversación con él y conseguir, por fin, que nos dejara tranquilos con el tema de Galindo, se fue a otra sala con su socio Pablo Crespo. Después de un rato, aparecieron lanzándose reproches el uno al otro. Juanjo y yo, sentados en una mesa, disimulábamos para que no se percataran de que estábamos pendientes de su conversación. De repente, Paco soltó:

—¡Es que no quería darle el dinero ahora, darle la otra parte ahora no, joder! Pablo, que no quería darle ahora todo lo que le debía porque ahora no voy a tener para pagar al Albondiguilla.

Disimuladamente, dejamos de hablar e hicimos como que mirábamos a puntos inexistentes en el infinito de la pared. Que no tenía para pagar al Albondiguilla era una buena frase, teniendo en cuenta que se refería a Arturo, el alcalde de Boadilla. Nos interesaba saber qué iba a cobrar y por qué.

—Que sí, hombre, que sí —le respondía Pablo, resignado.

—No, no va a haber —replicaba Correa—. Bueno, lo dejamos ahí y ya, dejo yo a deber noventa mil euros.

—Pero, Paco, es que eso es en lo que quedamos, ¿no?

—Que sí, Pablo, es en lo que quedamos, pero yo no le dije que le iba a pagar ahora. Es que para pagarle al Albondiguilla no vamos a tener, no voy a tener ahora.

—Que sí, hombre, que sí. Creo que no has hecho bien las cuentas.

Abruptamente, Correa sintió que no debía continuar esa conversación y despidió a Pablo. Se volvió hacia nosotros y empezó a hablar de la publicidad del partido independiente.

Abogados asesinados, narcos y el clan de los Miami

Pocos días después, Paco me envió un fax a la oficina de Majadahonda con un artículo del periódico *El País*. El titular era: «El abogado asesinado en Retiro pasaba por dificultades económicas» y llevaba como subtítulo: «La policía centra sus investigaciones en los últimos clientes que tuvo el letrado». La noticia recogía que habían asesinado a un abogado y que el crimen, cometido por un sicario, no tuvo como móvil el robo. Aparte de abogado, el fallecido era empresario y tenía en propiedad varias residencias geriátricas en Latina y Cercedilla. Su mujer había resultado herida. Las pesquisas se centraban en clientes de su bufete de abogados penalistas, especializado en defender a bandas de narcotraficantes. Entre ellos se encontraba el presunto líder de la banda de los Miami. Tras la muerte del letrado, que había llevado un alto tren de vida, numerosas empresas de su propiedad se encontraron en crisis por una patente falta de liquidez. El artículo decía textualmente: «La policía también investiga estas empresas por si pudieran ser utilizadas para el blanqueo de capitales procedentes del narcotráfico. La forma en que el letrado fue asesinado apunta a un ajuste de cuentas típico de bandas mafiosas. El arma empleada en el crimen (una pistola del calibre 9 milímetros Parabellum) suele ser utilizada por los sicarios —asesinos a sueldo contratados por bandas criminales—, según fuentes policiales».

No sabía a qué respondía aquel artículo, pero seguro que detrás había una nueva paranoia de Correa. Pensé en aquel guarda jurado en su casa jugando con la pistola, y el tiro que se dio y luego la mentira urdida para no ser descubierto. Ahora esto. ¿Cómo encajaba un abogado asesinado en la vida de Paco Correa? Seguro que lo averiguaría muy pronto. Parecía que siempre estaba en el filo de la navaja y que a su alrededor se agolpaban una serie de sucesos luctuosos difíciles de explicar. Ese día, yo estaba dispuesto a darle el beneficio de la duda contara lo que contase.

—¿Puedes venir a mi casa, ahora? Tú solo.

Acudí a su casa de La Finca lo más rápido que pude. Estaba cerrada a cal y canto. Todas las ventanas tenían las cortinas corridas. Siempre me fijaba en esas cosas cuando iba a ver a Correa, eso me daba una idea de su estado mental.

Abrió sin que se le pudiese ver desde afuera, parapetándose detrás de la hoja de la puerta. Cerró apenas había pasado mi talón y el golpe resonó en todo el amplio salón. Le miré con detenimiento y, salvo estar un poco menos aliñado que de costumbre y algo despeinado, era el Paco habitual de las ocasiones en que se mostraba fuera de sí, lo supe de inmediato en cuanto vi su mirada. La comisura de los labios le temblaba y, con los ojos abiertos de par en par, miraba a diestra y siniestra continuamente. Pasamos a su despacho. El ventanal estaba en ese momento tapado por una cortinas pesadas que casi nunca tenían esa función. Nos sentamos en el sofá. Se mesaba el cabello como él solía hacer, hacia atrás, lentamente, dejando que la melenita se fuese soltando poco a poco de sus dedos y ahuecándola para darle esa imagen tan característica. Pero ese día lo hacía con las dos manos, signo inequívoco de preocupación.

—¿Lo has leído?

—Sí, claro. ¿Le conocías? ¿Era amigo o hacías negocios con él?

—Lo vi ayer —dijo tras una pausa—. Joder, Pepe, nos caíamos de puta madre y habíamos quedado. Es el dueño de la residencia donde quiero llevar a mi hermano.

—Bueno, pero eso es una casualidad que no tiene por qué tenerte preocupado.

—¿Ah, no? Tú siempre tan seguro de que en este mundo no pasa nada. Nada es casual. Y hablé de negocios con él en su despacho, de dinero, del extranjero, ¿entiendes? Seguro que este individuo lo graba todo y ahora la policía me tiene y con la que está cayendo...

—Pero vamos a ver, Paco, ¿dónde lo viste, en el despacho o en la residencia? Porque si lo hiciste en la residencia, creo que ahí no tendría que grabar nada, es un negocio radicalmente distinto al despacho de abogados donde defiende a narcos y gentuza de esa calaña.

—Bueno —se calmó un poco—, eso es cierto, lo vi en la residencia. Quería visitarla y esas cosas; luego, tenía una labia el tío... y estuvimos varias horas hablando de todo, de sacar dinero, de meter. Coño, iba a empezar a hacer cosas con él.

Logré poco a poco serenarle. Ya había pedido a Pasadena, su agencia de viajes, un billete para Miami, quería desaparecer una temporada. La verdad es que la coincidencia era importante, pero las consecuencias que él sacaba de ello eran de locura. Como dije al empezar este capítulo, el caos es un elemento importante de esta historia. De mi experiencia con la trama he podido deducir que a las personas no son otros, sino sus propias actividades, lo que las hace más propensas a vivir determinados momentos de peligro con una intensidad exacerbada.

La colonia de mujer que maridaba con su piel

Para tratar con Correa, tenía que armarme de paciencia. Él me llamaba cuando se le antojaba y, como vivía a diez minutos de su casa, me hacía ir a verle siempre que tenía cualquier ocurrencia o necesitaba algo. Un día, en esas fechas previas a las elecciones, me llamó para revisar el texto del folleto del partido. Estaba obsesionado con las negritas del texto y los colores.

—Los resaltes, Pepe, es lo único que queda en el cerebro de la gente. Todo aquello que está en negrita o en rojo o subrayado es lo que queda, y eso se llama ideas fuerza. ¿Sabes qué es una idea fuerza? Eso es lo que tenemos que dejar grabado en la mente de la gente.

Ese día, afortunadamente, el monólogo sobre lo que debía tener el folleto no fue largo ni fatigoso porque Paco tenía prisa, debía bajar a Madrid. El chófer estaba haciéndole algún recado, así que me llamó sobre todo para que le sirviera de conductor. Aunque tenía su Mini y seguramente también el Range, prefería no conducir. Así que se fue a cambiar de ropa. El rato que gastamos en hablar sobre el folleto no llegó a los diez minutos, pero como sabía que cambiarse y prepararse iba a llevarle lo suyo, me puse cómodo en el sofá y me dispuse a esperar entre treinta y cuarenta minutos.

—Pepe, perdona, sube, podemos ir hablando. —Subí las escaleras y allí estaba, habían pasado más de cinco minutos y al menos ya había elegido el calzoncillo—. Pasa, estoy en el baño. Cuéntame.

Empezó a cepillarse los dientes. Utilizó diez minutos, cinco para los dientes de arriba y cinco para los de abajo, cronometrado para limpiar a la perfección la dentadura. Una vez cepillada esta, rociaba su cuerpo con colonia Banana Republic, de señora, traída de Miami, que era la conjunción perfecta con su propio olor corporal, según decía. Mientras yo le soltaba una perorata sobre los partidos independientes y nuestro proyecto, se iba moviendo entre los armarios. Estaban situados en un pasillo colgante que se encuentra encima del salón de la casa, con más metros que cualquier habitación normal. El traje apareció de entre las perchas pasados unos minutos y lo dejó caer suavemente en la cama. Después, pasó al armario de las camisas, un auténtico bosque de mangas que se abalanzaba sobre el pasillo y en el que Paco desaparecía del mundo mientras escudriñaba cada milímetro de cuello y de botones. Eligió cuatro camisas de gemelos y, tras mirarlas al trasluz, tres de ellas fueron directamente al suelo. Alguien las recogería, lavaría y volvería a planchar. Las cuatro camisas estaban perfectamente limpias y planchadas, pero a Correa le encantaba hacer trabajar a los demás innecesariamente. Por norma, cuando iba a un restaurante, siempre devolvía la primera botella de vino que le abrían.

A estas alturas, los veinte primeros minutos se habían consumido largamente. Se dirigió a por la corbata y, de una puerta del armario, apareció un suplemento que salía al exterior y del que debían colgar miles de ellas. Yendo y viniendo a la habitación para comprobar si era la idónea para la camisa elegida, en aquellos paseos debió hacer casi un maratón. Mientras tanto, a mí se me acababan las ideas para seguir hablando y finalmente recurrí al fútbol. Los calcetines se eligieron sin mayor problema. Después de otros veinte minutos, allí estaba Don Vito, perfectamente vestido para desarrollar su papel.

—Perdona, Paco, pero mientras eliges los zapatos, voy a hacer una llamada a mi mujer. Te espero abajo, no tengas prisa.

Todavía bajó después de otros veinte minutos, con unos zapatos puestos y cuatro o cinco relojes en la mano. Cada uno de ellos no bajaba de los veinticinco mil euros.

—Pepe, ¿qué reloj te gusta?

Los extendió sobre la mesa de cristal del despacho. Le señalé el que más oro tenía, pues al fin y al cabo los horteras son muy de calabrote dorado. Cogió su maletín, en el que debía haber dos o tres cadáveres, ya que, siempre que lo sujetaba, su cuerpo se ladeaba más de cincuenta grados en el sentido contrario para contrarrestar su peso. Salimos y subimos al Mini. Como siempre, nada más sentarse, abrió el maletín. No sé si era como un ritual al estilo de los toreros, pero, cuando entraba en un vehículo, Paco escudriñaba hasta el último compartimento de aquel maletín.

—Si mañana tengo que salir echando leches de este país, aquí tengo todo lo que necesito.

Me recordó de inmediato el bolsillo mágico del personaje de dibujos animados Doraemon, del que salen los instrumentos más peregrinos que uno puede imaginar. El maletín mágico de Correa parecía un espectáculo de magos. En él debía tener el pasaporte, dinero y documentos para conseguir mucho más dinero en cualquier parte del mundo. Incluso algún billete de avión sin fecha. El caso es que allí metía la cabeza durante al menos diez minutos. Salimos de la urbanización en dirección a la carretera de La Coruña. Como siempre, me equivoqué y, en vez de coger hacia la carretera de Castilla, lo hice hacia la M-40 y salimos a la altura de Aravaca. En esos momentos, Correa ya terminaba de colocar, visualizar, repasar o lo que fuese que hiciera dentro de su maletín y nos dirigíamos, por la Cuesta de las Perdices, hacia el Hipódromo cuando intentó bajar el cristal de la ventanilla. Al ver que no se movía, empezó a golpear con nerviosismo la manivela.

—Tranquilo, Correa, no me destroces el coche, esa ventanilla se ha estropeado. —De repente, recordé que Don Vito sentía claustrofobia.

Inmediatamente, bajé mi ventanilla, pero no pude reprimir la risa al ver su cara de pánico. Se desabrochó con violencia la corbata, desbarajustando un trabajo de tanto tiempo. Se quitó el cinturón de seguridad y, como un poseso, acercó su cabeza a la ventanilla contraria, a la del conductor, me empujó y me quitó toda la visibilidad.

—Si no quieres dejar de tener claustrofobia para siempre, apártate —dije gritando, pero no de cabreo, sino de risa, me estaba descojonando.

Se apartó algo, pero estiraba el cuello como esas tortugas recién despiertas que buscan el sol para poder activarse y me impedía ver con claridad. El aire entraba a raudales, pero él estaba como fuera de sí, seguía encima de mí y cualquiera que nos viera pensaría que se trataba más de un ataque de amor que de pánico. Por suerte, llegamos a Moncloa en un momento y se calmó.

—¿Quieres que te deje aquí?

—No, ya estoy mejor. Llévame a Serrano.

—¿Y cómo coño estás todo el día en un avión? Eres un exagerado.

—No es lo mismo, gilipollas... Además, me ha cogido por sorpresa.

Esta misma pregunta le hizo el juez cuando Correa pidió ser trasladado desde la cárcel al juzgado en coche, en lugar de en el habitual furgón policial.

Me da la sensación de que Paco tenía una claustrofobia parecida a mi sordera, es decir, muy selectiva. En otra ocasión, salíamos de ver unos partidos de tenis en el Máster de Madrid y nos acercamos a una fiesta de un amigo suyo. La fiesta era en una de las últimas plantas de la Torre de Madrid. Al menos, en la 30. Todo iba fenomenal, hasta que llegamos a la entrada del edificio y llamó a su amigo para que le dijera en qué piso. Cuando lo oyó, Paco nos dijo que él subiría andando. Lo acompañé por las escaleras hasta el séptimo piso, donde decidió seguir en ascensor.

—Bueno, imagina que es como el avión y ya está.

Al terminar la fiesta, bajó directamente en el ascensor. Lo dicho, una claustrofobia selectiva.

13

¡QUÉ GANAS DE MANDARLES AL CARAJO!

(26 de marzo de 2007)

Todo en la vida tiene un inicio, un desarrollo y un final. Lo peor que se puede hacer en una acción es acelerarla de manera artificial. Gürtel comenzó como un torbellino y 2006 fue el año más vertiginoso de mi vida. Jamás se me ocurrió intentar detener aquel río torrencial, habría sido una locura. Me dejé arrastrar por ese ímpetu que aportaba cada personaje de la trama y nunca intenté salirme del cauce porque hubiese quedado indefectiblemente embarrado. El año siguiente fue más tranquilo: de forma súbita, pasamos de los rápidos a unos meandros interminables en los que apenas sucedía nada reseñable. La historia se escribía pausadamente y, en muchas ocasiones, se emborronaba consigo misma al no avanzar.

En este estadio era imprevisible el camino o derrotero que seguiríamos apenas un día después. Correa aparecía para presionarnos por su amigo Ulibarri y solo las reuniones de trabajo con Isabel Jordán, en las que se terminaba hablando de muchas más cosas, mantenían el interés por continuar en la brecha. A pesar de esta lentitud, teníamos fecha de caducidad, pues en mayo se celebraban la elecciones municipales y sabíamos que después Correa desaparecería de forma absoluta y sin mediar un hasta luego.

Como en el teatro, la vida se desarrolla linealmente y dentro de cada elemento de la acción existen otras partes. En ese marzo de 2007, la acción de la Gürtel estaba paralizada y los encuentros con Correa eran esporádicos, pues sus viajes a distintos países consumían su tiempo.

Los escenarios frecuentados pasaban del Hotel Fénix y su piano al hoy extinto Balmoral, con su sabor a otro mundo paralelo, algún Vips, las oficinas —como la de Serrano 40— y la casa de La Finca. La Gürtel se relacionó con acontecimientos políticos, deportivos —como el Máster de Tenis de Madrid o partidos de fútbol en el Vicente Calderón—, gimnasios, paseos por el campo, puticlubs... Y entre los protagonistas, al igual que en el teatro, había mucho falsario, actores que vivían una vida que no tenían, se inventaban otra o ni siquiera sabían que lo eran.

Francisco Correa vivió engañando y terminó engañado por una multitud de gente casi imposible de enumerar. Engañó para lucrarse, para estafar, para coaccionar y fue engañado por muchos para conseguir su dinero, que a su vez él había conseguido de forma ilícita. Juanjo y yo lo engañamos para denunciarle, para delatarle, y nadie más lo hizo por altruismo o por necesidad. Lo hicieron porque conocían el alma del monstruo, y decidieron que podrían robarle su dinero, su poder, su situación.

—La tercera posibilidad en la que yo más creo —decía Pedro Fuster desde la parte de atrás del coche de Juanjo— es que ha negociado con los reyes del ladrillo de la zona y os ha tenido en el partido sin dejar que el mismo se desarrollara, que hiciera su trabajo, y así no ha permitido que tengamos ninguna opción en las elecciones. Queda bien con vosotros pero mejor con aquellos que temen a la gente honrada.

La teoría de Fuster venía a decir que Correa y los golfos del ladrillo madrileño temían a los partidos independientes por eso, por incontrolables, pues el bipartidismo les había permitido hacerse grandes a base de un urbanismo a su medida. Por el espejo retrovisor veía la manga vacía de Pedro, cómo se balanceaba de un lado a otro. La falta de su brazo derecho hacía que Pedro tuviera un magnetismo especial, y aquello que decía, casi siempre, además de estar muy bien dicho, solía ser verdadero.

Entre lo poco agradable que recuerdo de esos años con la trama, están algunos magníficos momentos con Pedro, una persona cuya sencillez y amor por los más desfavorecidos me hacían sentir muy poca cosa a su lado. Con Correa también pasé algunos momentos realmente divertidos, algunos entretenidos y otros buenos, sobre todo en 2006. Cuando jugábamos al baloncesto en las canchas del gimnasio de La Finca, eran ratos de relax y Paco conseguía dejar de pensar en los negocios, de modo que su trato se volvía casi humano.

—El otro día, estuvimos con Paco y Pablo dando un paseo por Pozuelo, cerca de la casa —le explicaba a Pedro—. Vino decidido a cerrar el partido independiente y, además, estaba muy violento. Se habían repartido los roles, el poli bueno y el poli malo. Estos se creen que Juanjo y yo somos gilipollas.

—No, Pepe, no creen eso... pero sí que sois manejables. Creen que pueden hacer con vosotros lo que quieran porque piensan que estáis en una situación desesperada. No tienen escrúpulos de ninguna clase.

—Pues el otro día se fue calentito. Va y me dice, con ese desprecio suyo, que él no se presentaría a las elecciones, que vamos a sacar cincuenta votos. Le respondí que si no quería, nosotros no teníamos mayor interés en presentarnos y, además, a lo mejor no sacamos ni medio centenar de votos, sacamos cero votos y ni yo mismo me voto, vete tú a saber. Si hubiese podido, me hubiese dado una hostia allí mismo. Juanjo todavía se está riendo.

Hablaba con Pedro con total confianza, sobre todo porque no tenía ningún problema en que hiciese un doble juego. Si lo hacía, me alegraba por él, eso significaba que tendría una mejor remuneración que la habitual limosna que recibía por sus magníficos trabajos. Con Isabel era distinto, ella quería utilizarnos para sus propios fines, que no eran otros que ganar mucho dinero con Paco y al final sustituirle, y ya había empezado a hacerlo.

—Aquí en este Vips me reuní por última vez con Mari Carmen. Le dije de todo y luego recomendé a Correa el divorcio, pero es un cobardica y ahí está, aguantando —rememoré mientras, un día de marzo, entrábamos en el restaurante para comer—. A pesar de su falsedad, hay cosas que le digo de corazón, una es que se retire y deje toda esta mierda, se vaya de aquí y viva la vida, aunque sé que no lo hará. La otra es la de su situación personal. Que luche por su hija y no tenga que vivir una vida obligado por otra persona. Pero creo que su vida es un bucle. Le hacen la vida imposible en su casa y él se venga en multitud de personas jodiéndoles la vida.

—Sí, como al de Pozuelo —terció Pedro con voz de absoluto disgusto—. A veces estoy en conversaciones con ellos en las que me encantaría no haber estado. Cuando se ponen a hablar y sacan sus cacerías humanas, me siento una auténtica mierda.

—¿Quién de Pozuelo? —pregunté.

—El nuevo. Le engañaron y le metieron en un vuelo a Islandia con escala en Londres y allí tenían a un reportero gráfico. Luego, le dijeron «ojo, mira lo que tengo aquí». De lo que son capaces para tener a un tío pillado. La chica era Mari Carmen. —Aunque compartían nombre, no hay que confundir a esta secuaz de Correa con su esposa—. Paco quiso redimirla de su vida nocturna y la tuvo trabajando, estuvo conmigo aquí y allá, pero no vale.

—No, Pedro, para su desgracia es puta, sin más, sin epíteto. Le va la vida aparentemente fácil y el dinero sencillo.

—También la utilizaron en Arganda.

—Pues no sé con quién; con la cantidad de tíos que están en el armario allí, Mari Carmen no pudo hacer mucho —dije en alusión a la gracia que más corría sobre Arganda del Rey.

Le conté a Pedro la desagradable discusión, a raíz de Mari Carmen, que Tomás y yo habíamos tenido el verano anterior. Pedro conoce de primera mano países del tercer mundo donde la mujer es lo último, donde apenas son reconocidas como seres humanos, y cuando se trata de esa manera a una mujer, le hierve la sangre.

—Te lo juro, Pepe, veo eso y es el único momento en que desearía volver a tener mi dos brazos para darles de golpes.

En ese momento, entraba Isabel al restaurante. Llegaba colérica y con ganas de hablar.

—De verdad, chicos, hasta la coronilla... ¡Qué ganas de mandarles al carajo!

—Venga, Isabel no te preocupes, aquí está tu ONG. Mira, estamos el manco y el sordo para hacerte pasar un rato agradable.

Cuando acabamos las risas, Isabel desgranó las últimas sandeces que le habían hecho tanto Paco como Pablo.

—Pablo llama todos los días, pero, cuando le digo de quedar, no puede porque está siempre en Valencia. Se dedica ahora solo a Valencia, y menos mal que yo estoy en Madrid, si no, esto sería un desastre.

Pablo parecía un poco fuera de sitio en todo últimamente. En realidad nunca pareció que estuviese muy colocado. Pretendía dar la imagen y el aspecto de controlarlo todo, pero no era así, pues su falta de preparación hacía que su gerencia hiciese aguas por casi todas partes. En septiembre de 2006, durante una reunión con Paco en una terraza de la Castellana, este nos contó una anécdota de Pablo que ponía negro sobre blanco su incompetencia:

—Menos mal que Ramón supervisó toda la operación. Habíamos alquilado un local y se negoció una parte a pagar en negro. Y me dice Ramón: «¿Oye, Paco, esto lo has firmado tú?». Miro el documento y digo que no, yo no firmo nada, coño, es la firma de Pablo, que es el que firma todo y el que negoció el contrato. «Pues dile a Pablo que no vuelva nunca a reflejar en un contrato el pago en B de nada.»

La cara de desagrado de Correa al contarnos aquella historia era visible, mesándose los cabellos como un poseso mientras se quejaba: «Ha firmado un pago en B, ha firmado un pago en B...». «Es que estoy rodeado de inútiles», repetía una y otra vez. Se trajo a Crespo, como él mismo nos confesó, porque cuando este era secretario de Organización del PP en Galicia le dio todos los contratos allí. Como agradecimiento, Paco se lo llevó a Madrid. Correa siempre decía que era buena gente, leal... y un inútil como gerente. Sabía algo de números, pero no era capaz de dirigir una empresa. Paco decía que el sueldo que le pagaba era prácticamente tirar el dinero. «Pero bueno, ya sabéis cómo soy», decía Correa.

Cuando Paco realizaba una obra benéfica, lo único que esperaba es que tuviera suficiente buena prensa como para que valiese la pena. Ayudaba a algunas personas, solo para poder contarlo. Como esos famosos que hacen viajes a países deprimidos y luego salen en la portada de la revista de turno. A quien más ayudaba era a sus mujeres compradas: en lugar de pagarles por sus servicios, él las ayudaba y así no parecía todo tan infame como realmente era. Su verdadero problema era que no sabía ayudar a nadie si no era con dinero. No lo concebía.

—Me llama el domingo —enrabietada, Isabel desgranaba las últimas perlas de Correa— y me dice: «Tú, ¿dónde estás?, ¿qué haces?». ¿Te lo puedes creer? Estoy en Segovia comiendo con mucha gente, te puedes venir. Y me dice una tontería de las suyas y, en vez de dejarme en paz, sigue, que si no he llamado, que si tengo un recado... En fin, un horror.

Isabel se ponía roja de ira cuando hablaba de Correa. Nos contó lo mucho que estaban ganando en Valencia, en La Nucía, y sus vaivenes continuos. Hacía un mes, Correa le había dicho que Álvaro era lo peor, que le había engañado, pero como en ese momento Orange Market iba como un tiro con el partido gracias a él, pues había que aguantarle.

—Ahora resulta que ya no es un mentiroso compulsivo, ahora es estupendo, ya se han olvidado de la pirula que hizo montando un negociete con un colega y birlándoles el dinero, ya no importa lo que les haya robado. Estoy de los amigos de Correa hasta el gorro, que si llama a Ana Velasco, que si te va a llamar Fernando Cueto. Y el peor, Juan Pérez Mora. Ya le dije a Correa: «Mira, Paco, a Juan le he dicho lo que tiene que hacer y que ya le llamaré cuando crea oportuno, y no él en cualquier momento y a cualquier hora, que hasta un día me pilló en el hospital».

Pérez Mora era amigo de un vecino de Correa, Antonio Herrero, que tenía tiendas de telefonía y a quien Paco compraba todos los móviles y líneas de teléfono. Además, eran habituales del palco del Vicente Calderón. Aquellos con las posibilidades económicas para asistir al estadio del Atlético e ir al palco tienen, además, acceso a la zona VIP, donde siempre se puede disfrutar de un *catering* en el intermedio del partido.

Este vecino, Herrero, puso en contacto a Correa con su amigo Juan, al que presentó como juez jubilado de la Audiencia Nacional y amigo, por tanto, de todos los miembros de ese órgano judicial. Las referencias eran excelentes y Correa se echó en sus brazos en distintas cuestiones. Y como siempre, este nuevo personaje no quería dar sin recibir. Isabel nos contó que le hizo un favor enorme a Pérez Mora, tuvo que conseguir algo para una de sus hijas. Claro, así el señor juez no hacía otra cosa que llamar a la pobre Isabel a ver cómo iba lo suyo. Afortunadamente para todos, este individuo no era juez, ni siquiera tenía estudios de Derecho, simplemente jugó bien unas bazas y engañó a Don Vito, algo que por otra parte no era difícil de hacer. En otra ocasión que hablé con Isabel, me contó que este hombre había sido enviado por la trama para amedrentarla. Por lo que me contó, más que amenazar o coaccionar, simplemente se limitó a describirle la posibilidad de que se enfrentase a un juicio penal por haber vaciado las cuentas de la empresa de forma ilegal.

Según el sumario y mi conversación con Isabel, Correa la llamó insistentemente en el mes de octubre de 2007, antes de tener yo mi última reunión con ella. Su intención era que firmara unos papeles y terminó la conversación con un símil clásico: «Si no firmas, se rompe la baraja». En ese momento, la trama decidió mover pieza y envió al juez postizo para que se acercase a Jordán con el propósito de aconsejarle que no hiciera ninguna tontería. El falso juez —que, durante la conversación, admitió ser amigo de Correa, aunque únicamente se conocían de ir juntos al fútbol— le comentó que estaba en la obligación ética de llamarla, imagino que por el enchufe que Isabel proporcionó a su hija. En un acto de manual, el «magistrado» le comentó que la avisaría de los pasos de Correa, a quien criticaba abiertamente por su forma de actuar, más cercana a la de los gánsteres y mafiosos que a la de un empresario.

Este liante advirtió también a Isabel de que Paco iba a presentar una querella contra ella por un delito de apropiación indebida y le aseguraba que había empleados de Easy Concept dispuestos a testificar. Iban a acusarla de quedarse con dinero de la empresa y, para ello, habían contratado a «uno de los mejores penalistas». Esto mismo me comentó Correa en diciembre de ese año, y por las pruebas era evidente que Isabel podría pasarlo muy mal.

El mejor trabajo que hizo este falso juez fue engañar a la trama con la situación jurídica de Paco en la Audiencia Nacional. Al enterarse Don Vito de que había sido llamado a declarar un sastre relacionado con ellos, le pidió a Pérez Mora que se enterase de lo que pasaba.

—No te preocupes, es un tema fiscal de Cortefiel. No te afecta a ti —le dijo con toda su cara.

En una ocasión posterior, el farsante convenció a Paco de que todo estaba controlado. En el colmo del caos, una persona del entorno de Correa, sin duda un abogado, tuvo acceso a la agenda del juez que llevaba la investigación del caso Gürtel en secreto y comprobó que Garzón había quedado a almorzar ese mismo día con un compañero de carrera.

—Lo que le he dicho a Garzón es: «Oye, mira, que de la persona que aquí se está hablando yo puedo poner la mano derecha encima de una placa al rojo vivo y no quemarme, y si quieres conocerle personalmente, cuando quieras organizamos una comida para que tú veas el tipo de persona que es».

Así de confianzudo y rotundo se expresó el falso juez en una conversación telefónica mantenida con Paco el 4 de febrero de 2009, solo dos días antes de que el escándalo estallase y Correa fuera arrestado y encarcelado por tres años.

Así fue como, entre el caos de la trama, un perillán que se arrimó a buen árbol quiso sacar tajada y realizó un estupendo servicio a la justicia haciendo creer a Correa algo que no era verdad, lo que dio un tiempo precioso al juez y a la policía para actuar. Juan Pérez Mora, que, al parecer, era en realidad comercial de productos dietéticos, no pudo asumir que todo este escándalo saliese a la luz. Fue víctima de su propia mentira y no pudo soportarlo. Se suicidó a los pocos meses de estallar el escándalo Gürtel.

Isabel, en aquella comida en el Vips dos meses antes de las elecciones municipales de 2007, nos estaba ayudando a preparar una reunión con formaciones políticas de toda España como la nuestra, el IV Congreso de Partidos Independientes, y ella iba a encargarse del atril, de la trasera y del sonido. Lo celebramos en el Hotel Majadahonda, y aquel fin de semana más de setenta partidos y delegaciones de todas las comunidades autónomas del territorio nacional nos reunimos allí, intentando hacer visible una forma de hacer política totalmente nueva, centrada en el municipio y sus problemas.

En las ponencias de este congreso se habló de los problemas reales de la ciudad, de igualdad de género, de respeto al medio ambiente, de atención a la salud y la educación, de urbanismo sostenible, de empleo, de inmigración... Dentro de aquel año caótico y de aciago recuerdo para mí, viví estas horas de contraste de ideas en un entorno afable y con un rigor inusitado como si fuesen un auténtico bálsamo de Fierabrás. Allí estuvieron Pedro, auténtica *alma mater* en cuestiones sociales y de eco mediático, y muchos y buenos amigos, que aún hoy conservo. No podía dejar pasar la oportunidad de referirme a ellos para decir que sí existe una política ética y con auténtica pasión por el servicio público.

Hacía poco que había hablado con Paco, a quien le gustó el tema del congreso. Conversamos un buen rato, pero lo veía inquieto y sin centrarse en el asunto. No era algo raro en él si estaba pendiente de alguna amiguita de las suyas o del cierre final de un *business*, o cuando era la víspera de tener una reunión, una cena o un acto social con gente importante. Eso le dejaba fuera de juego unos días. Con Paco, las cosas eran muy previsibles o no lo eran en absoluto.

Maldita lotería

En esas fechas ya notaba muy cerca el final de mi relación con Correa. Una vez que se celebraran las elecciones municipales y tuviésemos un estrepitoso fracaso, esperaba no tener que volver a verle. Cada vez ansiaba más que aquello acabara. Entramos en contacto con el universo Correa en noviembre de 2004, cuando su esposa —Mari Carmen, a la que habíamos conocido hacía poco— nos pidió a Juanjo y a mí, abusando de nuestra confianza, que le hiciésemos un favor a su marido. Así fueron nuestros comienzos en la trama, sin saberlo nosotros. Tuvimos que hacer un viaje a Santiago de Compostela. Un numeroso grupo de la tercera edad de Majadahonda había recorrido el Camino en peregrinación y el alcalde se había comprometido a ir a verles a la capital gallega. A Guillermo Ortega estas cosas le importunaban bastante, así que buscaba cualquier excusa para no hacer el viaje. Como siempre, nos llamó a Juanjo y a mí y nos encasquetó su representación para que le disculpáramos. De un día para otro, desde la alcaldía se nos preparó el viaje. Todo lo gestionó Mari Carmen. Fuimos en avión y nos alojamos en un hotel de reciente apertura. Apuramos la salida para poder cumplir nuestra propia agenda y así, después de comer, salimos para el aeropuerto. Esa mañana, la mujer de Correa desayunó con nosotros.

—Ayer le comenté a Paco que Guillermo os metió este viaje y me dijo que os pidiera un favor. Tenéis que ir a un lugar del aeropuerto de Santiago y esperar allí a un contacto de Paco. Solo le tenéis que dar este sobre y él os dará otro. Cuando estéis en tierra, me llamáis y os digo a dónde tenéis que ir en la terminal.

No pudimos contestar ni replicar, tan desconcertado me quedé, simplemente cogí el sobre y le dije que la llamaría en cuanto llegáramos. Por el tacto del sobre sabía perfectamente lo que había dentro. Bueno, eso era un mal menor, al fin y al cabo no salía del país. El problema sería lo que contendría el sobre que me diera el contacto de Correa en Santiago. Decidí intentar sonsacar a Mari Carmen, aunque sabía que ella no tenía ningún interés en las excentricidades de su marido.

—Sí, sí, Paco, OK, vale. Se lo digo. No, nada, me dice Paco que, por favor, es muy importante lo del aeropuerto, que no os olvidéis esta tarde cuando lleguéis, de lo contrario mañana no podríais hacer el cambio.

Joder, «hacer el cambio». Era un momento en que apenas teníamos relación con Paco y casi todo era a través de Mari Carmen. Incluso cuando contratábamos los viajes con Pasadena llamaba ella para hacer las reservas de nuestras vacaciones. No tenía un mal concepto de Paco entonces, pero un sobre con dinero para cambiarlo en un lugar público como un aeropuerto no parecía muy regular.

—Por cierto, el hotel que os he reservado es muy nuevo, un poco a las afueras, se llama Puerta del Camino y es de Teconsa, de un amigo de Paco, y me ha dicho que lo ha llamado para que tengan una atención con vosotros.

El vuelo a Santiago fue rápido y tranquilo. Juanjo y yo no hicimos mucho caso del tema del sobre, pues todavía no sabíamos nada de una trama y, en cuanto lo guardé, me olvidé de él. Una vez en Santiago, llamamos a Mari Carmen. Entre la llamada y la conversación, la terminal se quedó vacía. Completamente vacía. Mari Carmen nos indicó un punto de la terminal y allí nos dirigimos. Tardaría un poco. Los dos, solos, hablamos en susurros y aun así las sílabas resonaban estruendosas por el eco. Solo al final, justo en las antípodas de aquel enorme edificio, un limpiador recorría con desgana el suelo. De repente, sin saber de dónde, apareció un hombre. Llevaba encima todo tipo de prendas de vestir, incluida una boina, y con las gafas de cristal grueso que llevaba, pocos hubiesen podido realizar un buen retrato robot. Una voz cien por cien gallega se dirigió a nosotros:

—Buenas noches —dijo con esa cantinela dulce y que decae en la entonación propia de los gallegos—, les manda el señor Correa... ¿o no?

Le dije que sí y de inmediato sacó un sobre de un bolsillo. Eché mano al bolsillo interior de mi americana, que hasta ese momento jamás había albergado una grabadora, y saqué con cuidado el sobre de Paco. Lo intercambiamos.

—Les acercaría, pero no me pilla de paso. Adiós.

El tacto del nuevo sobre era distinto, y aunque parecía también papel, estaba seguro de que no era dinero. Metí en el mismo bolsillo el nuevo sobre y nos dirigimos a la salida. Tuvimos que llamar a un taxi pues no quedaban en la terminal. Ya en el hotel, nos dieron una habitación a cada uno. Justo la misma, pero en dos pisos distintos. La habitación era una *mini suite*, con un cesto de fruta fresca que era una delicia para la vista e imaginaba que para el paladar todavía más. La habitación era magnífica, los albornoces perfectamente colocados en la cama. Reí por dentro.

—Juanjo... —No pude reprimir las ganas de llamarle—. Oye, pedazo de sitio este. Ten cuidado por si sale una señora del armario, y si te dice que es parte del todo incluido, sal echando leches. —Al otro lado del móvil, Juanjo se rio a mandíbula batiente—. Venga, niño, date prisa que vamos justos.

Un taxi nos acercó al Monte do Gozo, esa pequeña elevación desde la que los peregrinos obtienen por primera vez la visión de las torres de la catedral de Santiago y el gozo o júbilo asalta sus corazones. Desde hace unos años, se ha convertido en un gran complejo residencial para peregrinos, allí se descansa y se prepara uno para iniciar el último tramo urbano que conduce finalmente a las puertas de la catedral compostelana, al final del Camino. Allí cenamos con un grupo entrañable de mayores majariegos y departimos hasta bien entrada la noche. Alguna foto de Juanjo vestido de peregrino, con capa, gorro, bastón y calabaza para beber agua como antaño, corría a los pocos días por el ayuntamiento, propagando las risas entre aquellos que no nos tenían mucho aprecio.

Nada más volver del viaje al día siguiente, fuimos al ayuntamiento para ver a Mari Carmen y darle el sobre que habíamos cambiado y del que no tuve la más mínima necesidad de saber qué contenía. A los dos días, ella misma nos sacó de dudas.

—Oye, chicos, que me olvidaba. Paco os manda las gracias, creía que se iba a quedar sin ellos. Me ha dado uno para cada uno.

Eran décimos de lotería. Correa hacía amistades en los sitios más inverosímiles, pero no por ello raros. De sus viajes continuos a Galicia en la época en que hacía todas las campañas del PP gallego le quedó su amistad con el lotero del aeropuerto, y todos los años hacía por acercarse y comprarle una cantidad enorme de lotería. Ese año, ya casi terminando, aprovechó nuestro viaje para hacer su compra anual. El lotero de un aeropuerto, el portero de levita y chistera de la puerta de un hotel, el limpiabotas de la mejor zona de Madrid, el conserje de una finca determinada eran el tipo de personas que Correa tenía cerca. Les pagaba para conseguir información de determinadas personas, como con quién viajaban, entraban una noche en un hotel o bajaban de su casa en agosto. Eran datos que Paco necesitaba tener y por ello les pagaba bien.

Esta grabación en el Vips, realizada el 26 de marzo de 2007, fue la última antes de las elecciones. Es más, pensaba que sería la última porque las relaciones se romperían. Sin embargo, después hubo otras inesperadas que se produjeron después de cortar todo contacto con Paco y Pablo. Las hice durante tres reuniones con Isabel, que para entonces ya sabía que jugar a ser más lista que la trama tenía sus consecuencias, y una postrera reunión con Correa y Crespo en diciembre de ese mismo año. Para entonces, la policía sabía tanto como yo pues le había entregado todo el material. A pesar del peligro que podía correr en el caso de que alguien del cuerpo hubiese filtrado información a los jefes de la trama, decidí acudir a aquel último encuentro.

14

SI ME TRAICIONAS, LO PASARÁS MAL

(15 de octubre de 2007)

Cuando uno siente la sensación de que tiene que luchar, debe hacerlo. Es lo que siempre ha hecho la raza humana, seguir adelante y, de vez en cuando, pararse y luchar. Cada uno debe decidir dónde cavar su trinchera. En mayo de 2007 las elecciones municipales se celebraron y acabó nuestro calvario. Apenas un centenar de votos y una llamada a Pablo para quedar por última vez. Alivio.

—Cuando quieras, venís a por los muebles y ordenadores de la oficina. Hemos quedado en que nos vamos antes del 5 de junio. Muchas gracias por todo, Pablo, hasta siempre.

El verano fue complejo, tuve que recopilar las grabaciones, escucharlas y hacer una transcripción para llevarla como prueba en la denuncia. Pasé el verano con unos enormes auriculares puestos. La redacción de las conversaciones captadas durante año y medio fue un trabajo muy laborioso. Cuando acudí a la policía, entregué los audios y las transcripciones, por si podían facilitar la investigación. Cuando los investigadores llevaron a cabo su propia transcripción, esta fue muy similar a la mía, no consiguieron datos distintos de los reflejados por mí.

En ese tiempo, también me dediqué a preparar los anexos de la demanda con un análisis de las empresas implicadas y de los personajes. Quería que la demanda fuese fácil de digerir y que la policía o los fiscales solo tuviesen que comprobar los datos y seguir adelante. Ángel se encargó del aspecto jurídico.

—Pepe, me vas a perdonar, pero es que estoy hasta los cojones de todo —me explicó Juanjo—. He pasado mucho en estos años y solo quiero ser libre y no tener que pensar en nadie para nada. Este verano quiero disfrutarlo con los niños y replantearme la vida, que bastante difícil se nos ha puesto a los dos.

—Vale, Juanjo, sabes que siempre he respetado tu opinión y siempre hemos estado de acuerdo en todo. Creo que simplemente deberías firmar y desaparecer si quieres, pero entiendo todo lo que dices y te mereces ser feliz, igual que todos. Tu batalla está librada, más que librada.

Tomábamos un café, junto a mi mujer, en la cocina de nuestra casa. Juanjo agradeció no tener que batallar, no le gustaba. Lo sentí decidido y no podía ponerle ningún impedimento. Dos años a mi lado pueden resultar insufribles para alguien sin la paciencia de Juanjo. Él jamás puso ningún problema, siempre estuvo dispuesto a todo, incluso grabó en solitario algunas de las reuniones. Pero así era Juanjo, decidía más con el corazón que con la cabeza. Seguimos en contacto y, en abril del año siguiente, lo dejó todo en Madrid y siguió a su pareja a Valencia. Nos volvimos a ver siete años más tarde, y nuestro abrazo fue tan afectuoso como si hubiesen pasado solo unos pocos días. Minutos después, nos entregaron el auto de procesamiento y nos comunicaron que iríamos a juicio como acusados.

Isabel Jordán no ha decidido todavía dónde excavar su trinchera. Decidió hacerse la mártir en una estrategia no muy bien definida y que no sé a dónde la llevará. No lo había visto desde marzo, pero me llamó pasado el verano. Comimos con ella en un restaurante de Majadahonda, en septiembre, y nos contó que Correa la presionaba mucho, pero que tenía todo preparado para coger el dinero y dejarle compuesto y sin novio. Seguía pensando en convertirse en un tiburón más elegante, más grande y mejor educado que Correa, pero su sueño, dijera lo que dijese, no la hacía diferente de su jefe.

En octubre de ese mismo año, Jordán me volvió a llamar. Esta vez, preocupada.

—Pepe, necesito tu ayuda, me quieren llevar a la cárcel y necesito aliados. Sé que no sabes nada de ellos desde hace mucho, pero a lo mejor tú puedes intervenir...

Parecía azorada pero controlando la situación. Volvía a querer utilizarme, al igual que cuando pretendía que yo me revolviese contra Correa para que sus proyectos pasasen más desapercibidos.

—Isabel, ya sabes que no les tengo el más mínimo aprecio, pero necesito saber qué es lo que pasa para poder tomar decisiones o darte consejos de forma que sean útiles.

—Entonces, necesitamos a alguien que sepa de mercantil y nos ayude.

—Bueno, si es una batalla mercantilista, la verdad es que no me interesa.

—Podría haber mucho más, Pepe.

—Tengo un asesor fiscal y mercantilista, además conocido y amigo, que puede oírte y ayudarte. Podría montar una reunión lo antes posible. Yo podría asistir para centrar la reunión y así, conociendo todas tus preocupaciones, podríamos planificar algo.

—Sí, por favor, Pepe. Te lo agradezco en el alma.

Organicé la reunión con Marcos, el abogado, para el lunes 15 de octubre de 2007, apenas una semana después de la llamada. Otra vez la misma situación, me volvían a poner en el ojo del huracán, tenía que volver a cavar mi ya olvidada trinchera. Isabel, no contenta con querer utilizarme, quería que la salvase. No tengo nada contra ella, pero se equivocó. En vez de luchar, quiso ser depredadora y no sabía que las luchas entre predadores son las más encarnizadas y que de ellas nunca se sale sin heridas. Había planificado quedarse con el dinero de las cuentas corrientes de la trama desde principios de año. Estaba engañando a Correa con otra empresa de eventos, Over Marketing, si no recuerdo mal, y por eso Jordán me preguntó por ella, para enterarse de quién estaba al final del entramado societario.

Isabel tenía mala conciencia, y trataba de acallarla. Vació las cuentas de las empresas y, cuando se enteraron, la presionaron. Pensó que podría hacerlo sibilinamente, pero se pasó de frenada.

La conversación entre Isabel, su entonces abogado y Marcos es una lección magistral para aquellos que quieran saber cómo se utiliza el derecho mercantil, el derecho de la empresa, para engañar, robar, defraudar, blanquear y otra gran variedad de delitos. Desde que empecé a estudiar Derecho, mantengo que esta ciencia es la invención de los poderosos para manejar a los débiles con el mínimo de fuerza. En especial, la creación de la sociedad limitada y la anónima son el invento legal más dañino para la humanidad, pues ha permitido que la desigualdad esté llegando a cotas desconocidas.

Puse a mi amigo en antecedentes antes de que Isabel llegara:

—Verás, Marcos, esta amiga no sé qué te contará, está en un buen lío. Viene con su pareja, que también es abogado. Hay dos cosas. Por un lado, tiene un problema societario con un montón de facturas que no se deberían haber emitido. Existe un conglomerado, un verdadero grupo de empresas en la sombra, y esto me gustaría dejarlo resuelto en la medida de lo posible porque ahora le piden el cese como administradora y ella dice que, hasta que no resuelva todo el tema como está, no cesa. Quiere una carta de exoneración de responsabilidad total. Son los socios reales, aunque no aparecen en escritura, quienes le han pedido el cese. Sobre todo le importa que ella hacía trabajos a otras empresas de su grupo y, dentro de eso, lo que más le preocupa son unas facturas que hizo a la Comunidad Valenciana, a distintos organismos, que cobró ella aunque no era quien realizó el trabajo. Vamos, unas veces ella realizaba el trabajo en nombre de otra empresa y no lo cobraba. Y luego, para cobrar esa deuda de las empresas del grupo, cobraba de la Comunidad Valenciana facturas de trabajos que no ha realizado. Y lo peor de lo peor es que ella piensa que esos trabajos no se han realizado nunca, son falsos, estarían pagándole de la Comunidad sin contratos ni nada.

Marcos no interfirió mi discurso, lo oyó con atención mientras asentía o tomaba algún apunte.

—Entonces, ella cobra facturas de trabajos que realmente hace otra empresa, y al revés, por un lado. Por otro, cobra trabajos que a lo mejor ni se han realizado, y tampoco sabemos si existen contratos de subcontratación.

—Sí, resumido. Y ahora quieren hacerla responsable de los problemas contables que puedan existir.

—¿Y ella es socia al menos de alguna empresa de ese conglomerado o grupo?

—Sí, de alguna.

—¿Cómo han repartido beneficios?

—Esa es otra, han repartido, pero en negro. De algún modo, hacen perder a las empresas y transforman el dinero en negro.

—Pues está jodido. —La afirmación de Marcos sonó premonitoria—. Tú, Pepe, ¿qué tienes que ver en esto?

—Exactamente con esto que te contará Isabel, nada de nada. Con los socios ocultos, algo... pero no puedo contártelo en este momento.

—Me alegro.

En ese momento llamaron a la puerta.

—¿Puedes abrir, Pepe? Será tu «amiga»... —Marcos remarcó con sorna esa palabra final.

Las presentaciones fueron cortas y protocolarias. Isabel llegaba sola —su pareja vendría después—, así que nos sentamos y ella, impaciente, quiso hacer un resumen. Mientras hablaba, y sin que lo dijese, se podía leer claramente que su conciencia no estaba en orden y quería zanjar ese mal momento que estaba pasando.

—Me fie de una serie de personas de las que no me tenía que haber fiado. Yo no soy contable, me nombraron administradora única en una serie de empresas y ahora los verdaderos dueños, empresarios en la sombra, me piden el cese. Yo no me niego, pero quiero unos documentos firmados por parte de los socios para que no ejerzan ninguna acción de responsabilidad contra mí. —La ansiedad de Isabel disminuía a medida que veía comprensión en Marcos y una sonrisa en mí—. De los ejercicios en que se ha ganado dinero se me deben beneficios, tengo una hija y quiero que me reconozcan la deuda, que es de ochenta y tantos millones de pesetas. Me han amenazado con la vía judicial.

—No creo que lo hagan, sería entrar a saco en unas empresas que, por lo que me dices, no están como debieran. ¿Cuántas sociedades hay? ¿Quiénes sois los socios?

—Cuatro empresas: Easy Concept, Good and Better, Servimadrid y Diseño Asimétrico. Todas con el mismo accionariado: yo tengo un quince por ciento y Athor, otra empresa del conglomerado, el resto, menos en Easy Concept, en la que otra empresa más, Wind Rate, tiene el veinte por ciento y Athor el sesenta y cinco por ciento. Solo soy administradora de Easy y de Good and Better. En las otras no estoy porque, como trabajamos para la Administración pública, así diversificamos y tenemos más opciones.

Cuatro empresas en las que los socios son los mismos pero cambian los administradores para poder presentarse a todos los concursos y copar todo. Eso pasaba en Valencia y otras localidades. La Administración invitaba a las tres empresas del grupo, así el contrato era siempre para ellos.

—Me importa saber realmente si son un grupo de empresas.

—Sí, sí que lo son —siguió desgranando Isabel—. Las empresas empiezan de cero, pero consiguen unos contratos muy interesantes. Easy Concept tiene la Oficina de Atención al Ciudadano durante catorce años en Boadilla del Monte, que es un contrato muy jugoso. También tiene al Santander, la Oficina de Atención del Banco Santander, que se contrata anualmente pero que ya lleva tres años con nosotros. Después, Good and Better se monta en 2004 y en 2005 se montan Servimadrid y Diseño Asimétrico. Son empresas que dan mucha rentabilidad, hay mucha facturación y mucho beneficio real, pero también se hicieron una serie de facturas que no son reales.

—Vamos, peloteo de facturas entre vosotros —dijo Marcos con tono condescendiente por lo habitual de la acción.

—Bueno, es peor... —Isabel ocultaba su rubor bajando la mirada, pues estaba declarándose culpable de numerosas irregularidades societarias en menos de diez minutos, pero la perentoria necesidad de que alguien la ayudase era superior a esa vergüenza—. Hay otras empresas que son ajenas a nosotros, y a través de la gestoría Galher, que nos lleva toda la parte fiscal y laboral, nos han llegado otras empresas a las que hemos facturado. Este sistema no es una recomendación de Galher, sino que todo esto viene especificado por Pablo Crespo, el hombre en la sombra del ochenta y cinco por ciento de las acciones de la empresa, y no está en ningún papel ni documento oficial.

El pobre Pablo Crespo Sabarís. Se le tiene por número dos de la trama Gürtel, pero deberían tenerlo por el número uno de los apoyos a la Fiscalía. Su torpeza en la gestión del entramado de Correa y sus empresas ha posibilitado que una gran parte del sumario haya llegado a buen puerto.

Cuando fue expulsado del PP gallego, Crespo no quería volver a su puesto de oficinista de banca, así que recurrió a aquel con quien se había portado muy bien durante sus años como secretario general del partido. Pablo era afable, pero cuando quería mostrar determinación o cabreo, lo único que producía era dolor de cabeza. Cuando consiguió empezar a ganar dinero, los coches, motos y barcos se convirtieron en su segunda obsesión. La primera eran las mujeres, la propia y las demás. Él mismo decía que era un portento. Cuando Mari Carmen, la mujer de Correa, se vio abandonada por Paco, lo primero que hizo fue llamar a la mujer de Pablo y contarle las numerosas aventuras amorosas de su marido, así como aquellas que no eran tan momentáneas y se hacían estables. Pablo se molestó mucho: era de esos a los que le gusta jugar con fuego, pero que se cabrea con todos cuando se quema.

Durante el mandato de Crespo en Galicia, tuvo lugar la guerra entre los de la boina y los del bombín, las facciones peperas gallegas, una con base agraria y otra concentrada en las ciudades. Pablo fue siempre contrario a Mariano Rajoy y su clan, entre los que se encontraba José Manuel Romay Beccaría. En un acto al que ambos, a la sazón ministros, llegaron desde Madrid, los dirigentes gallegos quisieron humillarlos. Para ello, Crespo ideó una estratagema de la que siempre que podía se hacía eco.

—Y allí llegaron estos dos gilipollas, con los coches, los escoltas y la madre del cordero —contaba con su acento gallego—. Yo los estaba esperando: «Ministro, ministro, por aquí, por aquí, les hemos reservado dos asientos como a todos los participantes del mitin, por aquí, por aquí...».

Pablo distribuyó los asientos reservados alfabéticamente, con lo cual la inicial del apellido de ambos ministros, Rajoy y Romay, condujo a estos a la sexta o séptima fila. Su enfado fue monumental, pero todos los gallegos dieron la enhorabuena al artífice de la burla por haber tratado a aquellos dos como se merecían. Pero los vientos cambian y, finalmente, fue Rajoy quien se rio de Crespo.

Como no debía tener su conciencia muy clara durante su mandato, Crespo guardó celosamente los pagos y las «donaciones al Partido Popular». La pena es que toda esa documentación había prescrito cuando fue encontrada en una caja fuerte en Galicia. Entre los papeles se encontró un apunte especialmente interesante, un apunte de mayo de 1999 en el que Pablo Crespo entregaba a la nacional de Bárcenas y Rajoy veintiún millones de pesetas, tal y como lo reflejaba en la contabilidad de Galicia, mientras que en los «papeles de Bárcenas» se especificó la misma suma en el haber de Génova proveniente de Pablo Crespo.

En las últimas reuniones con Paco, su disgusto hacia su socio era tan evidente que llegó a comentar que pensaba quitárselo de encima. Después de dejar nuestra relación, parece que Pablo se hizo más querido por Paco, hasta el punto de que este nombró herederos a los hijos de aquel. ¿Dónde se encontró esta información? En la agenda incautada por la Unidad de Delincuencia Económica y Fiscal de la Policía (UDEF) donde el exsecretario de Organización del PP gallego llevaba sus cuentas, y en la que revela la distribución del testamento de Correa.

Cuando lo vi por última vez en diciembre de 2007, Pablo lloraba como un poseso cuando me contaba los robos que les había infligido Isabel. Estaba hundido, depresivo por no haber detectado a tiempo lo que estaba preparando desde hacía tiempo. Las predicciones de Jordán eran correctas y con eso jugaba.

—Pepe, te digo —afirmaba Isabel— que Pablo no controla nada, ni siquiera su pito.

Exactamente, Pablo no controló nada... y sigue sin hacerlo. Hoy en día, se ha especializado en decir necedades y dar rienda suelta a su lengua. Ya empezó en la cárcel, cuando dijo que tenía pensado hacerme una visita para que me enterara. Luego, dijo que yo había visitado el despacho del que fuera ministro del Interior durante el Gobierno del PSOE, Alfredo Pérez Rubalcaba, para enfatizar que la Gürtel se forjó allí. Lo dicho, Pablo Crespo ha sido un gran apoyo para la investigación.

En la reunión con Marcos, Isabel seguía desgranando punto por punto al abogado la maraña de empresas y facturación falsa que habían tejido durante años.

—Uno de mis graves problemas son las facturas a empresas que en realidad no nos han hecho ese trabajo.

—Bien, sigue —decía Marcos con más frialdad de la que le recordaba. Él sabía perfectamente el cómo, pero le gustaba que el cliente lo dijese por él mismo, le gustaba que le explicaran lo que había pasado, y luego, si podía ayudarlos, eso era otra cosa.

—Se ha realizado una factura y se les ha pagado nada más que el IVA a esas empresas, pero realmente no han realizado nada. Entonces, cuando tenemos efectivo en las cuentas, se sacan de caja, o con cheques, y ese dinero, que decimos en la contabilidad que es para pagar la factura tal, realmente se convierte en B, en dinero negro. Y el problema es que las facturas siguen estando ahí.

—Bien —dijo Marcos más suave y mirando a los ojos de Isabel—, háblame de las cuentas y de los libros societarios.

—Libros no existen, ni de contabilidad, ni de socios, ni de nada, y las cuentas sí, están presentadas hasta 2006.

—¿Presentadas y las hojas de registro abiertas?

—Sí, y con certificados que dicen que están en orden.

Los libros de contabilidad y otros documentos obligatorios se pueden redactar en diez minutos, pero las cuentas es necesario que se presenten anualmente. En ese momento, llamó por el telefonillo Gustavo, la persona que faltaba. Le abrí mientras Marcos e Isabel continuaban hablando. Saludé a Gustavo y le invité a sentarse en el despacho tras las presentaciones de rigor. Marcos le preguntó por su visión del tema.

—El mayor problema de tipo legal, dejando aparte los personales o los administrativos, que no me preocupan, es que alguien denuncie a Hacienda. —Gustavo tenía preparado el discurso, sin duda—. Pero, si lo hacen ellos, les va a perjudicar, y nosotros no tenemos intención de denunciar. La opción de montar una sociedad con testaferros y llevarnos todo a la misma desde estas otras choca con que los contratos son adjudicaciones administrativas y no se pueden variar. A esto se añade el problema de que no existen actas, no están firmadas. El libro de actas no existe.

Allí se intercambiaron posibilidades sobre este tema. Gustavo sugirió una batería de medidas, desde un robo en las oficinas hasta un incendio o cargar la culpa a un empleado desleal.

—Es complicado juzgar a un administrador, se tiene que dar un nexo causal entre su actuación y el menoscabo para la empresa —decía Marcos.

—Aparte de esto, se da una situación compleja —añadió Gustavo en un tono bajo y no carente de cierta culpabilidad— y es que yo tengo amigos en los dos sitios. Estoy con Isabel, pero además tengo un buen amigo que trabaja para los otros y, aunque ambos sabemos que estamos en partes diferentes, esto me cuesta discusiones con Isabel a pesar de que intento actuar profesionalmente. Finalmente, no sé si te lo han dicho, el verdadero dueño de las empresas, Paco Correa, ha decidido intervenir y encargarse de la empresa.

Las casualidades que tiene la vida no dejan de sorprenderme. Justo en el momento en que se le nombraba por primera vez en ese día, Isabel recibió una llamada de Paco. Se quedó lívida, tensa, quizá un poco temblorosa, sacó el móvil y le enseñó la pantalla a Gustavo.

—No se lo cojas.

—Llevo una grabadora a todas partes y les he grabado —dijo Isabel dirigiéndose a todos un poco nerviosa.

—Nosotros —continuó Gustavo— lo que queremos es que se nos exonere de responsabilidad, pero no sabemos cómo hacerlo. Con cosas concretas, puesto que reconocer temas de B es complicado, a pesar de que los tenemos grabados. Ellos son los que hablan de esas cosas. Nosotros queremos sanear en lo posible. Por ejemplo, pasar facturas a las empresas del grupo a las que no se han pasado y que ellos no han querido que se les cobren. Por ejemplo, las empresas valencianas del grupo nos deben seiscientos mil euros por servicios prestados en 2005, 2006 y 2007.

Pablo les había enviado una carta certificada de un auditor de cuentas de Valencia que no habían recogido. A partir de aquí, Gustavo, abogado en ejercicio, comentó su plan, quizá un poco alejado de la legalidad para mi gusto.

—Lo primero que hay que hacer es echar a Pau —hijo del gerente de la funeraria municipal de Palma de Mallorca, Pau Collado Serra sería excluido en 2014 de la lista de imputados de la primera parte del sumario del caso Gürtel—, que es a quien han contratado para sustituir a Isabel. Le vamos a grabar para, con esa grabación, poder despedirlo. Luego, presentamos una denuncia diciendo que han desaparecido los libros de actas, que los socios han intentado imponer a determinado personal y que han desaparecido los libros para evitar el delito de falsedad documental. Siguiente paso: recogemos el correo del auditor y les contestamos que se ciñan a los plazos, y con burofax nos declaramos administradores formales, pero no de hecho. Entonces, tomamos las riendas para evitar irregularidades. Ellos intentarán entrar con un auditor y nosotros, con ese plazo, habremos saneado.

El problema del plan de Gustavo era que Isabel no era administradora de todas las empresas. Servimadrid y Diseño Asimétrico rompían la estrategia de Gustavo, pues eran controladas por la trama Gürtel y allí había elementos que incriminaban a Isabel y a los que ella no podría tener acceso. De hecho, Diseño Asimétrico tenía en marcha el cobro de facturas, en especial una de trescientos cincuenta mil euros de la Comunidad de Madrid por un contrato que, además, no era suyo, sino de otra empresa, con la que las compañías de Isabel a su vez tenían un contrato.

La empresa Diseño Asimétrico se utilizaba con el fin de realizar facturas para Isabel, con empresas del grupo o con cualquier otra. Ella decía que las facturas de Diseño eran su beneficio. Allí tenía un beneficio real de trescientos setenta y cinco mil euros, que luego se convertían en dinero fuera del circuito legal, dinero negro, mediante las facturas falsas. Al cobrar en dinero negro no se pagan impuestos, con lo cual todo lo cobrado era para ella.

Posteriormente, Gustavo dio un paso más. Reconocía que ellos se habían adelantado a los otros, a Correa y los demás, de modo que el dinero que ya habían generado en B con esas facturas falsas lo habían cobrado ellos. Como le debían dinero y eran capaces de dejarla en la calle tras cinco años de servicio, Isabel decidió adelantarse.

—De alguna manera, compensamos esas cantidades que deben a Isabel cogiendo el dinero y llevándonoslo.

—Todo lo que son las cuentas y talonarios en B, todo eso lo llevo yo —decía Isabel—. Es verdad que no tengo más que el quince por ciento del accionariado, pero todo lo que son pagos a proveedores, talones y movimientos de caja lo llevo yo en las cuatro empresas.

Jordán tenía pleno control sobre las cuatro empresas, independientemente de que tuviese o no poderes de administrador, y sabía desde el primer momento que se generaba el dinero negro, que se facturaba a empresas por trabajos no realizados, que estas realizaban trabajos que no cobraban y que cobraban trabajos que no tenían contratados. Incluso así, ha sido capaz de declarar ante un juez que la estaban amenazando.

Pero lo que no cuenta es que ella amenazó primero, quedándose directamente con el dinero de la Gürtel, algo que tenía planeado desde febrero de 2007.

Unas semanas antes, tanto Pablo como Paco le habían comentado que fuese haciéndose con efectivo, que sacase dinero de las cuentas y las aplicara a las facturas falsas, pues de esta forma hacían dinero negro de forma muy rápida. Así, sobre una factura de ciento sesenta y dos mil euros, Isabel iba sacando el dinero del banco de cincuenta mil en cincuenta mil, dando la orden al banco para que se lo preparasen. Iban una empleada o la administradora de Servimadrid con un talón al portador y, así, luego ese dinero se aplicaba al pago de la factura falsa de turno. Una vez conseguido el dinero, Isabel nos contó el procedimiento habitual y aquel por el que había optado en los últimos tiempos.

—Una vez que tengo el dinero de la cuenta del banco, lo ingreso en la caja B, en una caja fuerte que tengo. Y lo que hago es que, en vez de dejarlo en la caja fuerte de Pozuelo, lo llevo a Serrano, que es donde ellos tienen la oficina principal. Yo hago una anotación en un documento de Excel, que dice cincuenta y cinco mil a Madre, el nombre clave de la caja fuerte de Serrano, la caja fuerte principal del dinero negro. Como te he comentado, en estas dos semanas pasadas he sacado de las cuentas corrientes ciento sesenta y dos mil euros, y con ese dinero lo que he hecho ha sido guardarlo en una caja que he abierto en un banco. Así no está ni en su sitio ni en el de ellos, está en un sitio ajeno. Ahora voy a hacer lo mismo con los pagarés. En definitiva, que ahora mismo tengo disponibles doscientos diez mil euros en una caja de un banco. Te lo digo para que sepas lo que hemos hecho. Ahora bien, no lo he puesto a mi nombre para que no digan que lo he robado.

Estaba tan obsesionada con el dinero que decía que le debían que no se fijó en que ella era una parte importantísima de una trama dedicada a delinquir por todos los rincones de

España. En ocasiones, tengo la sensación de que las grabaciones que aporté no las ha escuchado nadie, ni siquiera han leído las transcripciones de las mismas. Es una pena, en ellas cada personaje se retrata como lo que es, e Isabel perfila su bosquejo perfectamente. Una persona ávida de dinero, dispuesta a manipular a quien haga falta y a la que le hubiese gustado ocupar el puesto del padrino gürteliano en su trama de empresas, ni más ni menos.

A Isabel ya solo le quedaba desentrañar su relación con Valencia. Entre la negación de Álvaro y de Pablo, solo ella y las empresas que controlaba en Madrid podían sacar adelante los faraónicos proyectos de Valencia. Isabel nos contó que, durante cuatro años, tuvo que mantener a Orange Market y que había logrado que la deuda, que llegó a ser de novecientos mil euros, se hubiese reducido ya a seiscientos mil. En cuatro años, Jordán realizó todo el trabajo de Orange y no le habían pagado. Además, ni siquiera les había facturado, y ahora no podía hacerlo. Y eso que realizó trabajos reales para la Comunidad Valenciana, como Fitur. Hubo veinte mil cosas que ella hizo con su gente, desde elaborar el proyecto, presentarse, realizarlo, y así durante cuatro años, en los que incluso les habían anticipado dinero, dieciocho mil euros, para abonar sus nóminas.

—Incluso, fíjate lo que te digo, hemos pagado treinta mil euros de una tienda que se llama Milano para pagarle los trajes al presidente Camps. Te lo digo así, abiertamente, yo tengo la factura y la he pagado yo.

Marcos apenas pestañeó, eso para él no significaba nada, y Gustavo únicamente sonrió ante una declaración que conocía con anterioridad, pero yo di un respingo en mi silla y, nervioso, fingí buscar algo en mi americana. Pagaban trajes a presidentes de comunidades autónomas. Claro, cómo no iban a hacer todos los trabajos que quisieran allí. Aquello era atroz, una bomba, pero atroz.

—Además, tenemos otra cagada en Valencia. Los trescientos mil euros de deuda que conseguimos rebajar fue a costa de facturar cosas a la Generalitat por trabajos que no hemos hecho, que los ha hecho Orange, y no tenemos ningún documento de subcontratación. Ahora, para pagarnos la deuda, Orange nos cede las facturas, nosotros facturamos el trabajo de Orange.

Isabel continuaba desgranando cómo, junto a la Generalitat, el grupo de empresas de Correa hacía y deshacía.

—Tengo ahora ciento cincuenta mil euros en facturas que no he cobrado todavía ya que no han pasado noventa días, pero se lo he facturado a la Consejería de Bienestar Social, a la de Educación y a varias más. El grave problema que yo veo es que, en un tema como Fitur, lo hago yo completamente: se presenta Orange, y yo les preparo la documentación administrativa, les preparo el proyecto, hago la memoria, y ellos lo único que hacen es coger la documentación y presentarla en su nombre. Y, para colmo, yo misma trabajo en nombre de Orange e incluso hablo con los técnicos administrativos de la Comunidad Valenciana diciendo que soy de Orange, pero yo en realidad no soy de Orange, soy de Easy Concept.

En ese momento, el novio de Isabel tuvo que irse. Después de tal avalancha de información, nos quedamos un poco desinflados.

—¿Confías en Gustavo? —preguntó Marcos.

—Él es amigo de Alfonso, un tipo realmente malo, de los otros, que hace las cosas que le mandan. Creo que estará conmigo, pero estoy tan escarmentada que prefiero tener a un tercero que me pueda asesorar.

Salí de esa conversación con una desazón completa en el cuerpo. Correa siempre igual: presiona y hace que la gente estalle, que cometa errores. Amenaza y luego quiere lealtad y que todo sea una balsa de aceite. Decidí andar hasta Moncloa, al menos hora y media, en un inmejorable y fresco día de otoño. Al pasar cerca de la plaza de Colón, rememoré algunos días, reuniones, momentos dulces y amargos. Uno de ellos fue tan duro y agrio que ni siquiera pude conservar la grabación, la borré, la quise erradicar de mi mente e, incluso hoy, hago un esfuerzo al sacar de las cenizas aquel día. Ocurrió entre marzo y abril de 2007.

—Tienes que ser tú, Pepe. —Paco hablaba alto ante mi negativa, que era rotunda—. Solo confío en ti para esto, y estás preparado, tienes que ir, es algo que te pido. Además, te daré lo que quieras y lo sabes, no tendrás que preocuparte por nada.

—Llevas sin verme un montón de meses y ahora me pides que haga de Rambo... No me jodas, Paco, siempre igual. —Hablar con Paco cuando tenía algo entre ceja y ceja era misión imposible para cualquiera menos para mí, le conocía perfectamente, y si él intentaba obligarme mediante la insistencia y la tozudez, yo le hacía desistir con el sentido común y, cuando no había más remedio, con la verdad. Le llamaba lo que nadie se atrevía a llamarle.

—Yo te doy el dinero, aquí o allí, y solo tienes que seguir las instrucciones de una persona que estará todo el rato contigo, no tiene por qué pasar nada.

—Claro, algo así pensaría Antoine, y eso que él ha pasado media vida en ese puto país. No, Paco, no voy a ir a Senegal, y menos a pagar sobornos a funcionarios para que suelten a tu primo. Es que ni sé cómo se te ha pasado por la cabeza semejante gilipollez.

—Coño, Pepe, me debes...

—Te debo una mierda, es lo que te debo. Si sigues por ahí vas mal, no te debo absolutamente nada. Hemos desarrollado un proyecto juntos, en el que tú has salido bastante más beneficiado que Juanjo y que yo, y con ese proyecto has hecho lo que te ha dado la gana. Lo has paralizado cuando te ha convenido y ya está, nos tienes dormitando hasta que se acabe, y fíjate, no te he dicho nunca nada, estás en tu derecho, pero claro, no me vengas ahora vendiendo algo que no es verdad.

—Eso no es cierto, yo me he matado por vosotros y por el partido y he conseguido la financiación... No puedes ser un desagradecido, es lo que eres.

—¿Por financiar un proyecto tengo que jugarme la vida por alguien que no conozco? Ve tú, tú sabes hablar francés y tienes más maña que yo en eso de pagar a funcionarios —dije desatado y casi descubriendo mis cartas.

—Yo iría, pero tengo el mismo apellido y sería contraproducente.

—Que vaya Ulibarri, tu amigo, el negocio que estaba sacando adelante Antoine era para él, así que si es tan amigo tuyo...

—No seas gilipollas, Pepe. Sabes que José Luis no iría ni a la esquina por nadie.

Correa no es que estuviese muy desesperado, pero su madre le pedía continuamente que ayudase al primo Antoine y Paco, no siendo un buen padre según su primera mujer, al menos era un hijo obediente.

—Deja de decir lo mismo una y mil veces. Ni te debo, ni te deberé nada en mi vida, y por mucho que insistas, ni yo, ni mucho menos Juanjo, vamos a ir a Senegal, no iría por la mayoría de mis familiares, imagínate por uno tuyo.

—Se lo pediré a Pedro Fuster.

—Como si se lo pides a san Pedro. Paco, no puedes creer que siempre tienes cartas en la manga para hacer lo que te apetece. Queda poco para las elecciones, te hemos dicho varias veces que si quieres dejar el tema del partido, lo dejamos. Mañana pedimos el reingreso en el Ayuntamiento de Madrid y hasta luego, no te debo y no me debes. Piénsalo y, por favor, no me vuelvas a tratar como una marioneta, como esas que tienes en Boadilla o en Arganda.

—Me has decepcionado. Después de las elecciones, tenía planes para ti.

—Qué lástima. Yo también tenía planes para mí después de las elecciones y, desde luego, ni tú, ni Pablo, ni nadie de tu grupo estabais en ellos.

—Tengo intención de irme a Sudamérica, Panamá me gusta. Quería dejar al frente a alguien de quien me fío, había pensado en ti. En ti y en personas que van a venir a llevar este negocio desde Colombia. Gente de fiar y a los cuales no creo que nadie deje a deber dinero como a mí.

—¿Vas a dar tu empresa a sicarios y piensas que yo podría estar aquí?

—Solo había pensado en ti nada más. Los otros no son sicarios, o sí, llámalos como quieras, pero son gente de honor y de palabra.

—Paco, no sé qué te ha dado últimamente, pero las cosas que dices no son normales.

—Vete, Pepe, pero no me traiciones. Ya estoy harto de gente como Jordán, o Alvarito, incluso como Pablo, y tú, tú nunca has estado conmigo en nada y nunca lo estarías. Ten cuidado con lo que me haces.

—Piensa en lo que te he dicho. Me alegro de que dentro de poco lleguen las elecciones, cada día tengo menos ganas de verte. Adiós. Bueno, por cierto —tuve que sacar valor de donde no lo tenía—, si vuelves a amenazarme, hazlo con tus amigos al lado porque, de lo contrario, te mato a hostias.

Salí de allí con el miedo más atroz que he padecido nunca. Correa estaba trastornado por algo, no sé lo que fue, pues lo de Antoine era poca cosa. Lo cierto es que sus viajes a Sudamérica le habían dado una nueva perspectiva en los negocios. Le dolió saber que no era para mí más que un montón de estiércol. Las palabras con las que me dirigí a él no fueron nada comparadas con el tono y el gesto. Claro que le hubiese dado de hostias, pero allí mismo, ese día, aunque me contuve. En el coche temblaba. Tuve que parar; salí de la A-6 y me detuve en una rotonda cerca de Valdemarín. La rabia de Correa no era nada comparada con la que yo sentía en aquel momento. Si la justicia funcionase, yo no estaría allí. Dos años aguantando a las peores manifestaciones del ser humano. Y todo únicamente para denunciar y luego tener que pasar otro viacrucis. No era justo.

Borré esa grabación y decidí seguir.

Volví a cavar mi trinchera y la hice más profunda.

15

MIL MILLONES A BÁRCENAS

(12 de diciembre de 2007)

—Pepe, nos gustaría hablar contigo y Paco tiene alguna cosa que proponerte. —La voz de Pablo era clara y diáfana, no parecía contener dobleces, pero...

Ese «pero» hizo que aquel 12 de diciembre de 2007, miércoles, fuese el día más largo de mi vida, e hizo que me presentase en la sede de las empresas de Correa con unas dosis de miedo y pánico como nunca he tenido, y eso que he sufrido accidentes graves, con operaciones muy delicadas, pero jamás experimenté el sentimiento de un desenlace fatídico como en esa jornada. Alguien creerá que ahora, ocho años después, se puede exagerar, pero no es así. Llevábamos sin hablar desde primeros de junio de ese año y un mes antes de esa llamada, en noviembre, yo había entregado la denuncia contra ellos. Correa, con sus contactos judiciales, policiales y políticos, podía haber tenido acceso a la denuncia contra él y pensado cualquier cosa. Así que no era temor lo que sentía. Más bien estaba muerto de miedo.

Después de meses sin subir en aquel ascensor, se me antojó más siniestro que nunca. Esa madera y ese traqueteo me hacían pensar en ataúdes. Para que todo fuese peor, yo acudía solo a la caverna porque Juanjo estaba con su padre, ayudándole en un tema familiar. Habíamos avisado a la policía y me dijeron que harían una vigilancia, pero la realidad es que estaría solo en las oficinas de Serrano 40, sin saber si Paco y Pablo se habían enterado de mi maniobra. Llegué a primera hora de la tarde y me abrió José Luis Izquierdo.

—Sí, Pepe, te estaba esperando. Pasa a la sala de reuniones, yo ya me voy.

Y allí me quedé, solo. Los cristales del balcón recibían en su superficie las pequeñas gotas de agua que estaban cayendo sobre Madrid en ese día invierno. Paco y Pablo tardarían un poco en llegar, eso me dijo José Luis, así que saqué tranquilamente la grabadora y la paré. Era inútil grabar durante el tiempo que estuviese a solas. La música de aviso de llamada del Nokia me despertó de mi ensimismamiento. Era Pablo, se disculpaba porque se retrasarían un buen rato. Las ideas se me agolpaban vertiginosamente. Ellos estarían en un sitio público rodeados de gente, una coartada perfecta si a mí me pasaba algo. Me retumbaba en la cabeza una y otra vez la misma idea. Quería salir despavorido de aquel lugar. Si habían recibido un chivatazo, estaba muerto.

Mi instinto de supervivencia me llevaba a marcharme corriendo de allí antes de la llegada de Paco y Pablo o, peor aún, de que un sicario saliese de cualquier rincón de la oficina y me eliminara en décimas de segundos. Sin embargo, mi cuerpo decidió no obedecer las órdenes que procedían de lo más profundo de mí, y me prometí hacer aquello a lo que me había comprometido hacía dos años: grabar y recopilar el mayor número de pruebas que pudieran llevarlos a todos a la cárcel.

Agarré fuertemente la grabadora y no me aparté de los cristales sudorosos. Me quedé mirando la calle adornada ya con las luces navideñas, la veía borrosa a causa de las lágrimas. Aunque oyese una puerta que se abría a mi espalda, tomé la firme determinación de seguir allí pasara lo que pasase. El sonido del Nokia me sobresaltó de nuevo y la grabadora estuvo a punto de caer de mis temblorosas manos. Giré sobre mí mismo y pude ver que la puerta continuaba cerrada. El teléfono saltaba en la mesa mientras se iluminaba su pequeña pantalla, en la que se podía leer el nombre del contacto: Pablo Crespo.

—Estamos llegando.

Cerré los ojos, inspiré y pensé en lo único que me da energía en esta vida. A continuación, cogí la grabadora y, ya sereno y determinado, volví a apretar el botón para grabar. La guardé en el bolsillo interior de mi americana y me dispuse a hacer aquello con lo que me había comprometido.

Los saludos fueron, como siempre, efusivos y alegres. La época hacía que mostrásemos un espíritu risueño, como si no hubiéramos dejado de hablarnos hacía más de seis meses. Pero yo sabía que solo alguna oscura preocupación de la trama había hecho que me llamasen de nuevo. Nada más terminar un breve repaso a lo que había sido mi nueva vida, ya que la suya seguía por los mismos derroteros, me dieron un documento bancario donde se recogían cientos de movimientos de una tarjeta de crédito, la de Isabel Jordán. Al parecer, la buena de Isabel se había dedicado durante año y medio a esquilmar las cuentas de las empresas para su propio provecho: bolsos, vestidos de las mejores marcas, viajes con toda la familia... Pablo calculaba el gasto en unos doscientos cincuenta mil euros en ese año y medio.

—La hija de la gran puta, cómo me engañó... Yo supervisaba las cuentas, pero no a este detalle... Estoy hundido, Pepe.

Correa lo miró con una mezcla de desprecio y de conmiseración, para después girarse hacia mí con una ira en sus ojos que nunca antes le había visto. Por mi parte, puse cara de preocupado pero no demasiado, dando a entender que eso no iba conmigo.

—Y, para colmo, ha robado.... ha cogido entre treinta y cinco y cuarenta millones de pesetas. Tú eres abogado, ¿sabes lo que es un hurto, un robo? Pues eso ha hecho. Iba al banco y sacaba dinero, pero la muy hija de puta no lo sacaba ella, cogía a su secretaria, una pobre chica de veinte años, y la obligaba a sacarlo dando su DNI. Lo ha preparado, y muy bien. Ha robado más de quinientos mil euros.

«¡Una delincuente, una delincuente!», gritaba Crespo como un loco. Yo apenas podía contener la risa. Paco siguió desgranando el número de tropelías de Isabel: envidiosa de Álvaro, se compró coches sin decir nada, el descapotable Mini más caro que había, igual que el Range Rover.

—Pues a mí me llamó en octubre, y ya habíamos quedado en septiembre —decidí contarles algo que les encendiera, aunque sabía que iban a atacarme—. Comimos en Majadahonda e invitó ella. Mira, aquí este apunte que dice «restaurante 24 de septiembre». Nos invitó y pagaste tú, Correa. Y luego en octubre me llamó, me contó que le habíais puesto un detective, que la había seguido y tenía las direcciones y fotos de la hija. Sobre todo, me comentó si debía cesar como administradora de vuestras empresas. La comida de septiembre fue más bien como un adiós después de las elecciones. Y desde octubre no he sabido nada de ella.

—¿Has quedado con Isabel y no has sido capaz de llamarme? ¡Qué cabrón eres!

—Bueno, Paco, hacía mucho que no hablábamos y no quería volver a estar inmerso en nada de tus cosas. Tú cumpliste hasta las elecciones como nos dijiste y no quería que pensaras que quería nada de ti. Por eso he venido hoy, habéis sido vosotros los que me habéis llamado. Pero creo que queréis hablar de Isabel y no de mí.

—En Marbella, en mi barco, le pregunté si había cometido alguna irregularidad y, toda seria, me dijo que eso la ofendía y hasta hoy. ¿Cómo te quedas? Se compraba todo con mi dinero, zapatos, peluquería, bragas, todo. La gente que era de su empresa... se quedaron todos pálidos. Y mi amigo el juez, Juan, la llamó y le dijo que iba a ir a la cárcel por lo que había hecho. ¡Quinientos mil euros!

—Cogió dinero hasta de la caja fuerte de la empresa, treinta y seis mil euros —decía compungido Pablo—. Hasta ayudó en la operación el novio de la hermana, que es un guardaespaldas de Gallardón, policía municipal. Una delincuente, una choriza, una ladrona. El juez me señaló la diferencia entre el chorizo circunstancial y el habitual, y viendo la actitud de Isabel, ella era habitual de todas todas. Un puto desfalco, un robo. Mira, Pepe, es todo tan de cajón que hasta hemos conseguido grabaciones de la cámara de seguridad en las que está metiéndose ella en su bolso el dinero que acababa de sacar la otra pobre secretaria.

Pablo, fuera de sí, continuó contando la reunión que tuvo con Isabel y Ramón Blanco. «Fue educada pero violenta», ella no lo soportaba y en la reunión se lo notó. Aquella conversación me estaba poniendo algo nervioso, no quería que se me escapara cualquier mención al encuentro que tuve con Isabel y su novio abogado. Esperaba que se produjese una interrupción o un cambio de rumbo en la conversación. Por suerte, de pronto sonó el teléfono de Pablo. Esto creó un paréntesis que interrumpió una charla que no me estaba gustando nada.

Todo acaba encajando

—Bueno, Pepe, tenemos un tema —dijo Correa en un suspiro—, que es por el que te hemos llamado.

Por fin surgía la razón para que me llamaran después de más de medio año. Tenía pinta de *business* y, afortunadamente, nada aparentaba que supieran algo sobre la denuncia. Eso me hizo sentir bastante mejor.

—Queremos dejar de trabajar con la Comunidad, pero queremos cobrar. Tenemos una deuda de dos millones de euros y el Albertito, el López Viejo, ahora se quiere hacer el tonto con nosotros, y eso que él, de todos y cada uno de los contratos con la Comunidad, se llevaba su sueldecito. Tenemos todos los actos con pruebas, cómo los han fraccionado, cómo los han dado, con recortes de prensa, con todo... Yo solo quiero cobrar y punto.

Algo más tranquilo, decidí azuzar a Paco para que siguiera hablando.

—¿Pero Isabel no dejó cosas en marcha?

—Esa está ahora con Alberto, pero con otra empresa. Está con Over, la empresa de Tito Pajares, que es la que se está haciendo con todo, e imagino que estará también Alberto con ellos.

Tito Pajares es un empresario de la noche que amplió su negocio a medida que sus amigos políticos ganaban más dominio. A finales del siglo pasado, me encargaron en el Ayuntamiento de Madrid la inspección de los quioscos entregados por concesión del consistorio, entre ellos los del Retiro, la Casa de Campo y los de la Castellana. Tenía que inspeccionar todos y en distintos horarios. Así, una noche inspeccioné la terraza Bolero, de la que era concesionario el tal Tito Pajares. Al pedir una serie de documentación y llamar la atención sobre algunas discrepancias que observé respecto del pliego de la concesión, me dijeron que el dueño estaba en la parte trasera y quería hablar conmigo. Di la vuelta a la terraza y allí estaba, Tito Pajares San Román, familiar de los magnates de la construcción madrileña. Sentado en un barril de cerveza, me preguntó si quería algo, mientras indicaba otro cómodo barril para que tomase asiento.

—No sé qué quieres, pero ¿tú sabes quién soy yo?

—Me han dicho que el concesionario.

—No te equivoques, soy el dueño, y también tengo el Café de los Artistas.

—Sí, luego voy a inspeccionarlo.

—No has entendido nada, tú no vas a inspeccionar nada.

—Vale, de acuerdo, buenas noches.

En los apenas dos minutos que duró la conversación, se habían juntado a mi alrededor todos los miembros de seguridad de la terraza, hasta el punto de que el aire se había enrarecido. Entendí que allí no era bien recibido. Evidentemente, pasé a inspeccionar el Café de los Artistas, pero de forma más discreta, y me sorprendió que se ajustase de manera bastante notable al pliego de concesión. Al día siguiente, inicié un expediente sancionador contra el concesionario de la terraza Bolero, y propuse una sanción de quinientas mil pesetas por varias faltas que revestían gravedad. Hasta ahí llegó mi expediente. Normalmente, cuando respondía el sancionado, el jefe de Patrimonio —el servicio encargado de velar por el cumplimiento de la legalidad en las concesiones— me enviaba el escrito para dar la réplica al mismo. En esa ocasión, no lo hizo y jamás supe qué pasó con el expediente. Una semana después, me cambiaron de destino, dejé de realizar labores de inspección y pasé a desempeñar trabajos meramente administrativos.

Tito era íntimo de varios concejales de esa época, por no contar que era socio de Luis Fraga, el sobrino de don Manuel, y que ha aparecido en diversas ocasiones en el sumario de la Gürtel por unas cuentas suizas y otras pequeñeces.

Correa estaba dispuesto a formular una querella contra la Comunidad de Madrid para cobrar la deuda. Su plan era prepararla y, antes de presentarla, reunirse con Alberto López Viejo para advertirle de que, si no pagaba, la entregaría al juez. Las elecciones generales se celebraban en tres meses y no les interesaba que saliese a la luz un escándalo de este tipo.

Había un problema añadido. Las empresas de Correa habían realizado actos de partido que se habían facturado a diversas consejerías, con el conocimiento del PP.

—Nosotros facturamos a quien y como nos dijeron, no tenemos nada que ver. A mí me dicen que cree una empresa y yo la creo; que tengo que fraccionar cuarenta contratos, los fracciono y punto. Además, como no vamos a volver a trabajar con la Comunidad de Madrid...

—¿Cómo era la dinámica de la contratación? —les pregunté.

—Alberto, como viceconsejero, era el muñidor de todo. Decía: «Ahora hay un acto de Sanidad, de sesenta y ocho mil euros; vais a facturar once mil cuatrocientos euros a la Consejería de Sanidad y el resto os digo cómo lo facturáis y a quién». Se dividía en cinco o seis facturas. Todo dependía del organizador, que es Alberto, pero están implicadas otras consejerías.

Pablo había estado hablando por teléfono hasta entonces: cuarenta mil personas sentadas en gradas en el circuito de Valencia y ellos eran los responsables de montar esas gradas. Nos comentó que habían cambiado los plazos, tenían un mes y medio para instalarlas y un mes para retirarlas. El Gran Premio de Fórmula 1 se celebraría en agosto del año siguiente y ellos tenían toda la documentación. El circuito ocuparía casi todo el Grao de Valencia y permitía una instalación de gradas relativamente fácil. Crespo estaba contactando con la empresa americana que se encargaría de hacerla.

En ese momento Paco se levantó, así que decidí cerrar el encargo con Pablo, para que me enviase la documentación que quisiese al día siguiente. Tener los papeles en los que constaba cómo se contrataba y cómo se fraccionaban y amañaban los contratos sería de gran ayuda para la investigación.

—Y si lo gestionas rápido —terció Correa—, te ganas una *pastuqui* importante por el pago de tus honorarios.

Mientras bajábamos del edificio, Paco aprovechó para reprocharme nuestro distanciamiento:

—Me tenéis abandonado, qué huevos tenéis...

—Tú —dije duramente—, que no has llamado en siete meses.

Paco me hablaba de que tendría que montar un bufete urbanístico en la sierra, y contraataqué con que Ángel me estaba tentando para hacerlo con él. El pánico ensombreció su cara mientras bajábamos las escaleras de Serrano 40. Mi carcajada silenciosa debió oírse en medio barrio de Salamanca. Lo mal que me lo hacía pasar se compensaba mínimamente con estas pequeñas venganzas interiores.

Unos años después, pude leer el informe de los policías que habían controlado esta reunión y, por lo que comprobé, los agentes no dieron ni una: «A las 18:30 horas se detecta la llegada a la zona caminando por la calle Serrano de las personas que son reconocidas sin ningún género de dudas como Francisco Correa Sánchez y José Luis Peñas Domingo, accediendo los dos al interior del inmueble objeto de vigilancia (en este momento son grabados en vídeo)». Sin ningún género de dudas, eran Paco y Pablo porque un servidor estaba ya arriba, en la oficina. Solo tienen que oír el audio de la conversación.

Debo reconocer que el siguiente paso sí lo controlaron bien: «A las 20:47 horas se detecta la salida del inmueble objeto de vigilancia de Francisco Correa acompañado de José Luis Peñas (en este momento son grabados en vídeo), que abandonan la zona caminando juntos por la calle Hermosilla en dirección al Paseo de la Castellana, pudiéndose observar que juntos acceden al interior del Hotel Meliá Fénix, situado en la confluencia de estas dos calles».

Al salir de Serrano 40, Correa y yo nos pusimos a hablar de Majadahonda, de una zona que se llama Roza Martín y que, por cierto, la policía confundió con Chamartín en su transcripción. Allí la trama había construido unas viviendas detrás de las cuales estaban Blanco Balín y mucha gente relevante. Al parecer, el arquitecto de Majadahonda, el mismo que me denunció y tuvo que pagar costas, le paralizó la obra, seguramente por cualquier motivo nimio. En el tema se encontraba su amigo y socio Jacobo Gordons, el íntimo de Alejandro Agag, marido de la hija de Aznar.

—Este hijoputa ha estado todo el verano con el presidente, y no ha movido un dedo. Si le hubiese dicho: «Presidente, tengo esto», bueno, llama Aznar a Majadahonda y se cagan. Es que todo el mundo se aprovecha de mí, tengo trescientos millones en la calle o más que me han levantado. Ahora no hago nada, ni en Boadilla.

—Venga, no jodas, si he visto una relación de tus amigos en Boadilla que les han adjudicado de todo: rotondas, calles, locales...

—Pero eso es de hace años.

Lo cierto es que había una gran diferencia entre ese momento y unos años antes. Si bien seguía siendo el rey del mambo en otros territorios, es verdad que Madrid se le había ido cerrando poco a poco, aunque no tanto como él se quejaba. Evidentemente no podía compararse con su momento de mayor gloria, cuando acudió a El Escorial a la boda de la hija del césar, una parte de la cual, recordemos, fue pagada por el propio Correa. Se lamía las heridas porque ya no era indispensable entre la *jet set* popular. No olvidaré nunca esos mítines en los que los senadores y diputados abrían paso a Correa cuando se acercaba al escenario y cómo hablaba de tú a tú con Aznar antes de empezar. Tampoco olvidaré su recorrido por la escena política de la mano de Jesús Sepúlveda, de Bárcenas y de tantos hombres importantes de Génova. Le recordaré siempre en algún bar cercano a los mítines donde se iniciaba la campaña o se realizaba un mitin nacional, compartiendo confidencias con Pío García-Escudero, ese que ahora dice que apenas le conoció. Pensar que el responsable de la campaña no conocía al de la empresa que la llevaba a cabo es poco creíble. Él mismo reconoció que recibió un reloj de la trama... para luego decir que lo devolvió. Sin embargo, ni juez ni fiscales han considerado nunca oportuno citarle a declarar.

Íbamos andando hacia el Hotel Fénix mientras Correa enumeraba una retahíla de obras y de empresas amigas a las que había ayudado, como Teconsa, Blanco Balín, el expresidente de L'Oréal España —Luis del Valle— o Constructora Hispánica, aún de Alfonso García-Pozuelo Asins y a la que se adjudicaron las obras del Parque de la Salud de Boadilla. Desgranó algunas adjudicaciones que se le escaparon en Boadilla, recordó el vídeo que le hizo al alcalde de esa localidad y lo mal que lo pasó por tener que grabarlo para recuperar lo suyo.

—Yo quiero una coca como la que preparan ustedes.

Era la fórmula de Correa para pedir unas gotas de whisky de malta en el refresco. Nos habíamos acomodado en el salón del hotel y el calor nos reconfortó, después de la charla en la calle, mientras nos envolvía la música del piano que pasará a la posteridad como fondo de gran parte de mis grabaciones.

—Íbamos a adjudicar una cosa muy gorda —continuó Correa—. Una residencia de la tercera edad, y me la paró no Ángel, sino Paco, Paco Iberia.

Al parecer, habían adjudicado la residencia a unos amigos de Correa en Córdoba, pero durante las vacaciones se reunió una comisión de Gobierno y lo deshizo. Paco Iberia —sobrenombre de Francisco Sánchez Arranz, fallecido en 2015— era el hombre de Génova en Boadilla, más exactamente el de Luis Bárcenas, gerente y tesorero del PP, quien años después protagonizó una encarnizada guerra con ciertos miembros del partido por dejarle en la estacada cuando se conoció que había ocultado hasta cuarenta y ocho millones de euros en Suiza. Iberia no era su apellido, pero había trabajado muchos años en el gabinete de presidencia de la compañía aérea haciendo los *upgrading*, esto es, cambiando billetes de clase turista por otros de categoría superiorde tapadillo, y se le había quedado el apodo. Este señor ha asegurado tener cientos, miles de billetes a nombre de gente del partido en su casa, pero nunca los ha llegado a sacar. Seguramente era una estrategia para obtener información de la oposición en Boadilla, ante la que se presentaba como una especie de ovejita lucero independiente y aferrada a su criterio propio, que solía diferir del de Génova.

Salieron durante la conversación nombres ínclitos del Partido Popular de Madrid, entre ellos, cómo no, el de Paco Granados, al que dediqué en el calor de la charla unos buenos epítetos que ahora le vienen incluso pequeños. Paco volvió al tema de Pablo e Isabel y comentó que este tendría que haber dejado la empresa. Fue un error garrafal, debió haberse ido. Correa, finalmente, entendió que Pablo no servía para la gestión de grandes empresas. Podía ser un buen chico, un buen secretario, pero no era capaz de controlar a su gente.

—Pero pon una gota, coño, que es una gota. Yo de esto me tomo veinte, que es como hay que beber. Whisky de malta, le quita el dulzón de la coca y me tomo cinco y sin problema.

El sonido del teléfono volvió a marcar un punto de inflexión. Paco respondió y quedó con un tal Luis para tomar algo más tarde. Mientras me seguía hablando del «inútil» de Jacobo Gordons, de Boadilla, de Parquesol y demás tropelías, yo me preguntaba si Correa siempre fue así o si había sido su dura pubertad, o algún trauma recóndito, lo que lo convirtió en el hombre que era. He repasado mi vida aquellos años muchas veces, y evidentemente me han cambiado para mal. Me borraron la sonrisa que siempre lucía en los labios, me robaron la mirada diáfana, me quitaron ilusiones y creencias, consiguieron que olvidara mi propensión a creer en la bondad humana, me hicieron desconfiado y huraño, se llevaron una buena parte de mí, la volatilizaron, me arrancaron algunas de las cosas de las que más orgulloso me sentía.

¿En qué momento la vida le torció el rostro a Correa? ¿Cuándo eliminó de su propia vida la honorabilidad? A día de hoy, no lo tengo muy claro, pero al leer el estremecedor testimonio de la primera exmujer de Paco —en una carta dirigida al entonces director de *El Mundo*, Pedro J. Ramírez— sobre cómo la trató a ella y a su hijo enfermo, puedo explicarme muchas de sus acciones. Que no lo dejan bien parado.

A pesar de la tristeza que me embargaba en mis encuentros con Paco, de repente estas pequeñas cosas hacían que todo tuviese sentido. No volví a pisar ese salón después de aquella noche, pero, cuando la recuerdo, me gusta poner esta gran banda sonora a ese último día con Correa:

—Yo ya os he dicho a ti y a Juanjo el dinero que le he dado a Bárcenas. Yo le he llevado a Bárcenas mil millones de pesetas. Yo, Paco Correa, se lo he llevado a Génova y a su casa. Todo obras, adjudicación de obras de Fomento cuando estaba Cascos, mil kilos. Yo sé dónde los tiene, y yo sé cómo lo saca de España, y el paraíso fiscal donde los tiene.

Dos años de grabaciones, en los que la trama fue de menos a más, y todo se iba poniendo en su sitio. Esos dos años empezaron caóticamente. Conocer poco a poco la trama, empezar a grabar, todo era *amateur*, de andar por casa, la propia Gürtel incluso era confusa. A medida que pasaban los meses, todo se aclaraba, yo me iba aclarando, iba entendiendo, pero no fue hasta el último momento, y en una ocasión que surgió casi por suerte, ya denunciados, que todo fue diáfano y claro. Ese día de diciembre, Correa habló tan claro que todo el miedo y el susto que pasé durante ese encuentro los di por buenos.

Tras cuatro horas de conversación ese día y dos años de grabación, a pocos minutos de dejar de vernos para siempre, Correa se desató e hizo la revelación que a todos nos abrió los ojos hasta hacer que casi escaparan de sus órbitas. «Yo le he llevado a Bárcenas mil millones de pesetas.» Demonios, qué barbaridad, jamás pensé en esas cantidades. Si Bárcenas se llevó eso, no es descabellado pensar que sus jefes no solo lo debían saber, sino que tendrían su parte y que el partido habría gastado dinero obtenido ilegalmente para financiarse. Ahora es el turno de la justicia para investigarlo.

Un par de meses antes de esta última conversación, Correa fue una noche a cenar con Blanco Balín al bufete instalado en el Máster de Tenis que se estaba celebrando en Madrid. Cocina de todos los rincones del mundo, mesas perfectamente alineadas y decoradas, y entre ellas toda la supuesta élite que tiene algo que decir en este país sobre cualquier cosa, incluida la política. Allí se cruzó con Bárcenas. Correa, que llevaba varios años mascullando y rumiando su decrepitud comercial en Madrid y vio su oportunidad de expulsar la bilis acumulada, se dirigió al tesorero nacional del PP y se despachó a gusto. Así me lo contó Correa:

—Mientras le contaba lo que me estaba haciendo su partido, Luis me decía: «He llamado a Pablo para preguntar por ti». «Tú, tú eres un mierda», le dije. «Tú, muy del Opus, y luego a joder lo que puedes a la gente.» Y además me acordé, y le dije: «Dile a tu amigo Sepúlveda que todavía me debe el Range, catorce millones, que me iba a pagar con obritas en Pozuelo». El cabrón vive donde yo, en La Finca. A los quince minutos se fueron Bárcenas y Sepúlveda, que estaba en la mesa con él. Se fueron, ¡cobardes!

Qué gran conversación. Correa terminó su diatriba contra ellos tachándoles de calaña y de hijos de puta. Los últimos diez minutos de conversación con Don Vito, convenientemente grabados, iban a dar mucho de sí: serían claves no solo para descubrir la trama, sino también para iniciar la pieza separada de Gürtel que es el caso Bárcenas, es decir, la financiación ilegal del partido. Esos diez nítidos minutos han sido, sin duda alguna, el detonante para que muchos tomaran conciencia del robo sistemático al que nos ha sometido el PP.

Jesús Sepúlveda y Ana Mato siempre tuvieron buena relación con Paco. Diga lo que diga Mato, tenía una amistad muy estrecha con él. Para muestra, un botón. En las elecciones europeas de 2004, tuve que montar un acto para ella. Como siempre, los actos se dividían en pequeños, medianos y grandes. Este era pequeño, un mitin en una pequeña aula de un colegio público, el Fernando el Católico. Allí montamos unos pequeños focos de mil vatios, a los que llamábamos «butanitos», un atril y una trasera muy sencilla. Ana Mato, como era su costumbre, visitó el escenario del mitin tres horas antes del inicio. Cuando lo vio, su cara demudó en un rictus desagradable, pero, a pesar del mismo, me mantuve junto a ella por si necesitaba alguna cosa. Llamó a Correa directamente desde su móvil, habló con él como se hace con una persona con la que se tiene una confianza enorme, y se quejó de la preparación del acto, ella quería más. En menos de media hora, entró en el colegio el atril del presidente, se triplicó la iluminación y la trasera de *foam* se cambió por una lona ajustada a un marco de trilite, un tipo de estructura metálica, que en ese momento era lo más glamuroso. Ya con el gesto cambiado, Ana Mato volvió a llamar a Correa para agradecerle la celeridad en todo y se marchó, hasta la hora del mitin, a tomar algo. Yo estaba a tres metros, así que no me convencerá de que apenas tenía relación con él. Ana Mato al parecer conocía más a Correa que al Jaguar de su marido.

Para finalizar mi última conversación con Correa, empezó a sonar en el piano-bar la canción *Let it be*. Por primera vez, el piano era la *prima donna* y nosotros estábamos a punto de pasar a un segundo plano en el siguiente acto que empezaba. Otras cosas tomarían el relevo en la historia. Correa se fue, yo me fui, nos despedimos para la eternidad mientras sonaba *Let it be*, nada mejor para ese momento, nada mejor. Qué momento, para mí.

—Bueno, me voy yo y tú sales cuando quieras. Un saludo y besos para tu niña —dije a modo de despedida.

Era la última vez que veía a Correa como amigo, la siguiente lo vería como acusado. Me fui contento, ese día dormiría bien, a gusto y tranquilo. Mi conciencia quedaba totalmente serena. Igual que sigue hoy.

GLOSARIO DE PERSONAJES

Alejandro AGAG: empresario y marido de Ana Aznar, hija del expresidente del Gobierno José María Aznar.

Esperanza AGUIRRE: presidenta de la Comunidad de Madrid por el PP entre 2003 y 2012, en la actualidad es portavoz del Grupo Popular en el Ayuntamiento de Madrid. Fue ministra de Educación y Cultura entre 1996 y 1999.

Francisco ÁLVAREZ CASCOS: secretario general del PP entre 1989 y 1999. Vicepresidente del Gobierno y ministro de Fomento durante la presidencia de José María Aznar. Su nombre se vio salpicado por el caso Gürtel después de que la policía le relacionara con las siglas P.A.C. que aparecen en la documentación incautada a la trama por el presunto cobro de comisiones en contraprestación a la obtención de contratos con la Administración.

Luis BÁRCENAS: tesorero del PP entre marzo de 2008 y julio de 2009, fecha esta última de su imputación judicial por presunta financiación irregular del partido. Ingresó en prisión en junio de 2013. Salió en libertad en enero de 2015 tras pagar una fianza de 200.000 euros.

Ramón BLANCO BALÍN: empresario, exvicepresidente de Repsol. Se encuentra acusado en el caso Gürtel. Formó parte de varios consejos de administración de empresas de Francisco Correa, el líder de la trama.

Alfonso BOSCH TEJEDOR: exdiputado del PP en la Asamblea de Madrid. Fue gerente de la Empresa Municipal de Suelo y Vivienda de Boadilla del Monte. Se le implicó en el caso por presuntamente haber recibido pagos del grupo Correa por su intermediación en la adjudicación de obras locales.

ANTOINE Sánchez: Primo de Correa. Estuvo preso en Senegal. Actuaba como testaferro de Correa y se le considera uno de los principales cabecillas de la trama. Fue detenido en la operación dirigida por el juez de la Audiencia Nacional Baltasar Garzón.

Francisco (Paco) CAMPS: presidente de la Generalitat valenciana entre 2003 y 2011. Fue acusado por cobrar de la trama en especie. Finalmente un jurado popular le absolvió en una pieza separada juzgada en Valencia y conocida como «el caso de los trajes».

Cristina CIFUENTES: actual presidenta de la Comunidad de Madrid y exdelegada de Gobierno en la capital española.

Juan Carlos CLEMENTE AGUADO: exviceconsejero de Inmigración de la Comunidad de Madrid. Imputado por su presunta implicación en la trama corrupta de empresas que salpica a administraciones del Partido Popular.

Francisco (Paco) CORREA Sánchez *(Don Vito)*: líder de la trama Gürtel. Empresario que obtuvo numerosos contratos en varias administraciones del PP. Llegó incluso a acudir a la boda de la hija del expresidente del Gobierno, José María Aznar, con quien mantenía una buena relación. Acusado en varios casos de corrupción.

Pablo CRESPO: número dos de Correa. Había sido secretario de Organización del PP gallego. Dejó la política para trabajar en la red de empresas de Correa.

Narciso DE FOXÁ: actual alcalde de Majadahonda (Madrid). Sustituyó a Guillermo Ortega, imputado en el caso Gürtel por recibir presuntamente cohechos de la trama a cambio de adjudicaciones de contratos en su localidad.

Luis DE MIGUEL: asesor fiscal de Correa. Se encargó de constituir el entramado societario y financiero *off shore* de la trama.

Pedro FUSTER: imputado en la causa, colaboró con la trama para preparar el partido político que Correa iba a presentar en Majadahonda (Madrid).

Ángel GALINDO: abogado de José Luis Peñas y concejal en Boadilla del Monte.

Pío GARCÍA-ESCUDERO: actual presidente del Senado y excoordinador general del PP. Su nombre sale en los llamados «papeles de Bárcenas».

Pedro GARCÍA GIMENO: director de Radio Televisión Valenciana (RTVV) entre 2004 y 2009. Poseía, según la policía, el 20 por ciento de las acciones de Orange Market —empresa de la trama Gürtel—, el mismo porcentaje que Álvaro Pérez.

Ignacio GONZÁLEZ: presidente de la Comunidad de Madrid entre septiembre de 2012 y junio de 2015

Máximo GONZÁLEZ JURADO: presidente del Consejo General de Colegios Oficiales de Enfermería de España.

Arturo GONZÁLEZ PANERO *(el Albondiguilla)*: exalcalde de Boadilla del Monte e imputado en el caso Gürtel. Se le acusa de haber recibido cohechos a cambios de adjudicaciones de contratos a las empresas de Correa.

Esteban GONZÁLEZ PONS: fue senador y consejero de Cultura, Educación y Deporte en el gobierno valenciano de Francisco

Camps, para posteriormente ser nombrado en 2004 consejero de Relaciones Institucionales y Comunicación y de Territorio y Vivienda en 2006. Fue diputado en las Cortes Valencianas y en 2008 pasó a ser diputado nacional y nombrado vicesecretario general de Comunicación del PP.

Francisco (Paco) GRANADOS: alcalde de Valdemoro (Madrid) entre 1999 y 2003 y secretario general del PP de la Comunidad de Madrid entre 2004 y 2007. Fue consejero de Presidencia, Justicia e Interior de la Comunidad de Madrid con Esperanza Aguirre. En 2014 fue detenido en el marco de la Operación Púnica y desde entonces permanece en prisión incondicional por orden del juez de la Audiencia Nacional Eloy Velasco.

Beltrán GUTIÉRREZ: exgerente del PP madrileño.

Cándido HERRERO: consejero delegado de Orange Market, una de las empresas de Francisco Correa.

José Luis IZQUIERDO: tesorero de la trama Gürtel. Se encargaba presuntamente de llevar la caja B de las empresas de Correa. La Policía le intervino un *pen drive* con todos los apuntes de los pagos.

Isabel JORDÁN: exadministradora de varias de las empresas de Correa.

Álvaro LAPUERTA: tesorero del Partido Popular entre 1993 y 2008. Se encuentra acusado en el caso Gürtel por presunta apropiación indebida de dinero del partido.

Ginés LÓPEZ: alcalde de Arganda del Rey (Madrid) entre 1995 y 1999 y entre 2003 y 2009. Imputado en el caso Gürtel.

Alberto LÓPEZ VIEJO: exconsejero de la Comunidad de Madrid. Del caso Gürtel se desprende que presuntamente se prevalió de su cargo como viceconsejero de Presidencia para «imponer» la adjudicación de contratos a la trama a cambio de «gratificaciones».

David MARJALIZA: socio y amigo de Francisco Granados, exalcalde de Valdemoro. Empresario y detenido en la Operación Púnica, en octubre de 2014.

Benjamín (Benja) MARTÍN VASCO: exdiputado del PP en la Asamblea de Madrid.

Tomás MARTÍN MORALES: exalto cargo de Boadilla del Monte (Madrid) y ex consejero de la Empresa Municipal de la Vivienda de esta misma localidad.

José Luis MARTÍNEZ PARRA: vicepresidente de la empresa Teconsa, vinculada a la trama como presunta beneficiaria de contratos públicos irregulares.

Ana MATO: ministra de Sanidad en el Gobierno de Mariano Rajoy, entre 2011 y 2014. Tuvo que dimitir después de que el juez de la Audiencia Nacional Pablo Ruz la señalara como partícipe a título lucrativo de la trama, por haber disfrutado presuntamente del dinero obtenido por su marido en aquel entonces, el exalcalde de Pozuelo de Alarcón (Madrid), Jesús Sepúlveda, del grupo de Correa.

Juan José (Juanjo) MORENO: exconcejal de Majadahonda (Madrid) que ayudó a José Luis Peñas a grabar a la red de Correa.

Javier NOMBELA: exasesor del concejal-presidente de Moncloa, Álvaro Ballarín.

Guillermo (Willy) ORTEGA *(la Rata)*: alcalde de Majadahonda (Madrid) entre 2001 y 2005. Imputado por recibir dinero de la trama. Le sucedió Narciso de Foxá.

Tito PAJARES: empresario vinculado al PP.

José Luis (Pepe) PEÑAS: autor de este libro, exconcejal de Majadahonda y denunciante de la trama.

Álvaro PÉREZ *(el Bigotes)*: número 3 de Correa. Era su hombre en Valencia.

Juan PÉREZ MORA: comercial de productos de adelgazamiento que se hizo pasar por juez ante Correa.

María del Carmen (Mari Carmen) RODRÍGUEZ: segunda mujer de Francisco Correa, trabajó en el Ayuntamiento de Majadahonda (Madrid) con José Luis Peñas.

Ricardo ROMERO DE TEJADA: alcalde de Majadahonda entre 1989 y 2001 (le sucedió Guillermo Ortega) y secretario general del PP madrileño entre 1996 y 2004 (sucedido por Francisco Granados). Imputado, junto a Rodrigo Rato, Miguel Blesa y más de sesenta exconsejeros y directivos de Caja Madrid, por el uso de tarjetas *black* para gastos personales.

Alberto RUIZ-GALLARDÓN: expresidente de la Comunidad de Madrid (1995-2003), exalcalde de Madrid (2003-2011) y exministro de Justicia (2011-2014).

Jesús SEPÚLVEDA: fue alcalde de Pozuelo de Alarcón (Madrid) y coordinador electoral del PP nacional. Exmarido de Ana Mato. Acusado de haber recibido presuntamente dinero de la trama de Correa, con quien mantenía una estrecha relación, según se desprende del sumario del caso Gürtel.

José Luis ULIBARRI: empresario relacionado con Correa. Ha desarrollado gran parte de su actividad profesional en Castilla y León.

ÍNDICE ONOMÁSTICO